大洗牌

[荷] 米卫凌 （Willem Middelkoop） ◎著

白涛 ◎译

全球金融秩序最后角力

THE BIG RESET
War on Gold and the
Financial Endgame

中国人民大学出版社

·北京·

推荐序

　　这本重要的书基于出色的研究和逻辑，描述了在不久的将来，全球货币体系可能发生的变化。如同早在 1944 年布雷顿森林会议期间发生的情况一样，西方经济大国将会面临"大洗牌"。本书完美地描述了现行的美元本位系统出现了怎样的问题，以及为什么世界上主要央行正在采用的措施不可避免地会以失败告终，除非系统被"洗牌"。书中还清楚地介绍了投资者或储户应如何来保护自己免受这种变革造成的损失。

　　本书透彻分析了中国、巴西、俄罗斯等经济体日益成长的重要性，并认为它们很快将在国际货币基金组织和世界银行等体系中发挥更为重要的作用。本书重点论述了地位不断提高的人民币和黄金的作用。

　　米卫凌非常令人信服地提出，黄金是终极货币，永远不会贬值。他还深入观察和记录了中国近几年积累黄金的行为。米卫凌认为，为了在国际金融体系中发挥重要的作用，各国需要按照各自的经济规模来储备相应数量的黄金。

　　米卫凌认为，中国和俄罗斯的货币正在挑战美元当前储备货币的主导地位。米卫凌称，美国认识到了这种威胁，并因此暗中与中国合作，让中国积累足够的黄金以便在货币系统"洗牌"发生时占据有利地位。虽然美国的地位已经有所衰落，但它和国际货币基金组织将尽量维持其主导地位。

《大洗牌》以极其通俗易懂的语言写成，读起来就像一部惊悚片。米卫凌的研究和他在书中提供的所有数据有力地证明了国际货币体系将在不远的将来面临大洗牌。他也相当逼真地描述了这个过程会是什么样子。随着国际货币基金组织逐渐成为无处不在的世界中央银行，鲜为人知的特别提款权可以被用来解决各国之间的债务，很可能成为新储备货币并发挥关键作用。

特别提款权能够以一批最重要的国际资产（包括美元和国家黄金储备）作后盾。当对现行法币发生信任危机时，人们很可能会相信这种新货币。在大洗牌中，特别提款权作为一个超国家货币将拥有重要地位，这不仅影响美元，还会影响欧元和人民币。这就可以解释为什么中国作为世界上第二大的经济体，积累了这么多的黄金。内幕人士称中国央行至少拥有 5 000～7 000 吨黄金，而美国拥有 8 000 吨黄金。

本书中包含了专门的一章，用十分有说服力的数据、重要政治家们和前央行行长们的演说以及其他信息，向读者指出国际货币体系将不可避免地变化。它还提供了应对这种变化的更多建议——对大多数没有准备的人，这个变化注定会带来经济损失。

这是一本迷人的、可读性非常高的书，只要读者对国际金融和货币体系感兴趣，即使没有专业背景，也可以轻松阅读。

卢克·德·怀尔德（Louk de Wilde），**瑞士富通银行前任 CEO**

中文版序

在雷曼兄弟倒闭前的一年，我的第一本书于 2007 年在荷兰得以出版，荷兰语的书名为：Als de dollar valt，其译名为"当美元崩溃"（If the Dollar Collapses）。我在研究了金融体系十余年之后得出了一个结论，即不稳定的全球金融体系的崩溃仅仅是一个时间问题。在这种"纸牌屋"似的体系崩溃仅仅一年之后，我的生活出现了巨大的变化。我在很短的时间内成为了荷兰的一位响当当的人物。为了集中精力把握住新的经济现实下出现的种种商业机会，我决定辞去商业频道 RTL Z 市场分析员的工作。我相信，这种新的现状能够说服投资者用心地关注对"硬"资产的投资，特别是对黄金与白银的投资。在过去的三百年里，我们已经见证了关于这种情况的种种先例。接着，我建立了一个专门从事金银条块买卖的网站（AmsterdamGold. com），又成立了一个商品基金，即商品发现基金。在年销售额达到了 1 亿欧元之后，AmsterdamGold. com 在 2011 年夏被出售给了上市公司 Value8。在同一时期，我写的另外三本书也荣登了畅销书榜。不过，这些书都没有被翻译成为英语或中文。

本书综合了先前我写的所有书的信息，并针对全球的金融体系，为众望所归的《大洗牌》添加了一个新的章节。本书所讲述的是对几乎隐秘的金钱与黄金世界的大揭秘，我希望通过对这些内容的讲述能够引起更大范围的外国读者的兴趣。

《大洗牌》于2014年1月在欧洲由阿姆斯特丹大学出版社出版，随后在北美由芝加哥大学出版社出版，我们很快了解到全世界对本书有着极大的兴趣。我们最终几乎与所有主要地区的权威出版商都签订了出版合同。目前，本书已被翻译成中文、阿拉伯文、德文与波兰文。来自中国的一家绝对优秀的出版社——中国人民大学出版社——很热切地接受了我们的提议，并很快同意出版中文译本，我对此感到莫大的荣幸。

他们赞同我的观点，也就是，"接下来的10年对中国来说意味着一次重大的机遇，中国在世界货币与金融体系中所发挥的作用与所处的地位将会经历根本的改变。"至于将发挥什么样的改变，以及改变为什么会发生等问题，我希望我的这本书能对中国读者有所启发。我一直以来的初衷是，帮助我的读者们，让他们自己做出消息灵通的金融决策，以最佳的方式节省资金并以最佳的方式去投资。我了解到中国读者对本书中讨论的各个话题有着很大的兴趣。中国目前仍处于市场的开放初期。在很多方面，中国仍然需要向西方国家学习，对充斥贪欲与操控行为的西方金融体系有一定了解也是同样重要的。

我很高兴，中国目前的领导人选择了与西方国家合作的治国方针。值得庆幸的是，中国人意识到了目前金融体系中所存在的各种严重的（债务）问题与缺陷。各国的金融市场的发展愈发相似，因此要找到一个共同的解决办法将会变得更加简单。我不会谎称具有预测未来的天赋，但经常对过去进行研究，我们就能确定下个阶段的各种解决办法。在这个脆弱的时期，我希望你们能允许我充当你们在全球金融体系中的向导。苏联解体以及中国实行对外开放之后，一种真正的全球体系便形成了。由于这种内在的关联性，一个国家的问题经常会成为所有国家的问题。

我想感谢中国人民大学出版社的那些极具天赋的员工，我们合作得非常愉快。我特别要感谢本书中文版的策划人曹沁颖女士——中国人民大学出版社大众图书出版中心的副主任——她在理解当前形势的问题上表现出了惊人的智慧。我同样要感谢本书出色的封面的设计师张新勇。他设计的封面非常漂亮，这说明他是一位了不起的艺术家。我同样要感谢我的出版顾问马蒂亚斯·沃尔赫斯，他在2014年4月伦敦书展上代表我与中国人民大学出版社取得了联系，在不到一周的时间里，中国人民大学出版社便表示他们有兴趣出版本书的中文版。

我诚挚地期待与中国的广大读者分享我的知识，并希望在今后的几年里在中国各个大学与商学院的研讨会与演讲中同他们见面，一起讨论经济与即将到来的变革。

下一个十年将会是一个新时代的开始，在这个新时代，中国将成为国际货币体系的领导力量之一。当人民币成为一种完全可兑换货币时，它的重要性和价值将显著提高，并成为世界上的主导货币之一。

米卫凌

谨以此书献给姆斯与米莎

在缺乏金本位制保障的情况下，我们没有任何办法能保证自己的存款不受通货膨胀的侵蚀。货币价值不存在任何安全的保障。即使存在某种方法，政府也会将其列为非法行为，正如在黄金上所发生的事情一样。比如说，如果人人都决定将其银行存款兑换成银、铜或其他商品，而且拒绝接受使用支票购买商品，那么银行存款将会失去其购买力，这样银行信用会变得毫无价值。福利国家的金融政策其实意味着财富所有者不能有任何方式来保护其自身的财富……这便是福利国家主义者抨击黄金的不光彩的秘密。赤字开支仅仅是为了没收财富而实行的一种方案。黄金作为产权的保护者，阻碍了这种潜在过程的发展。如果理解了这一点，我们就不难理解福利国家主义者对金本位制的敌对情绪。

——美联储前主席艾伦·格林斯潘，1966 年

前 言

在第一次世界大战之前，几乎所有主要的货币都由黄金储备提供强有力的担保。那是金本位制的时代。货币的供应受限于黄金供应的增长程度。由于欧洲各国需要以创造货币的方式来填补战争的高额成本，大多数国家被迫在1910—1920年间脱离了金本位制。这些国家的金本位制都由不兑现纸币（或称"法定货币"）制度替代了，尽管在大多数欧洲国家银币一直被使用到20世纪80年代。

与法定货币不同的是，黄金总是能保持其购买力。仅重8克的古罗马金币仍能够购买几百升的廉价葡萄酒，正如2000年前那样。这也是为什么在过去的"货币大洗牌"期间，黄金反复地被用于稳定法定货币制度。

黄金价格就像是晴雨表：金价上升向投资者警示货币贬值。通常情况下，金价上升说明银行业者创造了过多货币。由于美国在1971年让美元摆脱了金本位制，因此黄金也成为了华尔街与白宫的头号金融敌人。这是因为黄金价格能像"煤矿中的金丝雀"[①]，预示着美元价值的涨跌。

20世纪60年代，美元制度在第二次世界大战结束后第一次面临着压

---

① 金丝雀对瓦斯十分敏感，只要矿坑内稍有一丝瓦斯，它便会焦躁不安，甚至啼叫，矿工们便能及早撤出矿坑保全性命，因此以前矿工们都会在矿坑里放金丝雀，以此当做早期示警的工具。——译者注

力，自那之后，美国与其他国家的央行行长就进行着对抗黄金（详见第四章）的秘密战争，本书对此提供了所有必需的依据。

现在，甚至连瑞士法郎都不是一种避险货币了。瑞士央行于2012年颁布法令，规定瑞士法郎要与欧元挂钩来防止其货币的升值，因为瑞士法郎升值会对瑞士的旅游业与出口贸易造成不利影响。这仅仅是自雷曼兄弟于2008年破产后打响的货币战争中的一个例子。越来越多的国家为了支持国家的出口贸易，一直都在竭力让其货币出现贬值。

为了应对由信贷危机引发的经济大滑坡，各个国家允许其财政赤字出现大幅度的增长。为了能够支付"账单"，各国政府必须得售出大量的政府债券。随着越来越多的投资者们停止了对这些政府债券的购买，各国央行开始采取措施。通过加快印钞机运转，这些央行在2008—2013年间，购买了全世界范围内总价高达10万亿美元的不良债务与政府债券。经济学家们将这个过程称作为由各国央行实施的"债务货币化"。经济学课本将这个过程称为"核选项"——只有在其他经济政策无法发挥功效时才可以被使用。这个过程开始容易，但几乎不可能被停止。

世界范围内的大学仍然推崇芝加哥经济学派的思想。芝加哥学派的原则建立在各国央行与私有银行协同创造法定货币的基础上。今天的学生仍然使用着同样的经济学课本，里面包含着基于有效市场的过时模型，正如经济危机爆发前那样。这也是为什么大部分的经济学家、记者与企业总裁仍无法完全理解我们经济中货币的作用的原因。

我并没有因为拥有经济学学位而出现理解上的障碍，而且我总是以常识来理解货币的种种原则。长久以来，我懂得了要借鉴历史学家们所撰写的有关货币与金融危机的书籍。目前的危机——本能够根据约6000年的货币史文献进行预测——与凯恩斯凭空创造货币的原则相冲突。法定货币体系被测试了超过 200 次，而最终它们都以失败告终。这种失败的可能性现在只能用统计学来进行解释，而无法通过理论去论证。

假以时日，政治家们将慢慢地了解到，只有发生一次重大变化（我将其称为"大洗牌"）全球货币体系才能被拯救。只有在政治家无法为国家的巨额债务实行再融资时，这种重大变化才可能出现。

本书解释了，在各国央行的资产负债表上积累越来越多的债务为什么不能成为有助于经济复苏并可持续发展的方式。但国家的决策者总是无法接受目前的经济崩溃，而是尽可能将这个结局拖延到未来某个时候。这也证实了我们这个体系的不足。这个体系所关注的是表面的"症状"，而非实际的"病情"。这个体系就像一位垂死的病人，唯一的希望就是能再活上一些年。只有服用一些猛药，病人才能够生存下去。病人的身体将无法像之前那样好，但通过不断服药，他能够让那些不可避免的事情晚些发生。

各国央行行长与政治家们只是在争取时间，希望目前的全球金融体系的终结能迟来一些。但也有一些人在秘密地筹划并实施大洗牌，这是将金融体系带入另一个阶段所必需的过程。上一次金融市场洗牌是在 1944 年随着美元体系的建立发生的。我相信，在 2020 年之前，全球金融体系将需要重新启动并进入一种新的模式；在这种模式下，黄金将发挥更为重要的作用，而美元则将失去作为唯一储备货币的地位，而像中国这样的国家则会变得更加强大。

最后我要感谢阿姆斯特丹大学出版社与美国芝加哥大学出版社出版这本对"芝加哥经济学派"持批判态度的书。特别要感谢的是提出发行本书的艾比斯·劳（阿姆斯特丹大学出版社）。我同样要谢谢我的研究助理迪克·范·安特卫普·凯文·贝宁，他帮助我搜寻到了大量的详细资料。吉奥伊亚·玛丽尼在编辑本书草稿时做了大量的工作。本书封面的设计能证明罗恩·范·隆是一位真正的艺术家。特别感谢我的妻子布雷切特杰·卢德，她负责制作本书中出现的所有信息图表，而且在这充满压力的一年里，她一直支持着我。最后，我感谢大家花时间阅读本书。

米卫凌

目　录

第一章　货币的历史 / 1

1. 什么是货币的起源？/ 4

2. 黄金是如何成为货币的？/ 6

3. 钱币是什么时候出现的？/ 7

4. 货币黄金的简史 / 9

5. 金本位制有哪些优点？/ 11

6. 金本位制为什么会被废弃？/ 13

7. 什么是法定货币？/ 14

8. 银行准备金制度的具体意义是什么？/ 15

9. 法定货币是在哪里发明的？/ 17

10. 历史上的货币试验 / 19

11. 法定货币的其他遭遇 / 20

12. 什么是量化宽松？/ 22

13. 各国央行行长都赞同量化宽松政策吗？/ 24

14. 什么时候会出现严重的通货膨胀？/ 26

15. 我们能够相信官方公布的通货膨胀数据吗？/ 27

16. 通货膨胀是如何计算的？/ 29

17. 通货膨胀数据被扭曲的证据 / 31

18. 各国央行会阻止或引发通货膨胀吗？/ 32

19. 有人真正理解这种金融体系吗？/ 33

第二章　各国央行行长：我们这个时代的炼金术士 / 35

20. 银行业务的初始形式是什么时候出现的？/ 38

21. 中央银行业务是如何开始的？/ 40

22. 第一家中央银行 / 41

23. 最初的政府债券是由谁创造的？/ 42

24. 债券泡沫的规模有多大？/ 44

25. 谁来监管中央银行？/ 46

26. 谁在控制银行业的决策权？/ 48

第三章　美元的历史 / 51

27. 中央银行业务在美国是如何开始的？/ 53

28. 美联储是什么时候建立起来的？/ 54

29. 美联储真的是独立的吗？/ 56

30. 美元系统是何时诞生的？/ 58

31. 布雷顿森林会议上做出了什么样的决定？/ 60

32. 欧洲国家为什么会接受美元体系？/ 61

33. 布雷顿森林体系能够运作多久？/ 62

34. 美国什么时候关闭了"黄金窗口"？/ 64

35. 世界其他国家对尼克松在1971年的决定是如何反应的？/ 65

36. 世界范围的石油贸易对美元生存有着怎样的重要性？/ 67

37. 国际货币基金组织与世界银行在美元体系中发挥着什么作用？/ 69

38. 美联储的透明度如何？/ 70

39. 有没有华尔街银行业者被判入狱？/ 71

第四章　债务星球 / 73

40. 音乐何时能停？/ 76

41. 信贷危机爆发后，美国的国债发生了什么？/ 78

42. 财政赤字在什么规模下会变得危险？/ 79

43. 难道信贷危机没有早早地在日本爆发吗？/ 81

44. 哪个国家在实行量化宽松政策的过程中最积极，日本还是美国？/ 82

45. 中国仍在为美国提供资金支持吗？/ 84

46. 中国的信贷增长的规模有多大？/ 87

47. 人民币做好代替美元的准备了吗？/ 90

48. 那么，中国是害怕实施过于突然的货币变革吗？/ 93

49. 欧洲的债务问题有多严重？/ 95

50. 瑞士仍是一个货币避险国吗？/ 97

51. 在所谓的货币战争中发生了什么？/ 98

52. 我们能靠自身的发展摆脱这些债务吗？/ 100

53. 我们如何摆脱自己的债务？/ 103

54. 债务违约手段在之前是如何发挥作用的？/ 105

55. 可能发生债务免除的情况 / 107

56. 什么时候会出现问题？/ 111

第五章　金元战争 / 115

57. 金元战争的本质 / 118

58. 各国央行害怕回归于金本位制吗？/ 119

59. 私人拥有黄金曾被禁止过吗？/ 121

60. 金元战争是何时开始的？/ 123

61. 如何管理黄金价格？/ 125

62. 金元战争中国际货币基金组织发挥的作用 / 127

63. 国际货币基金组织是如何积累其黄金储备的？/ 129

64. 美国的黄金储备量重复记录问题有更多例子吗？/ 131

65. 美国在诺克斯堡的黄金储备被审查的频率是多少？/ 133

66. 游戏计划在1980年之后改变了吗？/ 135

67. 英国政府在1999年通过倾销黄金来提供援助了吗？/ 138

68. 关于系统化压制黄金价格的更多证据 / 140

69. 近期操控黄金价格所采用的种种方式 / 141

70. 操控稀有金属市场的更多证据 / 143

71. 对稀有金属市场的操控行为的调查 / 146

72. 监管者现在想要让华尔街停止商品交易吗？/ 148

73. 为什么这种多重操控行为之前没有被报道过？/ 150

第六章　大洗牌 / 151

74. 我们为什么要期盼全球金融体系出现大洗牌？/ 154

75. 国际货币体系如何才能够被改变？/ 156

76. 人们从什么时候开始计划建立新的国际货币体系？/ 157

77. 黄金会成为大洗牌的一部分吗？/ 159

78. 特别提款权（纸黄金）将成为新的世界货币吗？/ 162

79. 其他一些洗牌的情况 / 167

80. 中国领导人的计划是什么？/ 170

81. 中国的黄金持有规模与西方国家相比如何？/ 172

82. 中国理解美国进行的金元战争吗？/ 174

83. 中国为什么希望出现货币大洗牌？/ 177

84. 新提议的"金砖四国银行"对国际货币基金组织形成了真正的威胁

吗？/ 179

85. 俄罗斯的观点 / 181

86. 美国能没收外国的黄金储备吗？/ 184

87. 为什么各国开始向美国索取自己的黄金？/ 186

88. 我们有必要害怕更多的金融压制吗？/ 189

89. 有任何迹象表明全球货币大洗牌即将到来吗？/ 191

90. 你给投资者的建议是什么？/ 200

结 语 / 202

附录 I 历史上曾被使用过的货币 / 205

附录 II 华尔街的罚款（2000—2014 年）/ 225

注 释 / 246

参考文献 / 265

编后记 / 273

THE BIG RESET

第一章
货币的历史

　　曾有一个笑话，说的是一个男人从 80 层高的楼房的楼顶向下跳。当他"飞"过了 20 层楼时，有人从窗户大声地问他，一切都怎么样了。他回答说："到目前为止，都没问题。"如果运转印钞机就能让国家走向繁荣，那么非洲就不会是一个贫穷的大陆，津巴布韦就会富裕起来，魏玛共和国就会仍然存在。

了解（货币）体系的极少数人，要么会对其产生的利润感兴趣，要么极大地依赖其带来的好处，那些人将不会对货币产生任何抵触。

——伦敦的罗斯柴尔德兄弟（1773—1855 年）

当我们在填写一张支票时，我们的账户里必须有足够的资金来支付支票上的金额，但是当美联储填写一张支票时，并没有任何银行存款来支付支票上的金额。每当美联储在填写支票时，它都是在创造货币。

——摘自波士顿美联储银行发行的《简而言之》

（*Putting It Simply*）（1984 年）

理论上，中央银行要扩大它的资产负债表不会受到任何限制。

——亚特兰大美联储银行理事会主席丹尼斯·洛克哈特

（Dennis Lockhart）（2012 年）

通货膨胀是比投机性投资更为根本的危险来源。而有些国家却处心积虑地去制造通货膨胀，这让经济处于一种不寻常的状态之中。这些国家之后将会对自己的行为感到后悔。

——保罗·沃尔克（Paul Volcker）（2013 年）

老话说得好，"数据不会撒谎"；但现在有种新的说法是"撒谎者会捏造数据"。而作为实事求是的统计学者，我们的义务是阻止这些撒谎者捏造数据；换句话说，不能让这些人为了想要建立起对自己有益的理论而去扭曲事实的真相。

——统计学家卡罗·戴维逊·怀特（Carroll D. Wright）

在人力统计局委员会代表大会上的发言

　　尽管人们每天都会谈到"钱"，而且我们大多数人都在为金钱拼命地工作，但很少有人会停下来思考一下"货币"究竟是什么，它又意味着什么。甚至是奋战在金融界的专业人士也经常无法理解货币到底是怎么一回事。事实上，货币是以信用的形式凭空创造出来的，但这个事实却很难让人理解。大多数学校都不会教授这种重要的、且几乎称不上秘密的秘密，仅仅只有金融界里特定的内幕人士才懂得这个道理。这未必就是什么不好的事情。著名的汽车制造商亨利·福特（Henry Ford）曾表示，如果人们意识到我们的货币体系如何真正地发挥效应，那么很快就会爆发一场革命。

1. 什么是货币的起源？

一万年前，我们所熟知的货币形式是不存在的。一个简单的社区仅仅会消费很少的几种食物与材料，人们不需要完整的交易体系。然而，一旦社会开始发展，人们随之也就需要一个更复杂的交易体系。而随着这种需求所发展起来的则是一种以货易货、交换，甚至涉及信贷的交易体系。如牛与肉干这类价值相对稳定且受人欢迎的产品，越来越频繁地被用做一种支付方式。

以货易货仍然是最基本的交易体系。在危机爆发期间，这种商业形式也越来越频繁地重新被采用。到第二次世界大战结束时，烟草这种商品在备受战乱侵袭的欧洲大陆被广泛地用来进行以货易货的交易。实际上，烟草从一种消费品转变成为了"具有货币功能的优先商品"（这是经济学家的说法）。[1]在 2001 年的阿根廷，外国强权拒绝向这个国家借贷资金，于是阿根廷的财政体系出现了崩溃，而以货易货交易方式在 24 小时内便出现了。直到最近的 2013 年，伊朗将原油运往中国与印度以换取黄金。[2]伊朗被迫采用以货易货的交换方式是由于受到美国与欧盟国家对其实施的经济制裁——美国与欧盟国家从 2012 年起一直禁止伊朗使用跨国银行结算系统，使其无法进行国际支付。

以货易货具有很多不利因素。对某种产品的需求并不能永远地持续下去，而易变质的物品在价值上则不稳定。

大约在 600 年前，体积大且呈圆形的石币在密克罗尼西亚的雅浦岛被用来进行交易（即充当货币）。目前发现的最大的石币的直径为 3 米，而其重量则达到了 4 000 吨。这些石头之所以稀少，是因为要从远在 400 公里之外的帕劳群岛把它们运回来。运输这些石头造成了巨大的风险。直到今天，这些石头仍可以被用来进行物物交换。其他一些曾充当货币的物品有，中国曾使用的贝类以及美索不达米亚、巴比伦与埃及曾使用的谷物。

2. 黄金是如何成为货币的？

很明显，一些物品可以充当货币。这些物品也的确需要具有某些特征：易分割、可随身携带、不易变质以及稀有。但如果你希望对其进行交换、计算与储存（促成高效率社会所必备的三项功能），那么货币则需要比有价物品具有更多的优势。

自公元前700年以来，几乎世界所有具有文化的民族都认为黄金与白银是具有价值的交换媒介，这些民族包括了玛雅人、印加人、埃及人、希腊人、罗马人、拜占庭人、奥斯曼人以及阿拉伯人。而且由于黄金与白银所具有的独有的特征、稀缺性以及吸引力，这些珍贵的金属数千年以来已经成为了全球金融体系的基础。

珍贵的金属除了具有可分割性、便携性、耐久性与稀缺性这些特征之外，它们在很大程度上也是人们梦寐以求的物品。也许是因为金银的光泽度或重量（黄金的重量几乎达到了铅的两倍），全世界的人都对黄金与白银更为喜爱。此外，黄金与白银根本不可能被仿造。从整个元素周期表来看，黄金与白银是最适合作为支付方式的两种金属。

稀有金属同样被证明是无可挑剔的储值媒介。有事实表明，黄金现在的价值与2000年前是同等的，该事实的证据能够在伦敦博物馆里发现。据了解，博物馆中展示了一枚罗马金币，它由8克22K黄金（90%的纯度）铸造。根据对展示金币的详细介绍可以发现，一枚罗马金币在当时能够购买400升廉价葡萄酒。按照2011年的黄金价格，8克22K黄金的价值大概是400欧元。若在法国葡萄酒作坊中成箱地购买葡萄酒的话，我们能够用1欧元买到1升葡萄酒。对黄金与白银的需求量是巨大的，而这种需求也是永恒不变的。

3. 钱币是什么时候出现的？

　　最早的钱币出现在古代中国。大约在同一时期，西方国家与印度也出现了钱币。中国的古钱币是用不同的金属铸造的，包括铜与青铜。为了保证钱币制造的统一性，其制造过程是在政府严格的监控下完成的。由于中国的古钱币是用贱金属制成的，因此这种形式的货币的固有价值很低。[3] 也正是出于这个原因，其中心部位被打了孔，这样就可以用细绳将大量的钱币穿在一起，以便随身携带。中国的古钱币的制造成本较低，但它同时也存在容易被仿造的缺点。

　　西方国家的第一批钱币于公元前 650 年左右出现在里底亚，该地位于现在的土耳其。这些钱币是由银金矿锭制造而成的，这是一种天然的金银合金。由于发明了能够分离黄金与白银的方法，因此钱币也就很快被分成了金币与银币。因为黄金的稀有度是白银的 15 倍，因此白银也就成为了一种面值较低的钱币。[4]

　　亚历山大大帝、尤利乌斯·恺撒与奥古斯都皇帝都以黄金为基础建立了货币体系，进而建立了自己的帝国。保持一个帝国权力的关键是保持其货币价值。定期以金银发放的报酬能让士兵们高兴。无论货币在何时出现贬值，帝国都会遭受压力。在很大程度上，罗马帝国的崩溃正是因为罗马货币的贬值。随着重要收入来源的枯竭，发挥重要作用的罗马钱币在公元 238—274 年间出现了大幅的贬值，其原因是钱币的白银含量在不断减少（见图 1—1）[5]。而之后发生的经济危机就不能说是巧合了。[6]

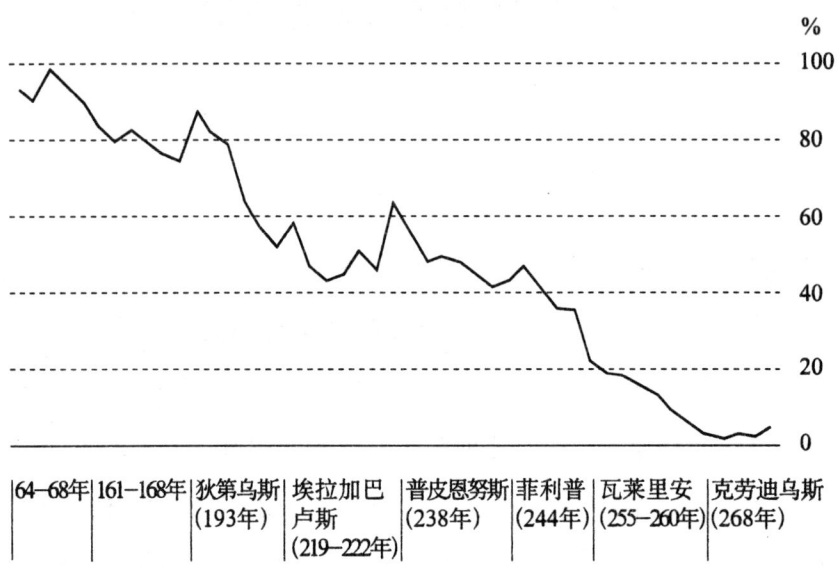

图1—1　古罗马钱币含银量

资料来源：零对冲基金/美国杜兰大学（Dulane Univerisity）（2010 年）。

4. 货币黄金的简史

罗马帝国崩溃之后，西欧各国恢复了本土的计划经济，以货易货再次成为了主要交易方式。[7]

在中世纪期间，被人们熟知的"拜占庭金币"在整个欧洲与地中海地区被广泛地使用。拜占庭金币可能是世界历史上最为成功的一种钱币。公元491—1453年期间，这些金币都存在并被使用着。近到英国，远到中国，在那个时代很多国家都承认其货币功能。[8]1252年，一种被称作"弗罗林"的货币在意大利的热那亚与佛罗伦萨被初次铸造出来，这是在近五百年的时间中的首次尝试。"弗罗林"是荷兰盾的前身，后者一直被使用到了1999年。[9]之后不久，威尼斯引进了与"弗罗林"同等大小与重量的钱币——"达克特"。到了13世纪，影响力迅速增长的所有意大利城市都开始使用金币，以此来促进其日益增长的贸易，进而颠覆了国家统治者在货币发行上的垄断。在很短的时间里，这些金币在整个西部欧洲国家得到了广泛使用，同时也孕育着一个以黄金为基础的货币体系。1275年，要换取1枚金币需要8枚同等重量的银币。

随着拜占庭帝国的衰败、淋巴腺鼠疫的传播以及一系列金融崩溃，在许多欧洲国家拜占庭金币的货币作用被银币所取代了。从1550年到17世纪早期，发生了一次长期的大宗商品涨价潮。16世纪，在拉丁美洲发现了大量的白银矿藏之后，国际银本位制也随之确立了下来，并在之后近四百年内发挥着应有的作用。由于白银的价值比黄金的价值低，因此银币更容易用于日常的消费购物。1785年，美国同样也采用了银本位制。

在 1750—1870 年间，欧洲大陆发生了许多战争。基于这个原因，也由于与中国持续的贸易赤字，大量的白银出现东移，这导致使许多国家逐渐放弃了银本位制（见图 1—2）。

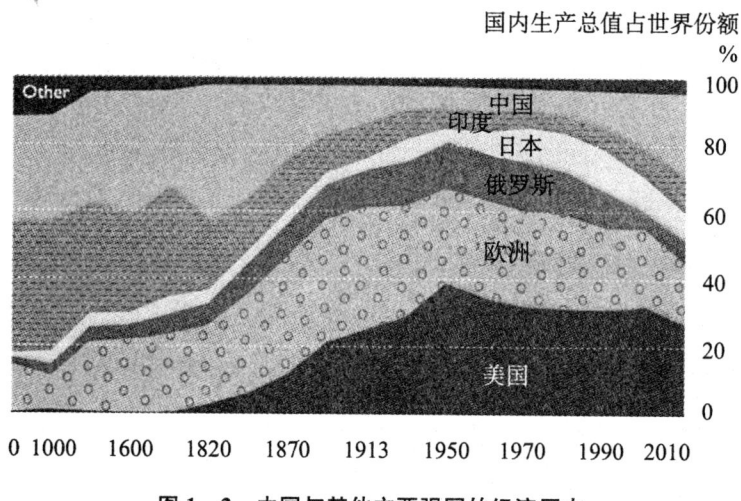

图 1—2　中国与其他主要强国的经济历史

资料来源：格罗宁根大学（University of Groningen）。

5. 金本位制有哪些优点？

金本位制中，一定单位的货币（如 100 欧元）等于一定数量的黄金（比如说，2 克黄金）。一种货币的价值是由一个国家的政府或中央银行所储备的金条数量所决定的。

采用金本位制能给一个国家带来很多优势。最为重要的是，金本位制强制政府在制定财政政策时要严格与规范，因为政府不能通过运转印钞机的方式来填补财政预算赤字。

黄金让货币有了安全保障，而且也是对抗货币贬值的一种最重要的武器。金本位制让公民拥有经济自由，因为他们的货币总是能够兑换成黄金。黄金所具有的价值可以得到全球范围内的认可，而基于这个原因，公民就不用依赖于金融机构制定的金融决策，今天的情况与此恰恰相反。在实行金本位制期间，信贷与债务的不规范积累（这是现行信用危机的真正根源）是不会出现的。[10]

由于白银储备的持续短缺，英国与附属于大英帝国的许多国家在 1816 年都采用了金本位制。很快，加拿大（1853 年）、美国（1873 年）与德国（该国在 1872 年发行了新的德国金马克）也采用了同样的措施。在 19 世纪的历史长河中，金本位制变得越来越受欢迎。

很长一段时间内的物价稳定应归功于金本位制与/或银本位制所产生的规范的货币效果。比如说，英格兰在 1914 年终止金本位制之前的近两百年中，从来就没有遭遇过任何的通货膨胀。

当印钞都不能解决问题的时候，发动战争会变得非常困难。[11] 1850—

1914 年间是欧洲经济繁荣的一个时期，基本上没有发生重大的战争；当时，大多数欧洲国家都在实行金本位制。

只要美国实行金本位制，美元的价值就会一直保持着稳定。

6. 金本位制为什么会被废弃?

在金本位制条件下，政治家们与银行业者对国民经济几乎没有影响力，因为他们无法影响货币的汇率。即使是为了"激活"经济，他们也不可能通过印制纸币的方式来为工商企业提供"宽松信贷"，这正是现在标准的货币政策。

金本位制不会自行崩溃或被解除。当发生大的贸易赤字时，黄金就会很快地外流。而当这些外流发生时，一些国家就无法继续保证其货币能够兑换成黄金，于是便被迫从金本位制中脱离出来。这也正是 1971 年在美国所发生的情况。

为了能够印制更多的货币来为第一次世界大战提供资金，许多欧洲国家在 1914 年放弃了金本位制。战时的各国政府都懂得，它们不能靠提高国家税收，或者从银行贷款来获取资金。加速运转印钞机是为战争买单最简便的方法，通常也是仅有的方法。

在第一次世界大战结束后，过度的货币创造仍快速地持续着，这导致了20 世纪 20 年代的一次大规模的信贷泡沫的形成。而这也最终引发了 1929 年的市场崩溃，之后，世界经济出现了崩溃，并陷入了危机之中。

7. 什么是法定货币?

在一个国家的金融体系中,如果货币没有得到像金银这样具有相当价值的东西的担保,那么银行就能够以建立新的贷款的方式来创造几乎无限的货币量。所有这些货币都是以信贷(新债务)的形式来建立的。如果所有的债务都偿清了,那么所有的货币也就会消失。然而,因为每笔贷款都要支付利息,因此越来越多的新货币(债务)就要被创造出来。我们把通过这种无保证的过程创造出来的货币称为不兑现纸币(法定货币)或信用货币。其价值所依赖的是一种信任,即商品或服务能够得到偿付。根据《圣经》中创始的故事,"fiat"(不兑现)这个词是指上帝所说的第一句话:"让这个世界有光"(拉丁语 Fiat Lux)。

所有已知的法定货币体系在过去都以失败告终(见附录Ⅰ)。然而,各国央行行长们仍在宣称,这一次,一切都会好起来的。这种宣言就好像在讲一个笑话。笑话说的是一个男人从 80 层高的楼房的楼顶向下跳。当他"飞"过了 20 层楼时,有人从窗户大声地问他,一切都怎么样了。他回答说:"到目前为止,都没问题。"如果运转印钞机就能让国家走向繁荣,那么非洲就不会是一个贫穷的大陆,津巴布韦就会富裕起来,魏玛共和国就会仍然存在。

8. 银行准备金制度的具体意义是什么？

在 1900 年，按照银行准备金制度，存款准备金占其所有未清偿的存款总额的比例约为 30％，而现在这一比例已下降到 3％左右。

银行部分准备金制度是在中世纪末开始实行的，当时意大利的银行业者[12]（通常是金匠）开始向那些储存金币的客户开具"交易凭条"。这些凭条逐渐开始被当做货币使用，因为它得到了黄金的担保。当这些银行业者发现这些金币几乎不会再从他们的银行储备中被提取时，他们便开始开具更多的凭条，甚至超过了银行金库的担保能力。这些凭条被认为是第一批银行券（或称纸币）。

现如今，银行准备金以货币的形式存在，或以在中央银行的存款的形式存在。商业银行能够根据其在中央银行账目上的资产从中央银行获得贷款。发放这种新贷款所需的货币是凭空创造的，而且要记录在商业银行在中央银行的账目上。现在，商业银行就能够将这些新创造出来的货币借给需要贷款的人，或进行新的投资。

因此，货币最初是由中央银行创造的。只要在电脑上敲下一些数字，就可以创造无限的新货币。比如说，通过这种方式创造的 100 亿货币从中央银行转入到了商业银行。[13]接收行接着就可以把 100 亿的 90％用于发放新的贷款。这 90 亿再次转入到另一家商业银行的账户，而后一家银行也只能贷出90 亿的 90％，也就是 81 亿。这个过程可以一直持续下去，直到从中央银行借出来的 100 亿产生了超过 900 亿的额外信贷。这就是被称为银行准备金制度的理论。

这样，一家商业银行通过发放新的贷款并将其记录在资产负债表上，便可以创造更多的货币。实际上，银行要做的，是放出尽可能多的贷款，以及寻找尽可能便宜的融资方式。我们要理解，各国的中央银行永远不会去填补一家银行的储备金，这是很重要的。中央银行能增加一家商业银行的流动性，但却永远无法提高商业银行的偿债能力。

有关荷兰银行的偿债能力请参见图1—3。

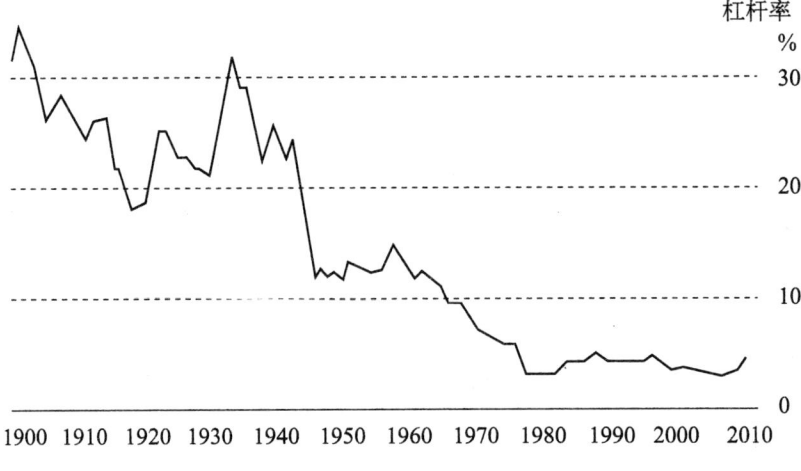

图1—3　荷兰银行清偿力（1900—2010年）

资料来源：荷兰中央银行（DNB）。

9. 法定货币是在哪里发明的?

与许多其他发明一样，"法定货币"最初也是在中国被发明的[14]。于1275—1292年间在远东进行大范围旅行的马可·波罗在回到意大利之后，出版了一本描述其旅程的著作。几个世纪以来，他的文字对欧洲人来说是关于亚洲的仅有的信息来源。据波罗先生的描述，当时亚洲的君主忽必烈皇帝找到了一种制造纸币的方式，使纸币具有和金银一样的价值。[15]他的蒙古帝国从西伯利亚一直延伸到黑海，覆盖了世界上五分之一有人居住的地区。[16]

你可能会说忽必烈皇帝掌握了炉火纯青的炼金术，而你这样说一定是对的。忽必烈皇帝用一种树的树皮来制造纸币，事实上是用桑树的皮，而桑叶是喂给蚕吃的。那里有数不清的桑树，整个地区都种满了这种树。他们所提取的是一张打磨得很好的树皮，或是一张位于树干与外层厚树皮之间的薄树皮，他们把树皮加工成像纸一样的东西，但是黑色的。当这些纸一样的东西被做好之后，他们接着把它切成大小不同的小片。所有这些纸张被签发出来，并赋予了庄严与权威，就好像这些就是真正的黄金或白银；接着很多担当不同职位的大臣会在每一张纸上写上自己的名字，并加盖各自的印章。当所有这些准备就绪，忽必烈指派的首席大臣会将自己的印章蘸上朱砂，然后将其印在纸上；就这样纸币便可正常使用了。任何伪造纸币的人都将被处以死刑。

而且忽必烈严令，每年都要大批量地制作这些本身无需成本的纸币，但它们必须与世界上所有的珍宝的价值相等。有了这些纸币（我已经描述了其制作的方法），他强制所有的付款都付到自己的账上；他还在所有的王国、省份与区域内通用这些纸币，而且不论他的皇权延伸到哪里，都要推行这种纸币制度。地位显赫的人，也不敢冒生命危险去反对这种制度。人们也的确准备好了接受这种纸币，无论谁在蒙古帝国的领地游走，他都能发现这些纸币的存在，而他也可以用这些纸币进行货物的买卖，就好像这些纸币就是金币。此外，来自印度或其他国家，带来金银珠宝的商人被禁止把他们的货物卖给任何人，除了皇帝。皇帝为此选派了 12 名专办人员，这些人都非常精明能干且富有经验；这些人对外国商人带来的宝贝进行评估，而皇帝也会用纸币支付很高的价格。有了这些货币，这些商人能在帝国内买到自己想买的任何东西。于是，皇帝每年都会大量地购买这些金银珠宝，他的珍宝数不胜数；而他所付出的那些纸币根本不会让他有任何损失。

波斯地区的伊儿汗国，在了解到中国自 1024 年以来对纸币的使用后深受启发，决定要采用这种制度。该国将专业的顾问派遣到北京访问学习，接着在国内也建立了一个组织，专门从事于法定货币政策的实施。然而，当地的人们在经历数百年的时间后，仍无法习惯使用纸币。他们还是不愿相信，这些印制精美的纸张存在价值，而纸币制度的试行在波斯地区也以失败告终。[17] 从公元 14 世纪开始，纸币就从亚洲消失了。接踵而来的则是对白银的巨大渴求。那个时候，世界人口的 25％ 都生活在中国。1609 年，荷兰阿姆斯特丹的卫斯尔银行（Wisselbank in Amsterdam）开始出具"汇票"，纸币才又重新开始被使用。

10. 历史上的货币试验

四百多年之后，也就是 1716 年，苏格兰经济学家约翰·劳（John Law）竭力说服法国国王实施大规模的货币试验。劳是一位银行家的儿子，他以金融专家的身份周游欧洲列国，其目的是希望说服各国的统治者接受他的经济思想。他懂得，一个国家可以通过发行法定货币的方式来刺激国家经济。

法国国王太阳王路易十四连年发动战争，这让法国处于深渊的边缘。法国摄政王[18]授权约翰·劳建立起一个享有有限权力的银行来发行货币。在这次尝试取得成功之后，这家银行便迅速地成长为法国通用银行（Banque Générale），而其发行的货币甚至上升为法定偿付货币。[19]

大量的货币也就以这种方式被注入到了国家经济之中，这的确刺激了法国的经济。

劳最终在追逐另一个商业机会的过程中让自己陷入到困境中。1717 年，他成立了密西西比公司。他的公司得到了在法国与法国在美国南部的殖民地路易斯安那之间进行贸易的垄断权。由于社会上大肆宣扬着新大陆的无限可能，越来越多的法国人购买了这家新公司的股份。但这种对新大陆的美好愿景最终却成为了一种虚假恶意的宣传，公司接着进入到一种失控的状态。繁荣的景象最终变得支离破碎，而他的两项试验都以失败告终：他的新公司的股价与法定货币的价值都出现大幅贬值。由于自己的人身安全在法国无法得到保障，劳逃离到了荷兰。1726 年，在荷兰政府的批准下，他成功地建立了第一家国有彩票机构。

11. 法定货币的其他遭遇

不到一个世纪之后，问题再次出现。在法国大革命结束后的几年里，法国国民议会发行了国家债券（assignats）。这些之后被作为货币使用的债券，是由在1779年大革命期间被没收的教会的财产所担保的。根据1790年的一份政府报告，国家曾经尝试过以运转印钞机的方式来刺激经济：

> 我们必须要拯救国家，其实发行更多数量的货币就能够让法国恢复元气。[20]

这就是那时的"量化宽松"（QE）[21]，尽管当时还没有这个名称。

这些新印制出的货币让人们开始不再相信纸币。法国政府很快就实施了一些严格的新规定。为了控制通货膨胀，商品被设定了最高价格；进行货物交易时，禁止买家用黄金支付，必须使用纸币，否则就会被判处死刑。为保护纸币制度而做出的最后的尝试是，从1793年11月13日开始，禁止对稀有金属进行任何交易。然而，这些措施仅仅缓解了那些不可避免的事情发生。历史反复告诉我们，统治者总会赢得胜利，他们终究要印制出更多的纸币而不必受任何惩罚，他们喜欢使用这种"无中生有"的伎俩。

1796年8月中旬，在经历了多年的金融动荡之后，公众对法国货币的失望达到了顶点，接下来便发生了严重的通货膨胀。很快，纸币就失去了其所有的价值。民众对此极为愤怒，暴民们集结在巴黎的旺多姆广场，公开地焚烧了纸币、印刷模板与印钞机。[22]由于之后发生了严重的通货膨胀，经济混乱持续了很多年。在这次的货币混乱爆发之后，拿破仑推行了（金银）复本位货币制度，这种制度让法国从1803年开始就恢复了金融稳定。欧洲的

大多数国家也推行了这种货币制度。新法国法郎在之后存在了近 200 年，直
到被欧元所取代。[23] 1865 年，几个欧洲国家成立了第一个欧洲货币联盟
（被称为"拉丁货币联盟"）。这个联盟于 1927 年被解散，而（金银）复本位
货币制度也在 1928 年被终止。

12. 什么是量化宽松？

量化宽松是美联储为了给自己发起的各项非常规货币政策设置烟幕而使用的一项委婉用语。如果量化宽松是一项爱国军事行动，那么它的名称就可能是"开启印钞机行动"。但由于这个名称会引发公众对货币贬值的担忧，因此美联储的幕僚们决定使用另一个术语，即"量化宽松"。100万人中也许仅有1人能够理解，量化宽松的主要目的是印制出更多的纸币。

本·伯南克在成为美联储主席之前，就提出开动印钞机来对抗通货紧缩的可能性[24]：

> 美国政府拥有被称为印钞机（或今天所说的电子印钞机）的技术，如果利率达到零，而且经济面临着通货紧缩的风险，政府就能够通过运转这台机器来确保不会出现通货紧缩。

只有当国家的标准货币政策失效的时候，中央银行才会使用这些非常规的货币政策。

维基百科对量化宽松的解释如下：

> 一个国家的中央银行要执行量化宽松政策，就需要从各个商业银行与其他私有机构购买特定数量的金融资产，这样才能增加基础货币量。而相比之下，更为正常的货币政策则是通过购买或售出政府债券来达到让市场利率保持特定水平的目的。[25]

在量化宽松的政策下，中央银行向商业银行提供过量的流动资产，以此来促进私人借贷。日本的中央银行——日本银行（BOJ）便被看作这种非常规策略的发明者。日本在 20 世纪 80 年代实现经济大发展之后，于 90 年代中期经历了一场严峻的经济衰退。日本银行想要实现零利率。为达到这个目的，日本银行要购买越来越多的政府债券。之后，日本银行还购买了资产担保证券与股票。

自 2007 年全球金融危机爆发开始，美国、英国与欧元区国家也采取了与日本银行相似的政策。日本实行这种政策的最初目的是降低利率。从 2008 年开始，美联储与其他各国的中央银行购买了大量资产（如美国政府债券）与抵押担保债券，以达到支持房地产市场以及填补信贷危机引发的大规模财政赤字的目的，而这些都是经济不景气造成的结果。

英国同样采用了量化宽松政策来支持本国经济。苏格兰皇家银行（RBS Group）的首席执行官斯蒂芬·赫斯特（Stephen Hester）解释说[26]：

> 英格兰银行在量化宽松政策下所实行的政策是，中央银行印制货币来购买政府债务，而结果是政府在过去的三年里出现了巨大的赤字；但英格兰银行没有采取其他方法筹措这笔资金，而是直接印制出纸币来支付这些政府赤字。如果没有实施量化宽松政策，那么政府就必须找到个人来购买这些债务。因此，量化宽松让政府，这个政府，可以负担高预算赤字而不至于破坏经济，因为英格兰银行为它提供了资金支持。现在，这种措施不能长期地实施，因为人们了解这一切，这样会导致通货膨胀以及会引发其他不利因素。但这就是英格兰政府所做的：印制货币来填补政府的赤字。

表面上，大多数发达国家禁止央行直接购买政府的债务。因此，它们使用了一种伎俩，即从二级市场购买政府债券。在这种分两步完成的过程中，政府首先将债券卖给私有银行与保险公司。这些机构然后再将这些资产卖还给中央银行。

13. 各国央行行长都赞同量化宽松政策吗?

至少有一位央行行长似乎对这种"历史上的最大的债务泡沫"的风险有所抵触。有记录表明,美国达拉斯联储主席理查德·费希尔(Richard W. Fisher)在一份投资组合中至少拥有价值 100 万美元的黄金[27],而这份投资组合的总价值至少有 2 100 万美元。很明显,他的这种行为是对美联储颇受争议的量化宽松政策的抵触,他对此也十分坦诚,这让人颇为惊讶[28]:

> 说实话,在上周的会议中,我并不是为了提倡实行额外的货币调节措施而提出自己的主张,了解我的人都不会对此感到奇怪。我也反复且清楚地表示,我相信我们所实行的每一项计划都是为了实现那个目标;我们正在驶向更深的新水域,我在内部的联邦公开市场委员会会议上与公开讲话中都是这样说的。然而,事实是委员会中没有任何人,理事会与 12 家联邦储备银行也没有任何员工真正了解是什么在拖累经济。也没有人知道什么样的措施能让经济重回正轨。而且没有人——事实上,这个世界上没有任何国家的央行——有经验让我们摆脱现在的处境,从而恢复到以前健全的经济体制下。没有哪个国家的中央银行以前有过这样的经历,至少美联储没有。

他早在 2010 年就发出警告说,美联储"买下政府那么多的债务就是在给自己吃毒药"。那个时候,他将这些非常规的货币政策的风险描述为"站在债务货币化的大滑坡上的危险"。

理查德·费希尔不是唯一对全球量化宽松政策的风险如此坦白的银行行长。在 2013 年财政部特别委员会的一次证词发言上,英格兰银行金融稳定执行董事安迪·哈代恩（Andy Haldane）讲道，证券泡沫的破灭是金融稳定的主要风险，而这些泡沫是"由中央政府持续向经济注入虚拟货币以强行压低债券收益率"而造成的：

> 如果现在让我选择对我来说什么是全球金融稳定最大的风险的话，那就是全球范围内的政府债券的收益上出现不定期的下调。我们要清楚一个事实。我们是在有意地吹大历史上最大的政府债券泡沫。我们需要时刻警觉这个泡沫出人意料地突然破灭所导致的后果。

但是，我们同样也需要考虑印制过量的货币对国际货币制度造成的通胀压力。在过去，这些类型的货币政策都导致了一段时间的严重的通货膨胀。

有关发达经济体政府债务的情况请参见图1—4。

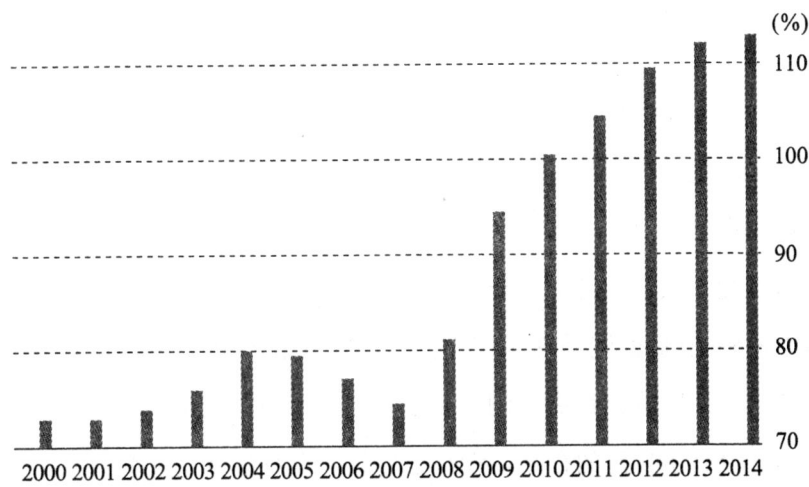

图1—4　发达经济体政府债务占国内生产总值的百分比

资料来源：国际货币基金组织与支点资产管理公司（Fulcrum Asset Management）。

14. 什么时候会出现严重的通货膨胀？

　　一国的经济遇到最糟糕的事情之一便是严重的通货膨胀。其定义是，一年之内物价的上涨超过50％。严重通货膨胀之所以会对经济造成不利影响，在很大程度上是因为货币失去了其价值与购买力。我们将其称为"货币的死亡"。如果不存在货币，经济制度就会被解除，而人们也会立即回到以货易货的经济状态下。

　　法定货币存在危险的另一个好的例证是，德国的魏玛共和国在20世纪20年代初受到严重的通货膨胀的沉重打击。由于第一次世界大战之后，获胜的国家向德国提出了巨额的赔偿金，魏玛共和国承受着巨大的金融压力。德国经济在好多年内根本就没有足够的货币来履行这些赔偿。唯一的方法便是允许大量印制纸币。当过高的通货膨胀最终导致德国人民对他们货币的稳定与价值失去信心时，德国陷入了严重的通货膨胀，并出现了持续的恶化，这让德国遭受了致命的打击。最初42德国马克兑换1美元，到1923年，汇率直接上冲到50亿德国马克兑换1美元。在几乎不到3年的时间里，德国的货币变得一钱不值，其货币制度也崩溃了。[29]一个金融噩梦成了现实。[30]许多德国人没有了自己的存款，没有了希望，有些甚至以自杀告终。

　　有关各国严重通货膨胀的时期见表1—1。

表1—1　　　　各国严重通货膨胀期，最终月通货膨胀率超过了5 000％

国家	年份
匈牙利	1946 年
津巴布韦	2008 年
南斯拉夫	1994 年
德国（魏玛共和国）	1923 年
中国	1949 年

15. 我们能够相信官方公布的
通货膨胀数据吗？

各国政府在调整经济数据方面是颇具创造性的。在美国，对关键数据与经济指标的操控已经上升为一种技术型工作。许多分析员与经济评论员们现在都对官方发布的统计数据表示质疑。创建了全球最大的债券资产管理公司——太平洋投资管理公司（PIMCO）——的比尔·格罗斯（Bill Gross），将官方发布的通货膨胀数据称为"坑人的成果"[31]，他称官方的工作方式就是"欺骗"。

通货膨胀的计算会受到使用的方式与模型的影响。其模型包含很多自行设定的方法。当经济学家谈起金融工程的时候，我们能清楚地发现，一种模型能够产生出一种以上的结果。

通货膨胀计算的是，一篮子选定商品与服务的价格在一段时间内的平均变化。这种计算方式的目的是衡量生活成本与先前相比是更高（通货膨胀）还是更低（通货紧缩）。这种方式并不是非常可靠，因为进入篮子的各种商品是随意选择的。当然，不是每个人都会买相同商品。许多商品与服务都没有被包括在消费者价格指数（CPI）中。比如说，地方税收没有被包括在消费者价格指数中，但它却在近几年里出现了大幅度的上升。结果是，可支配收入的增长率低于通货膨胀率，而许多人因而感到"压力不小"。

法国最大的银行之一法国农业信贷银行（Crédit Agricole）旗下的证券公司盛富证券（Cheuvreux），在2006年初发布的一份报告[32]中声称，美国真正的通货膨胀率约为6.7％（这个数字已经接近于货币供应的增速），而不是官方发布的 2%。

在过去的 10 年里，美国货币权威机构与通货膨胀打了一场"隐蔽的战争"，其目的是为了保证金融市场不受增长的通货膨胀的干扰。

主要的措施如下：

● 压低黄金价格；

● 改变计算通货膨胀所使用的方法；

● 停止发布美国 M3 货币增长数据。

这份报告同样解释了官方通货膨胀率的增长为什么对政府是不利的：

● 它增加了政府的成本，因为养老金与其他社会福利每年都要根据通货膨胀的变化做出相应的调整。

● 上升的通货膨胀会导致更高的利率，因此也会导致政府要承担更高的借贷成本，以及消费者要承担更高的抵押率。更高的利率对证券与债券也有负面影响。

16. 通货膨胀是如何计算的?

统计学者们已经发现了很多可以降低官方通货膨胀数据的方法。这种"隐蔽的战争"主要是通过改变通货膨胀的计算方法来进行的。在过去的 30 年里，统计模型在逐渐地发生变化。

据该行业内的一位经济学家约翰·威廉姆斯（John Williams）[33] 表示，自 20 世纪 90 年代，政府统计数据的可信度与精确度就出现了很大程度的下降。他表示，直到 20 世纪 90 年代，通货膨胀的统计数据还是相当精确的。在接下来的一些年里，由于政治家们开始对统计学者施压，用于计算通货膨胀数据的模型也开始改变（见图 1—5）。

在威廉姆斯撰写的自 2004 年起的《消费者价格指数报告》中，他列举了政府使用的三种最常见的"手段"：

（1）用低价商品取代高价商品

当通货膨胀模型中的一块肉太贵，那么这块肉就会被更便宜的汉堡包替代。人们在物价上涨时也会去寻找更便宜的商品，这样说就合情合理了。

（2）几何权重法的考虑

多年来，用算术加权法测算通货膨胀的方式已经被几何权重法所替代。结果是，模型中价格上涨的产品不会占有太大的权重，而便宜的产品则会占有更大的权重。

（3）用户体验调整

这是所有的手段中最奇怪的调整方法。它被用来调低价格直到这些价格达到最优，从而让根植于产品价格中的质量得到提高［"用户体验"（hedonic）

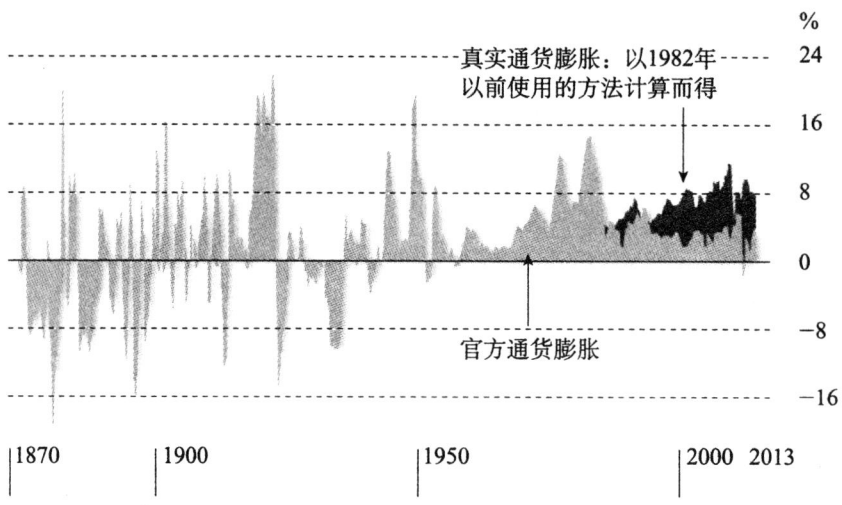

图1—5　今天的通货膨胀存在操控行为吗？

资料来源：全球投资者（Global Investors）。

　　说明：这里我们列出了一个多世纪的月通货膨胀数据。灰色的阴影区代表了劳动统计局发布的消费者价格指数（CPI）的历史数据。

　　如果我们要使用1982年以前采用的方法来计算消费者价格指数，那么就会得到如上图所示的黑色区域表示的通货膨胀。黑色区域表明，目前真正的通货膨胀率约为8%。官方公布的消费者价格指数大约为2%，这还是很能说明问题的。

一词来自于希腊语词汇"hedone"，意思是"快乐"]。

　　并不是所有这些方法都会被滥用，但这些方法的综合运用得到的结果是，通货膨胀的数据在结构上是能被理解的。随着消费者价格指数（CPI）获得了更多的关注，社会保障支出出现了很大程度的缩水。

17. 通货膨胀数据被扭曲的证据

一些年前,《华尔街日报》刊登的一篇文章重点强调了一个例证,它最能反映出用户体验对价格走向的影响。2005 年以 30 美元售出的一台电视机,在 2006 年以同样的价格售出。但是这个电视机的硬件稍微做出了一些改动。六瓦特的扬声器被改为十瓦特的扬声器,而且屏幕的圆角有了更大的弧度。统计学者们表示,电视机的质量变得好了很多,因此它的价格应该向下调整 30%,不过它还是以同等价格售出的。这些类型的调整在持续地进行着。而它们的主要后果是,人们的工资、养老金与福利的成本增加了,但他们却得不到足够的补偿。尤其是中低等收入水平的家庭更是会受到这些变化的伤害。

从政府的角度来讲,低估通货膨胀的另一个优势是,经济增长的方式为适应通货膨胀也在进行着调整。如果一个国家的经济增长率是 3%,而通货膨胀率是 2%,那么为适应通货膨胀率,经济增长率(实际增长或实际国内生产总值)则被调整为 1%。但如果通货膨胀率实际上是 4%,那么实际的经济增长率就应该是 -1%。是否根据通货膨胀率对经济增长率进行调整,关系到经济状况是否会被判定为出现了衰退。宣布经济出现衰退将导致消费者信心的下降,这可能降低消费。

18. 各国央行会阻止或引发通货膨胀吗?

    各国央行经常表示，所有这一切都是为了实现"金融稳定"[34]，而且控制通货膨胀是它们的主要工作内容。但央行从不会告诉你，正是因为它们每年创造越来越多的货币，才会引发通货膨胀。学习过货币历史的学生都知道，如果中央银行不利用其权力制造大损失，那么它们就无法成功建立起一个可长久持续的法定货币制度。在印刷越来越多的纸币的情况下，法定货币制度中的所有货币都将贬值。据美国参议员荣·保罗（Ron Paul）表示，美联储宣传自己在对抗通货膨胀，就好像烟草制造商表示希望帮助消费者戒烟那样让人无法相信。[35]

    各国央行除了要对抗通货膨胀，另一个重要工作则是刺激国家经济。这也是为什么流通中的货币量需要逐年增加。欧洲央行在20世纪90年代成立时就确定了其目标，即保持4%～5%的年增长率。但在推行欧元的几年之后，货币的年增长率就已经超过了10%。大多数的西方国家在经历了过度的债务增长之后，其货币仅在上个世纪就失去了95%的购买力。

    如今，各国央行的身份是最后借款人。其结果是，诸如美联储与欧洲央行这些中央银行，为了给政府提供资金支持，每年都会创造数以万亿计的美元。而它们仍宣称自己是在对抗通货膨胀。

19. 有人真正理解这种金融体系吗？

在大多数国家，政府与中央银行会联合在一起，来实现对创造货币的垄断权。事实上，我们的货币没有任何担保，仅仅依靠人们对货币的希望与信任，但这个事实不能让广大民众知道。多数经济学家甚至都无法完全理解货币。仅有那些研究货币经济学的人才知道金融体系的内幕。而这些人大多数以后都会为国家政府或中央银行工作，因此他们自然会守口如瓶。

当消费者把银行当做一个存着很多钱的大型存钱罐时，银行从业者们也会喜欢这种说法。几乎很少有人了解，印制与铸造的货币仅仅是所有流通中货币很小的一部分。研究表明，直到今天，仍有三分之一的人都相信，存入银行的货币会始终放在保险柜里等着存钱的人去提取。如果存钱的人意识到了他们的钱有被借贷出去30次的危险，他们可能宁愿去购买黄金。出于这种原因，银行重中之重的工作便是要让人们了解黄金不是什么"避险港湾"，与此同时，还要让人们继续对货币保持信心。

然而，从法律的角度来讲，银行账户里的存款是银行的债务。这也是为什么，一旦银行破产，存款无法立即退还到存款持有者的手中，证券与债券投资组合也是如此。为了确保存款人不会集体同时提款，欧洲政府保证每家银行的每个存款人享有10万欧元的资金保障，而美国公民在美国则享有25万美元的资金保障。当然，政府本身是否拥有这么多的货币来填补这些债务仍是个未知数。

美国人大肆宣扬，黄金在现有的金融体系中不再发挥重要作用，而大多数的欧洲银行从业者则一厢情愿地任由其欺骗。在荷兰，银行里的几乎所有的黄金柜台都已关闭。但在瑞士，我们几乎可以在每个银行买到黄金与白银。

第二章

各国央行行长：我们这个时代的炼金术士

全球范围内的债务重组可能出现，而且这会成为"大洗牌"的一部分。2012年，太平洋投资管理公司（规模最大的债券投资公司）的创始人比尔·格罗斯，告诫投资人应该开始购买"硬资产"，而不是像政府债券这样的"纸资产"。这就好像一位轿车销售员建议人们去乘坐火车，而不是购买新轿车。

银行靠那些无中生有的货币获取利益。

——英格兰银行的创建者之一威廉姆·帕特森

（William Paterson）（1697 年）

黄金仍然代表最终的支付方式。没有人愿意接受处在困境且需要极端手段处理的法定货币。但黄金总是会被人接受。

——美联储前主席艾伦·格林斯潘（1999 年）

如果美国民众让私有银行来控制美国货币的发行，先实行通货膨胀，接着实行通货紧缩，那么依靠民众成长起来的银行与公司就将剥夺民众的所有财产，直到自己的孩子们醒来后发现在父辈征服的大陆上无家可归。

——美国第三任总统与《独立宣言》的起草人托马斯·杰斐逊（1808 年）

本世纪各国央行拥有卓越的地位与名望，而与此同时，国民经济整体却呈现出更多、而非更少的通货膨胀趋势，这个事实发人深省。如果重中之重的目标是稳定物价，那么我们就能更好地处理各种问题，包括 19 世纪的金本位制、消极的中央银行、货币发行局甚至是"自由银行业"的问题。毕竟，各国中央银行的真正独特的权力，是创造货币的权力，而最终其创造货币的权力会成为毁灭货币的权力。

——美联储前主席保罗·沃尔克写在《中央银行》

（The Central Banks）前言中的话（1995 年）。

　　银行业务的最初形式是在 5000 年前开始出现的，而银行的准备金制度
与法定货币体系在 1000 年前便已经开始出现。第一家央行是在大约 500 年
前出现的。（中央）银行行长们——我们这个时代的炼金术士——在货币创
造上有着垄断权，就像警察与军队在镇压暴力行为上有垄断权一样。在 20
世纪，央行行长们成功地将纸币变为黄金[1]，又将黄金变为纸币。[2]欧洲央
行发行的纸币在任何情况下都不具有任何固有的价值，尽管欧洲央行仍然拥
有约 660 吨的黄金。我们都已经习惯于把无担保的纸币当做有价值的货币，
这也正是一个世纪以来我们的央行行长们努力让我们去相信的东西。我们整
个货币体系都建立在信任之上。自信贷危机爆发以来，这种信任就在全球范
围内变得越来越微弱。甚至央行行长们都开始购买黄金，来对冲他们所推行
的这种法定货币体系的风险。很明显，他们同样对美元与其他法定货币缺乏
信心，虽然美元仍是世界的储备货币。

20. 银行业务的初始形式是什么时候出现的？

    银行业务的历史要比我们认为的古老得多。从考古发现来看，我们了解到5000多年前就出现了一种形式的银行业务。大约制于那个时候的黏土板上，显示了美索不达米亚南部农民的债务水平的文字。基于这些发现，人类学家大卫·格雷伯（David Graeber）撰写了一本名为《债务的第一个五千年》（*Debt：The First 5000 years*）（2011年出版）的书。他在书中声称，第一个有记录的债务体系出现在约公元前3500年的苏美尔文明，该文明产生在今天的伊拉克境内。在这种早期银行业务中，农民们常常陷入严重的债务困境中，而国王则不得不解除这些债务来宽恕他们。希腊与罗马同样存在各种金融机构。再比如说，在2000年前，古老的中国与印度，就有很多放高利贷的人为一些农耕工作提供资金。

    欧洲第一家银行直到在中世纪早期才出现，当时金匠们会对商人的金币进行价值评估并负责保管。那个时候，商人们会从国外带回各种各样的金币与银币，而其中金银的含量都不大清楚。为这些储存的钱币所开具的收据很快就成为了一种货币。

    当金匠意识到商人经常会把金币存在这里很长的时间后，金匠便开始把这些钱借出去来收取小笔费用，或称为"利息"。因为黄金实际上并不属于金匠，因此借贷风险完全由商人承担，而商人则会收取一部分的利息。剩余的利息则是金匠应得的利润。这种活动是欧洲银行业务的最初形式。银行（bank）一词源于意大利词语"banca"，这个词的本义是指"意大利金匠的大理石桌台"，商人会将金币放在这种桌台上。从钱币掉在桌台上发出的声音，金匠就能够评估一枚钱币是否含有大量的铜或镍。[3]

我们所了解的现在的银行，最初是在文艺复兴时期在意大利的城市佛罗伦萨、威尼斯与热那亚首先建立起来的。毫无疑问，其中最著名的是1397年由乔凡尼·德·梅第奇（Giovanni de' Medici）创建的梅第奇银行。在撰写本书的时候，意大利西雅那银行集团作为最古老的银行仍存在着，尽管它也在为自己的生存而斗争着。

当人们意识到，通过放债能够获取利润，就像金匠那样，越来越多的银行业者就应运而生了。直到很久之后，在金本位制被解除之后，银行业者才发现，将法定货币（无中生有的货币）进行放债能获取更多的利润。毕竟，银行从业者可以通过放贷按月收取利息。

21. 中央银行业务是如何开始的？

中世纪时期，欧洲皇室、甚至教会通常均需要借钱来为战争筹资。这种融资是由所谓的"钱庄"来提供的。当各地贩运货物的商人需要将外国钱币兑换为本国货币时，这些早期的银行从业者也同样为他们提供这些服务。随着"钱庄"业务规模的增长，它们开始从事借贷业务。

这些"钱庄"很快就懂得了，把货币借给拥有强权的机构（如皇亲贵族与教会）所承担的风险较少，因为贷款方的收入是源源不断的。

罗斯柴尔德家族建立了国际银行业务与王朝，成为了 19 世纪最强大的家族之一。由于他们为皇室提供的资金支持，作为回报，几个家族成员甚至晋爵成为了奥地利与大英帝国的贵族。在事业的巅峰时期，罗斯柴尔德家族据说拥有全世界最多的私有财富。[4]

这可以被当作为现代银行业务的开始。通常情况下，各国政府与银行业者之间会发展出亲密的关系（直至今天仍可以看到二者的紧密联系），然后一同促成了第一批央行的成立。银行业者被进一步赋予了印制与发行货币的特权，而这些银行业者也要为皇室家族提供的经济上的支持。

直到今天，许多央行行长都把政治家们看做是"金融大厦"的忠实运营者，他们花费了 400 多年来建设这个大厦。经历这些年之后，银行业者懂得了，公民会一直被征税，这样政府就可以偿付银行的贷款。此外，银行知道一旦自己陷入困境，政府就会对它们实施救助，因为如果没有银行，国家的经济便无法正常运转。

22. 第一家中央银行

在 17 世纪早期，荷兰共和国在欧洲地区曾是一个强大的经济力量，而阿姆斯特丹则是它的贸易首都。那个时候，欧洲贸易中所使用的金币与银币达到了 800 多种，其中许多都已损坏与磨损了。为了给所有这些不同的钱币估值，而且在同时减少城市对"钱庄"的依赖，阿姆斯特丹的卫斯尔银行[5]于 1609 年成立了。这家银行经常被认为是历史上第一家央行。[6]

在荷兰共和国内，54 位不同的铸造师傅被授权铸造金币与银币。卫斯尔银行向他们保证，所有达到质量要求的钱币都将被银行接受。阿姆斯特丹的卫斯尔银行就这样发挥着监管的作用，而当货币发行银行或机构遇到困难时，它也不会采取任何救助措施。其主要的功能是将市面上流通的、边缘缺损的[7]以及仿造的硬币收回。接着，这些银币被熔化并再次铸造成符合质量要求的硬币。账单可以由汇票来支付，因此硬币就只能存放在卫斯尔银行的保险库中。如果客户将他们的硬币换成纸币，他们便可以享受到 5％的额外津贴。35 年后的 1644 年，瑞典也以这种模式建立了历史上第二家央行，即瑞典中央银行。

过去的 400 年里，大多数国家的央行都是由本国的富有商人发起的，他们深深地懂得央行有着非常奇特的商业模式，因为央行不仅拥有创造货币的垄断权，而且又有政府的税收来作为担保。但在 20 世纪的发展过程中，大多数国家的央行受到了国家政府的控制。只有两个例外。其一，比利时中央银行的一半股权都掌握在私人机构的手中。其二，在美国，美联储完全由各大成员银行拥有，美国政府不持有美联储的任何股份。这也解释了美联储为什么总是会在华尔街为银行业争取利益。

23. 最初的政府债券是由谁创造的？

17 世纪 90 年代，苏格兰人威廉姆·帕特森与约翰·劳一样，周游欧洲列国宣扬其专业的金融技能，其目的就是在今天的巴拿马建立一个独立的苏格兰帝国。他尝试了将金融方案出售给英格兰政府、神圣罗马帝国与荷兰共和国，但没有一个国家愿意支持他。在这次失败之后，帕特森回到了伦敦，并通过建立与西印度群岛的贸易往来，开始了创业。

1694 年，他写下了一本名为《计划中的英格兰银行简述》（*A Brief Account of the Intended Bank of England*）的书。在书中，他解释了大英帝国政府可以建立起一个叫做"英格兰银行"的股份公司，来处理英格兰政府的银行业务，这样对大英帝国是有很多好处的。他建议为政府提供 120 万英镑的永久性贷款，但政府要每年为股东们支付 8% 的利息。[8] 作为回报，投资人被允许组建"英格兰银行公司"，并被赋予一些银行业务特权，包括发行纸币。

帕特森知道，他能够得到伦敦城里的一群富有商人的支持，而且也会得到启动资金。而且财政部一位很重要的官员查理斯·蒙塔古（Charles Montagu）也同样支持他。这些人一起说服政府通过了一项法案来成立英格兰银行。政府于 1694 年 7 月 27 日为他授予了皇家特许证。英格兰银行的第一笔贷款是通过发布《海军法案》（Navy Bill）的方式为海军提供资金支持。英国国债从 1688 年的 100 万英镑上升到了 1714 年的 4 800 万英镑。四分之一的税收都被用于了筹建英国海军。

英格兰银行的成立通常被看作一个新时代的开端。政府的财政赤字可以通过发行（永久性）债券来填补。事实上，我们可以说，现在所实行的债券融资金融体系是以 300 多年前的英格兰中央银行的成立为标志开始运转的。

24. 债券泡沫的规模有多大？

在多数国家，永久性的国家贷款被最长为期30年的债券所替代。实际上，这些贷款从来就没有被偿还过，而是持续地"像雪球一样越滚越大"。用新的贷款偿付旧的贷款。不管谁把这当做一场"庞氏骗局"[9]都是不会错的。

英国模式的成功，很快引发其他国家相继成立自己的私有中央银行。这也导致了巨额的政府债务，现在各国的国债总额已经达到了50万亿美元（2012年数据）（见表2—1、图2—1）。这些债务无法用贬值的货币支付。颇为奇怪的是，这些货币本应该是投资在无风险的债券中，现在却承担着巨大风险。

表 2—1	按国家统计的政府债务（2012 年）	单位：美元
美国	17 万亿	
欧盟国家合计	16 万亿	
英国	10 万亿	
日本	2.7 万亿	
澳大利亚	1.5 万亿	
瑞士	1.3 万亿	

日本的外债（也就是日本向国外资本借贷所产生的债务）已经上升到了国内生产总值的250％，而美国的外债现在也呈"抛物线"式向上增加。在欧洲，英国、希腊、葡萄牙、意大利与西班牙等国家（很快就会包括其他国家）的外债增长也是不利于国家的可持续发展的。经济学家卡门·M·莱因哈特（Carmen M. Reinhart）与肯尼斯·罗格夫（Kenneth S. Rogoff）在最

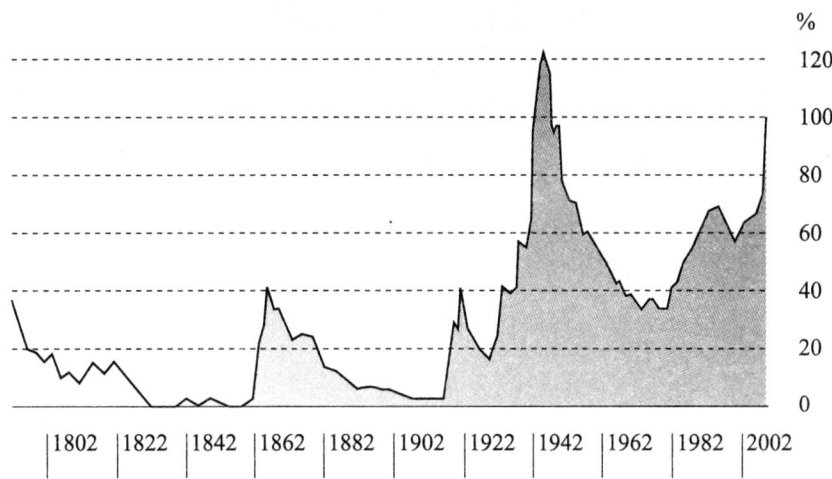

图 2—1　美国政府债务与国内生产总值的比率

资料来源：全球金融数据（Global Financial Data）。

近一份对八个世纪里政府债务违约的研究中警告说，不久的将来就将出现类似的国家债务危机。[10]我们将在第四章中详细讨论这个话题。

全球范围内的债务重组可能出现，而且这会成为"大洗牌"的一部分。2012 年，太平洋投资管理公司（规模最大的债券投资公司）的创始人比尔·格罗斯，告诫投资人应该开始购买"硬资产"，而不是像政府债券这样的"纸资产"。[11]

这就好像一位轿车销售员建议人们去乘坐火车，而不是购买新轿车。

25. 谁来监管中央银行？

在一个机能健全的银行体系下，一国央行对商业银行实施监控，以便让它们避免承担那些对整个货币体系不利的风险。

我们了解到，在 20 世纪的发展过程中，许多国家的政府从私人股东的手里接管了中央银行。通常情况下，这是因为政治家想对金融部门拥有更多的控制权。自那之后，各国央行行长就力争变得更加的独立。他们的争论的焦点在一个问题上，过去与现在都是如此，即货币政策总是依赖于政治家们的短见是非常危险的事情。通常情况下，这种争论会让双方达成妥协，也就是央行行长为政府工作，但在执行货币政策时被赋予很大程度的自主权。

起先，这样的妥协还进行得不错。但许多西方国家的央行行长们却滥用他们的自主权，通常会为了增加自己的财富与权力与私人银行相勾结。美国尤为如此。

央行行长与私人银行业者的心态是完全不同的。前者通常是学问好且向往权力与地位的人，而私人银行业者都是进行实际交易与赚钱的那些人。从过去发生的种种事件中也能看到，有些人为了赚钱甚至能出卖自己的国家。拿破仑在 1802 年讲道：

> 有一只手在付出，就有另一只手在下面大肆掠夺。货币没有祖国，金融业者没有爱国情怀，做事不体面；他们唯一的目标就是获利。

在目前的银行体系下，央行行长最终成为了私人银行的玩偶，而不是监管者。这也就解释了华尔街的银行如何在美国央行不干涉的情况下，出售了越来越多的危险产品（金融衍生品）。美联储还对其他国家的央行施压，迫使它们不去对全世界范围的衍生品交易进行规范治理。自信贷危机爆发之后，美国并没有发生多大的变化。每年，金融部门在每位国会议员身上要花费近 100 万美元进行金融游说。[12]

26. 谁在控制银行业的决策权？

尽管央行与商业银行之间存在着这种勾结，但政治家们仍相信，改革金融机构的最佳方式便是自我规范。最重要的国际银行规范被称为"巴塞尔协议"，在巴塞尔的国际清算银行的定期会议上，这项协议仍发挥着决定性作用。国际清算银行可以被看做是央行的始祖，是在巴登巴登（1929年）与海牙（1930年）举行的国际银行家会议的产物。[13,14]

国际清算银行最初成立的目的是，便于德国在第一次世界大战结束后根据《凡尔赛和约》支付赔偿金。但在1921—1924年间魏玛共和国发生了严重的通货膨胀之后，在1929年，一项新的清算德国赔偿金的方案被制定了出来。[15]

1933—1945年间，国际清算银行吸纳了两位纳粹党的高级将领，沃尔特·芬克（Walther Funk）与埃米尔·普厄（Emil Puhl），之后这两位纳粹党人在纽伦堡的审判中被判犯有战争罪。第二次世界大战中，作为德国纳粹党人专有银行的国际清算银行，协助纳粹转移了掠夺来的黄金。[16]在芬克与普厄的监管下，纳粹德国从犹太人集中营受害者手里没收了大量黄金，并将其熔化，制造出了新的金砖。在1944年的布雷顿森林会议期间，这家银行甚至被控诉服从纳粹党人的指挥。美国人对此感到震惊，之后美国政府对废除国际清算银行的运动给予了支持。这个提议也得到了其他欧洲代表团的支持，却受到英国代表团团长约翰·梅纳德·凯恩斯的反对。1945年，废除国际清算银行的决定成功达成，但在1948年又被美国撤销。国际清算银行存活了下来，却受到了沉重的打击。它的影响力变小了，要想在幕后重新发挥正常的作用还需要一段时间。

与各国的中央银行与国际金融机构一样，国际清算银行仍旧具有中央银行以及资产管理与贷款的职能。

瑞士同意充当国际清算银行的总部国家。国际清算银行总部位于瑞士的巴塞尔。

在 20 世纪 70 年代，国际清算银行的职能与其央行成员数量出现了实质性的扩大。今天，国际清算银行拥有 60 个央行成员，包括那些来自于最重要的、工业化国家的央行。令人惊奇的是，美联储直到 1994 年才加入国际清算银行。[17]这是因为，美国人曾经认为国家清算银行是"美国的"国际货币基金组织的竞争对手。进入了 20 世纪 90 年代后，美国意识到自己需要国际清算银行，以此在争夺黄金的战争中获得欧洲央行的支持，同时也为了避免对衍生品交易实施规范管制。

尽管欧洲国家的议会或美国国会把责任推给了欧洲央行行长与美联储主席，但在国际清算银行制定决议的过程中却不存在任何形式的民主控制。他们的会议都是秘密进行的，没有向外界公布，甚至连财政部长们都要猜测，巴塞尔的行长们究竟要制定出什么样的决策。正是这些把全球金融体系带到崩溃边缘的央行行长们，主导着阻止另一次信贷危机发生所必需的银行业改革。这一切都发生在幕后，没人了解真实的情况。但就目前的情况看来，自雷曼兄弟倒闭之后，情况并没有改变什么。

直到今天，国际清算银行的管理者们仍享有外交地位，即使在他们的任期结束后也不会受到起诉。他们还被允许可以在任何时候与家人一起搬迁到中立国瑞士。[18]

第三章
美元的历史

世界新货币的规划议程提出了两个改革方案。经济学家约翰·梅纳德·凯恩斯与弗里德里希·舒马赫（Friedrich Schumacher）提议创造一种叫做"班科"（Bancor）的多国通用货币。

提出第二个方案的是世界第二次世界大战期间美国财政部的首席国际经济学家哈里·德克斯特·怀特（Harry Dexter White）。其计划是让美元成为新的世界储备货币。

由于美国强大的经济与军事力量，以及美国做出的以黄金担保美元的承诺，布雷顿森林会议的参与国最终一致通过了怀特的方案。这标志着在20世纪剩余的那些年里，美国走上了超级经济强国之路。

当今的美国银行业者发现了古老的炼金术士没能发现的东西；他们发现了能把任何东西都变成黄金——变为他们自己口袋中的黄金——的方法；而且很难说服他们明白一个事实：对他们非常有利的体系，对其他人却是非常不利的。

——《美国纸币与银行业简史》（*A Short History of Paper-money and Banking in the United States*）（1833 年），

威廉姆·高治（William Gouge）著

历史告诉我们，一旦一个国家出现了巨额的债务，只能用两种办法来解决：其一是宣布破产，其二是多发行货币引发通货膨胀，第二种方法会毁灭普通公民的财富。

——亚当·斯密

稀有金属与其他商品的价格上涨表明我们已经进入了脱离纸币制度的最初阶段。我们在这个特别的阶段使用着法定货币，这是必须由一国政府印制的货币，而且通常情况下，该国的央行要授权货币的印制。我们必须制定出某些制度，来对货币的印制量进行限制，这种制度可以是金本位制，也可以是货币发行局制度。因为历史表明，通货膨胀会对经济活动产生非常有害的作用，除非我们制定出一定的制度……我们中有许多人（包括我自己）都坚信，各国政府在1870—1914 年间实施国际金本位制时为经济做出了不少的贡献。

——美联储前主席艾伦·格林斯潘（2011 年）

27. 中央银行业务在美国是如何开始的？

美国许多建国者都极为反对成立央行，因为英格兰曾试图让美洲的殖民地处于英格兰银行的控制之下。

美国前政府官员罗伯特·莫里斯（Robert Morris）于 1781 年在美国建立了第一家央行。他被看做是美国信贷制度的奠基人。他创办的北美银行基于英格兰银行的模式，以银行准备金制度的方式来创造所需的货币。有趣的是，银行的担保物是法国借给美国的一大笔黄金。莫里斯为自己创办的银行选择了一个很好的名称，这个名称让人们认为是在跟政府的银行打交道，而事实上这家银行却是享有货币创造垄断权的私有企业。

10 年后，在与美国南部的一些立法者达成妥协之后，这家银行的名称被改为"美国第一银行"（1791—1811 年）。几位建国者都反对成立这家银行。托马斯·杰斐逊认为，这家银行进行投机与操控行为，而且是极为腐败的商业企业。[1] 1811 年，银行的特许状到期，不过美国国会没有重新签发新的特许状。1816 年，美国政府授权建立了"美国第二银行"。在一场突如其来的通货膨胀之后，这家银行的特许状也没有被重新签发，而这场通货膨胀在 1837 年导致了一场持续 4 年的大萧条。在 1837—1862 年间，美国仅存在州级银行。在这个自由银行业的时代，许多银行的生存期仅有短短的 5 年时间。

美国人民抗议中央银行被私有企业掌控，因为他们相信，1873 年、1893 年与 1907 年的危机都是由国际银行业者的运作方式所导致的。他们同样害怕过多的权力会集中于美国的东海岸。我们现在知道，这一切都被他们不幸言中。

28. 美联储是什么时候建立起来的？

约翰·皮尔庞特·摩根（John Pierpont Morgan）是 20 世纪早期最著名也最有权力的银行家。在他被迫用自己的财富来根除 1907 年的银行业恐慌之后，他认为这正是建立新的金融体系的时候。很快，纽约的银行业者有了一个不错的想法，即在美国成立一家新的由美国银行业者运营并拥有的央行。

到这个时候，美国是唯一一个没有设立央行的重要国家。1910 年 11 月，共和党参议员尼尔森·W·奥德里奇（Nelson W. Aldrich）加入到一群华尔街最有权力的银行业者中，在约翰·皮尔庞特·摩根的私有岛屿吉柯岛上参加了一个秘密举行的、为期十天的非公开会议。会议仅有一个话题，即成立新的美国央行。[2]

会议上一致通过，这家银行必须获得印制美元的垄断权，也应该成为一家由创立人（华尔街的银行业者）所拥有的私有组织。对外界而言，这家银行不能被称作是央行，也不能让人们认为是由政府运作的。[3]

为了让"奥德里奇计划"[4]获得成功，首先要在美国人民与政府中进行大力的宣传。之前我们描述过，美国早期的两家央行以完全的失败而告终。这也许也解释了，为什么无论华尔街的银行业者做出多大的努力，美国众议院成员也还是不支持"奥德里奇计划"。

接着，在 1912 年大选期间，华盛顿掀起一股改革浪潮。尽管共和党人再次提交了建立央行的计划，但最后提交《美联储法案》（the Federal Reserve Act），并与纽约的银行业者在吉柯岛合作的却是民主党人。民主党人计划的思路与"奥德里奇计划"相似，但大家对这个计划却热情多了，不过仍有人持批判态度。这是华尔街者银行业者非常明智的一次政治行动。《美联储法案》具备了实现美国公众对美国央行的预期所必需的许多特征。这个新的机构将是美联储系统，而不是中央银行。它将是美国区域银行的集合，由美联储委员会进行监管。委员会成员不能由银行业者选择，而是由美国总统来指派。

1913 年 12 月，许多参议员都猜想，《美联储法案》的决定性投票要到新的一年才会进行，他们便离开了国会回家庆祝圣诞节。然而，圣诞节正要来临之时，出现了一些捕风捉影的说法，这也使得该法案在圣诞节的最后一次会议上通过了。美联储成立便成了事实。

这是华尔街所能期望的最好的圣诞节礼物。就这样，印制美元的专有权从政府移交给了私有银行，这在美国历史上是第三次。许多政治家都没有意识到这个决定的深远意义。法案刚一公布，所有的美国银行都成为了对美联储负有责任的股东。

29. 美联储真的是独立的吗？

正式地讲，纽约联邦储蓄银行是组成联邦储蓄系统的 12 家储蓄银行之一，这个系统还包括了位于华盛顿的治理委员会。但与其他联邦储蓄银行相比，纽约联邦储蓄银行在地理上的服务区域较小，不过纽约联邦储蓄银行是资产总量与交易量最大的储蓄银行。结果，纽约联邦储蓄银行在美联储系统中比其他所有 11 个地区的联邦储蓄银行加起来还重要许多。

当《美联储法案》于 1913 年签署时，实力雄厚的纽约银行家本杰明·斯特朗（Benjamin Strong)[5] 成为了纽约美联储委员会（FRB）的主席，而且在他于 1928 年去世前一直担任着这个职务。他为自己争取到了很大权力，在决定货币政策的联邦公开市场委员会（FOMC）也获得了很大的权力，而他经常是独断专行的。[6]

碰巧也位于纽约的联邦公开市场委员会，是由美国总统选派的 7 位州长与各地区联邦储蓄银行的 5 位行长组成的。5 位行长之一便来自于纽约美联储。因此正当美联储把自己表现得仅仅是一家下辖 12 家区域性银行的正常中央银行时，纽约联邦储蓄银行实际上进行着幕后操控。在美联储成立 100 年后，我们仍不明确到底是谁拥有其股份[7]，而那些拥有股份的机构又支付了多少资金。但非常清楚的是，美联储的股东们主要还是华尔街的银行。

斯特朗去世之后，权力仍然集中于纽约。直到今天，只有纽约联邦储蓄银行能作为美国的官方代表，在联邦公开市场委员会与国际清算银行里享有永久性的席位。[8]此外，纽约联邦储蓄银行需承担以下特有的责任：

● 实施公开市场操作；

● 干涉外汇交易市场（包括黄金市场）；

● 为外国央行、政府与国际机构储存货币黄金；

● 执行货币政策以及采取国际行动。

起先，美联储的创建人对政府的干涉颇为警惕。出于这个原因，他们决定，12 家地区联邦储蓄银行的主席将由参与行选派。[9]这意味着，所有这一切几乎完全受各大银行的掌控。

多数大学里经济学的学生都不了解这些信息。甚至多数经济学家都未能意识到政府并不拥有美联储的股份，而且也未能意识到实际控制美联储的是华尔街，而不是政府。

30. 美元体系是何时诞生的？

第二次世界大战之前，美国经济以内需为主导。然而，在第二次世界大战过后，美国各大公司意识到了新的国外市场所带来的潜在增长，并想要从这些新市场中获利。第一次世界大战之前，英国英镑是世界货币，但在英国于1914年取消了金本位制后，英镑就出现了大幅度的贬值。但这是暂时的，因为英镑在1925年重新采用了金本位制。本杰明·斯特朗在担任纽约联邦储蓄银行主席时，始终推行着一种策略，即颠覆英镑作为主导国际货币的地位，并以美元来代替英镑的地位，他最终成功了。当英镑在1931年9月第二次被迫取消金本位制时，英镑遭到了决定性的打击。[10]

在两次世界大战期间，美元在美国之外的国家变得越来越重要，而美国也在1944年早期决定利用即将到来的胜利。美国人知道，将美元的地位提升到世界货币的高度将让美国得到很大的好处。

因为许多国家（包括英国）在第二次世界大战期间用黄金向美国付款，而且由于美国"掠夺"了大量的黄金，因此战争结束后，全世界几乎有三分之二的金融黄金储备都由美国管理。1933年，美国总统罗斯福发布行政命令禁止个人拥有黄金[11]之后，很大数量的私有黄金被没收，这样也很大程度地增加了美国的黄金储备量。所有这些黄金都可以用于为美元成为世界储备货币做担保。

随着战争接近尾声，并在提出了战后重建计划之后，美国决定表明其建立新的国际金融体系的提议。来自44个国家的财政部长受邀参加了1944年召开的讨论世界金融体系未来的会议。这就是著名的布雷顿森林会议，这个名字是以会议宾馆所在地的森林来命名的。会议的理念是建立一个国际支付体系，在这种体系下，进行贸易的过程中不必担心货币突然贬值或者汇率出现大幅波动。而美国则希望说服其他国家支持并建立一个围绕美元而非黄金的新的货币体系。

美国实际国内生产总值与债务情况请见图 3—1。

单位：万亿美元（以2013年的美元价值计算）

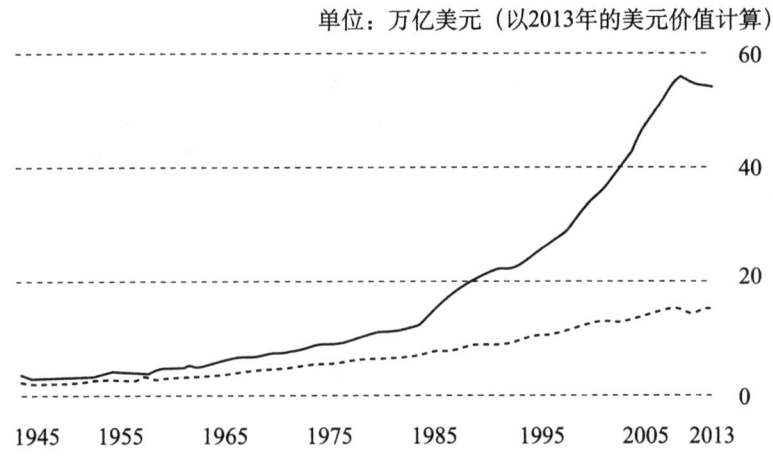

图 3—1　美国实际国内生产总值与债务（自 1945 年起）

资料来源：零对冲基金。

31. 布雷顿森林会议上做出了什么样的决定？

世界新货币的规划议程提出了两个改革方案。经济学家约翰·梅纳德·凯恩斯与弗里德里希·舒马赫提议创造一种叫做"班科"的多国通用货币。这个想法得到了英国代表团的支持，因为他们不希望把拥有世界储备货币的好处拱手让给美国人。[12]新货币"班科"将由即将成立的国际货币基金组织来发行。这样，任何国家都无法享有拥有世界储备货币的特权地位。

提出第二个方案的是世界第二次世界大战期间美国财政部的首席国际经济学家哈里·德克斯特·怀特。其计划是让美元成为新的世界储备货币。美国作为主要的债权国，极为迫切地想要发挥世界经济强国的作用。美国方案的含义是，所有的商品都将以美元来进行交易，这样就迫使世界上所有的国家为了购买商品去购买美元。而为了能够满足对美元的永久性需求，美国只需启动印钞机就能完成这一切。

美元成为世界储备货币的一个重要好处是，美国只需印制更多的美元，就可以永久性地解决贸易赤字（进口大于出口）的问题。[13]由于欧洲国家对这种安排的不良影响保持着警惕，因此这些国家要求美国美元必须能够兑换成黄金。经讨论后，多方达成一致，各国被允许以35美元每盎司的固定黄金兑换率，使用盈余的美元与美国兑换黄金。这样就压制住了美国的势头，让其无法逐渐积累过多的债务。虽然美国勉强接受，但私下里却希望这个协议能够早早地被遗忘。

由于美国强大的经济与军事力量，以及美国做出的以黄金担保美元的承诺，布雷顿森林会议的参与国最终一致通过了怀特的方案。这标志着在20世纪剩余的那些年里，美国走上了超级经济强国之路。

32. 欧洲国家为什么会接受美元体系？

如今的事实是，美国只要启动印钞机就能够解决预算赤字的问题，而法国对此尤其难以接受。法国在 1944 年以及后来，对实行这种美元体系提出了抗议。但与其他许多欧洲国家一样，法国在世界第二次世界大战结束后需要得到美国的金融援助。因此，法国接受了布雷顿森林方案，之后也接受了美国数百万美元的特别援助。在布雷顿森林会议上，美国同样提议了"马歇尔计划"，该计划主要是希望对遭受战争残酷蹂躏的欧洲提供资金援助。欧洲人当时所不了解的是，"马歇尔计划"同样为美国中央情报局的筹建提供了[14]资金支持。"马歇尔计划"十分之一的资金都被用于中央情报局在欧洲国家的各项行动上。这一切都是秘密进行的，美国国会不知晓，更没有批准这些行动。

戴高乐将军非常清楚，法国与世界上其他国家一旦购买了美国的政府债券，那就是在为美国的赤字提供资金支持。时任法国财政部部长，同时也是戴高乐主要顾问的雅克·吕夫（Jacques Rueff）曾讲道：

> 如果我与我的裁缝达成一项协议，也就是不管我付给他多少钱，他再把同样数量的钱以贷款的形式还给我，那么我就根本不会介意在他那里订制更多的衣服，而我自己的收支将会出现赤字。在这种情况下，美国就能用其美元纸币偿还其国际收支赤字。……随着各国央行收到美元，它们就会立即用这些美元在纽约的银行购买美国的国库券并开具定期存单，这就把美元还给了美国，从而让美国收回了它所付出的所有资产。[15]

其他欧洲国家对美国的金融援助更为依赖。在美国将许多欧洲人从纳粹主义的恐怖阴影下拯救出来之后，许多国家都不敢质疑与美国新建立的友谊。

33. 布雷顿森林体系能够运作多久？

在布雷顿森林会议结束后，所有的国家货币都开始与美元挂钩，而美元与黄金的兑换率是 35 美元每盎司。美元成为了正式的世界储备货币，同时也引领着货币体系的发展。如今，整个世界处于一种伪金本位制下，而经济学家称之为"金汇兑本位制"。

在短短的数年间，美国公司一直在用其估值过高的美元购买着欧洲国家的公司。美国有能力去维持巨额的预算赤字。当其他国家发出警告说这样会导致美元贬值时，美国通常都会承诺将削减赤字。但当越南战争的军需开支急剧地上升到 1 000 亿美元时，这种承诺也就显得越来越空洞。

法国与美国在一些问题上已经争论一个世纪之久了。现在，让法国与其他欧洲国家感到害怕的是，美国所创造出的大量美元已经超过美国的黄金储备所能担保的数量。

在 20 世纪 60 年代后半时期，法国与其他国家开始将其盈余的美元兑换成黄金。法国总统戴高乐甚至发表了一次电视讲话，来解释美元的特权。[16]

> 许多国家认为美元是与黄金一样好的东西，能够被用来与美国进行贸易结算，而且它们把这个事实当做原则性的东西接受了。正是这个事实让美国提高了自己的负债，而且至少从某种程度来讲，只要美国不断印制美元，它就能够牺牲其他国家的利益来提高自己的债务，而自己却不必承担任何损失。考虑到危机在这种体制下造成的严重后果，我们认为必须要及时采取措施来避免这一切。我们认为，让国际贸易回到以前那样是非常有必要的，否则这个备受争议的货币基准会给这个世界带来

巨大的不幸，我们需要一个不带有任何国家标志的货币基准。哪个基准？事实上，谁都明白，我们怎会有比黄金更合适的实际存在的基准呢？

于是法国开始将自己的 1.5 亿美元的金融储备兑换成黄金，而且同时还在计划兑换另外的 1.5 亿美元的储备。戴高乐为了将黄金运输回国，甚至向美国派出了法国军舰。欧洲其他许多国家也效仿了法国的做法。就这样，德国的黄金储备从零增长到了 3 500 公吨，意大利的黄金储备从 220 公吨增长到 2 500 公吨，法国的黄金储备从不到 600 公吨增长到 3 100 公吨，而荷兰的黄金储备从 300 公吨增长到 1 700 公吨。

1971 年早些时候，荷兰中央银行成功地将近 10 亿美元兑换成了黄金。为了竭力改变荷兰中央银行行长耶勒·泽尔斯特拉（Jelle Zijlstra）的想法，有望在后来成为美联储主席的重要财政部官员保罗·沃尔克被派遣到了荷兰。[17]

据说，沃尔克这样说："你这是在无风生浪。"泽尔斯特拉回答说："啊？如果这样就是无风生浪，那这艘大船也太经不起风浪了。"

34. 美国什么时候关闭了"黄金窗口"？

1959—1971 年间，美国失去了两万多公吨的黄金储备中的多一半。如果这种兑换黄金的进程还以同等速度持续的话，那么美国过不了多少年就会失去所有的黄金储备。1971 年夏，美国总统理查德·尼克松拒绝了英格兰银行想要将几亿美元兑换成黄金的要求。尼克松总统在拒绝了英国的要求之后，他向其经济顾问团队征求意见。他们的建议是简短却又让人充满快意的："撤销美元可以兑换黄金的承诺。"

尼克松接受了他们的意见，于是在 1971 年 8 月 15 日，尼克松发表了一次电视讲话，宣布了他的新经济政策。尼克松总统打断了美国最受欢迎的电视节目 Bonanza 秀，宣布他将立即实行工资与物价控制，进口货物征收 10％的附加税，以及关闭黄金窗口[18]：

> 我已经让美国财长康诺利暂停了美元与黄金的兑换……在国际货币基金组织与我们的贸易伙伴完全建立合作关系之后，我们将加强必要的改革，来建立一种急需的新国际货币体系。

而我们现在知道，黄金窗口的关闭当然不是暂时的。我在书中指出，我们仍在等候尼克松总统所承诺的新国际货币体系。但在 1971 年，当黄金被重新定价为每盎司为 38 美元时（之后在 1973 年又上升到每盎司 42 美元），出现了一次"金融大洗牌"。

35. 世界其他国家对尼克松在 1971 年的决定是如何反应的？

严格意义上讲，美国在 1971 年 8 月就已经违约，因为美国无法履行在布雷顿森林会议上所做出的承诺。但令人惊奇的是，尼克松总统的新经济政策带来的，仅仅是对全球金融市场造成的一次短暂的相对意义上的美元恐慌期。

雅克·吕夫在《西方国家的货币罪恶》(*The Monetary Sin of the West*)（1971 年出版）一书中，对这种通货膨胀政策的长期消极影响发出了警告。他解释说，将法定货币美元作为世界的储备货币将导致在今后许多年里出现全球性的通货膨胀。据他预测，这种"过度的特权"让美国能够处理巨额赤字的问题，但对西方经济体来说却是"自杀行为"。当欧洲国家之后了解到美国计划让美元进一步地贬值的时候，它们都震惊了。这导致了 1972 年夏对德国马克的恐慌性购买。1978 年 10 月，在新一波对德国马克与瑞士法郎的恐慌性购买之后，美元几乎面临着全盘崩溃的局面。

但美元最终还是作为世界储备货币生存了下来，这个事实让许多人大为吃惊，包括美国人自己。最开始，印制额外的美元仅仅导致了适度的通货膨胀，但之后在 20 世纪 70 年代，通货膨胀开始出现恶化，从而导致了 1979 与 1980 年的经济衰退。即使是在美联储主席保罗·沃尔克的强有力的领导下，要想缓解通货膨胀，而且让美元再次成为"坚挺"的货币也需要花费多年的时间。1981 年 6 月，沃尔克将联邦基金利率提高到了 20％。针对冲击的救治方法发挥了作用。通货膨胀率从 1980 年的超过 12％下降到了 1986 年的 1%，而且黄金的价格从 612 美元急剧下降到 300 美元。美元开始再次变得坚挺，特别要指出的是，在 1994 年的墨西哥比索危机与 1997 年的亚洲金融危机期间，美元成为了一种避险货币。

在美元保持坚挺的情况下，建立新的国际货币体系的需求似乎不复存在了。然而，现在这种需求比以往更为紧迫了。

36. 世界范围的石油贸易对美元生存有着怎样的重要性？

在经历了 1971 年短暂的美元恐慌之后，美国政府懂得了，对美元缺乏信心仍会是一个问题。很明显，美元急需其他的有价物作为担保。尼克松总统与国务卿亨利·基辛格害怕全球对美元的相对需求会减少。他们需要稳定美元，来保持美元作为全球储备货币的地位。

这时亨利·基辛格提出一个想法[19]，也就是说服沙特阿拉伯同意只能用美元来购买石油，而且将卖出石油获得的美元的一部分投资到美国国债上。[20]美国政府以这种方式获得的美元——被称为石油美元——将重新流入到美国经济中。[21]这种安排的目的在于能让对美元的需求得到持续的增长。

在一系列的会议之后，沙特阿拉伯接受了美国的提议。作为回报，沙特阿拉伯将得到对其皇室与成长中的石油帝国提供的军事保护。美国同样承诺要帮助沙特阿拉伯建造现代化基建设施（当然是要用美国的公司）。

这样，美国也就找到了保护其经济霸权的方式。

石油输出国组织的其他国家也纷纷效仿，而到了 1975 年，所有石油输出国组织成员国都同意以美元卖出石油。协议的部分内容是，这些石油输出国将把它们盈余的石油美元拿去投资美国国债，以此来换取美国类似的资金。以这种协作的方式，中东的现代化进程得以启动。迪拜是阿拉伯联合酋长国的一个小贸易城市，直到 1961 年才解决用水难的问题。而这个城市在今后的 40 年里将成为世界范围的贸易中心。

如果有些国家以其他货币，而不是以美元来卖出其原油的话，肯定会遭到来自美国的反对，这一点都不奇怪。2000年，伊拉克将其在"石油换食品"方案中获得的石油交易所得兑换成了欧元。[22]当美国于3年后入侵伊拉克之后，这个国家的石油销售开始重新以美元结算。

伊朗于2008年建立了自己的石油交易所。[23]这个国家开始以黄金、欧元、美元与日元来进行石油交易结算。委内瑞拉支持了伊朗以欧元卖出石油的决定。利比亚在2010年对石油美元形成威胁。利比亚总统卡扎菲想要创造一种被称为"金第纳尔"的泛非货币，来用于本国的石油交易结算。在经历了2012年的武装革命之后，利比亚开始重新以美元结算石油交易。叙利亚于2006年开始使用欧元交易石油[24]，而美国从此之后就一直在试图颠覆其国家政权。

威廉·克拉克（William R. Clarke）在其著作《石油货币战争》（*Oil Currency War*）一书中解释道，美英入侵伊拉克的决定是受石油驱使的。据他表示，石油美元体系是美国外交政策的驱动力。[25]自20世纪70年代起，布什家族与沙特皇族一直有着亲密的私人关系，这似乎也不是巧合。而且，曾担任美联储主席长达20年的艾伦·格林斯潘甚至也在他的回忆录中写道：

> 从政治的角度来讲，我们不便承认所有人都知道的事实，也就是说，伊拉克战争主要还是关于石油的，这让我觉得悲哀。[26]

真正能对石油贸易行为产生威胁的是金砖四国——巴西、俄罗斯、印度与中国——今后是否会在其贸易中拒绝使用美元。似乎美元作为世界储备货币的日子已经屈指可数了。

37. 国际货币基金组织与世界银行在美元体系中发挥着什么作用？

布雷顿森林会议的代表团还达成了一项协议，即建立能够保卫世界金融体系的国际货币基金组织（IMF）与能够作为世界投资银行的国际复兴开发银行（IBRD）。这两家机构都被定调为能够服务于世界各国利益的实体机构，但事实上却是受美国控制的。当新保守主义者保罗·沃尔福威茨（Paul Wolfowitz）于 2006 年当选为世界银行的主席时，很多人都非常明白，全球性的扶贫工作并不是世界银行的首要工作。

约翰·珀金斯（John Perkins）在 20 世纪 70 年代担任波士顿策略咨询公司 Chas. T. Main 的首席经济学家时，根据亲身经历撰写了一本书，对第三世界国家提出了忠告。他解释了，国际货币基金组织与世界银行在对第三世界国家进行经济殖民的过程中是如何通力合作的，而这一切的受益方则是他描述的一个"由公司、银行与美国政府组成的政治阴谋集团"。[27]

他写道，"在一次由国际货币基金组织带头的国际金融援救行动中，为了让许多第三世界国家将自己的资源拱手让给美国公司，这些国家被引导并陷入到它们无法偿还的国际债务中"。珀金斯就职的公司在那个时候是公共行业的跨国公司。

珀金斯表示，国际货币基金组织与世界银行在支持美元作为世界储备货币上发挥着重大作用。在布雷顿森林会议谈判期间，美国也坚持表示，那些退出金本位制的国家才可以加入国际货币基金组织。[28]从金本位制退出，这些国家便可以在美联储的帮助下，低价倾销它们巨大的黄金储备。

38. 美联储的透明度如何？

据前共和党国会议员荣·保罗表示，美联储是目前经济危机背后的罪魁祸首。由于美联储拥有"无限量以及无中生有地创造货币的不受制约的权力"，因此它反复地引发了金融泡沫。保罗还宣称，"美联储不计后果地加大货币供应量，致使利率被扭曲，而且美元也出现了贬值"。他计算出，"自1913年美元被创造以来，已经贬值了96％"。他同样批评了美联储组织内的保密性文化。

雷曼兄弟在2008年秋突然崩溃之后，美联储的保密制度迫使彭博新闻社向各大法院寻求帮助，以获取有关美联储的救助计划的信息。2008年12月5日，美国银行秘密地收到了来自美联储的1.2万亿美元的援助款[29]，而在之后对美联储的全面审核中发现，超过16万亿美元的资金被拨给了国外的公司与银行[30]，据说这笔钱是在2008年金融危机及之后对它们提供的"金融援助"。

自20世纪90年代起，荣·保罗就一直试图迫使美联储变得更具有透明度。[31] 2010年，保罗成功地在一项新的金融改革法案中添加了一条要求对美联储进行审查的修订条款。在2012年检查了审查结果之后，参议员伯尼·桑德斯（Bernie Sanders）讲道："我们必须改革美联储，让它为满足广大工薪家庭的需要而服务，而不仅仅是服务于华尔街的总裁们。"[32]

39. 有没有华尔街银行业者被判入狱？

比尔·布莱克（Bill Black）是堪萨斯城密苏里大学的经济学与法学副教授，也是《打劫一家银行的最好方式是拥有一家银行》（*The Best Way to Rob a Bank is to Own One*）的作者。他专门研究针对白领的刑事调查与起诉。

布莱克宣称，"美国当局拒绝对那些精英的银行业诈骗者实行调查与起诉"。据布莱克表示，911恐怖事件发生之后，500名专门调查白领刑事案件的联邦调查局特勤人员被立即调走去做国家安全的工作。[33]

自2000年以来，美国司法部针对华尔街的银行业者进行了多次犯罪调查。但仅有的一些被判入狱的银行业者却都是那些与华尔街某个银行有着利益冲突的人，或者是因为自己进行内幕交易而受到惩罚的人。大多数这类案子都属于个人行为的诈骗。而对于所有的其他案件，司法部均提议银行业者进行金融赔偿，而这个要求几乎总是会被接受。我的研究中仅有一个例外，该案件是针对两位前美林证券的银行业者，他们因参与虚假销售安然公司的发电驳船而被宣判有罪。[34]

参与过多起华尔街刑事案件调查的美国司法部总检察长埃里克·霍尔德(Eric Holder)暗示，要起诉高级别银行业者就会受到来自上层最高级别的压力[35]：

> 有些机构的规模变得过于庞大，我们很难起诉它们，因为在那个时候，就会有人告诉你，如果你起诉，如果你发起刑事诉讼，那么这对整个国家的经济，也许是整个世界的经济都会产生负面影响，这让我很担忧。

甚至没有任何一位华尔街的首席执行官面临刑事诉讼。美国国家金融服务公司（Countrywide）的首席执行官安格罗·莫兹罗（Angelo Mozilo），曾

于 2009 年因通过非法内幕交易与证券欺诈卖出自己公司的股份而受到美国
证券交易委员会的起诉，而莫兹罗对外仍宣称公司一切尚好。但他可以选择
支付 6 750 万美元的罚金以及终生不得在公共公司里任职来解决这些民事诉
讼。刑事调查也没有再进行下去。

因此，华尔街的银行业者都同意支付罚金。支付很多的罚金。这是颇为
明智的选择，因为支付这些罚金的不是银行业者本人，而是他们公司的股东。

在下面的内容中，你可以看到我在这个问题上的研究结果（研究见附录
Ⅱ）。一份对数百份媒体报告的研究发现，2000—2014 年间，华尔街银行为
逃避诉讼而支付的罚金与偿付款加起来达到了 1 350 亿美元。先看看一些特
别的记录，见表 3—1。

表 3—1 　　　　　　　　　华尔街各大银行支付的罚款与赔款　　　　　　单位：10 亿美元

年份	美国银行	花旗银行	摩根大通	高盛集团	富国银行	其他	合计
2000	0	0	0	0	0	0	0
2001	0.058	0	0.001	0.001	0	0	0.060
2002	0.490	0.620	0.205	0.112	0.042	0	1.469
2003	0	0.134	0.179	0.010	0	0	0.322
2004	1.129	2.728	0	0.053	0.007	0.111	4.027
2005	0.462	2.081	4.672	0.040	0.037	0	7.293
2006	0.008	0.003	0.427	0	0.013	0.243	0.693
2007	0.030	0.015	0.001	0.003	0.007	0	0.055
2008	0	1.811	0.025	0.034	0	0	1.870
2009	0.033	0.004	0.076	0.065	0.042	0.686	0.906
2010	0.995	0.077	0.049	0.578	0.463	0.175	2.336
2011	9.265	0.286	0.453	0.020	1.389	0	11.413
2012	2.972	0.793	0.806	0.107	0.342	25.000	30.021
2013	15.374	3.013	17.751	0.330	3.716	0	40.183
2014	22.027	8.211	3.498	0.120	0.063	0	33.919
合计	52.841	19.776	28.142	1.471	6.120	26.215	134.566

结果，许多华尔街银行的收入蒸发了。由于 2011—2014 年高额的诉讼
成本，因此美国银行为了"保证 229 500 名员工免受牢狱之灾"[36]，在每位
员工身上花费了 128 104.57 美元。

第四章

债务星球

老一辈的中国共产党领导人仍然记得，在 1937—1949 年间，他们是如何在出现货币问题的情况下夺取国家政权的。于是，他们一直尽力避免中国出现社会动荡，如严重的通货膨胀。

法定货币只能够朝着一个方向逃离，那便是黄金。

——美联储委员会前主席艾伦·格林斯潘（2010 年）

银行创造货币的过程如此简单，我们甚至都不用多想。

——经济学家约翰·肯尼斯·加尔布雷思

（John Kenneth Galbraith）（1975 年）

拯救一个管理不当的国家的首要措施便是通货膨胀，其次则是战争。两者都能为这个国家带来暂时的繁荣；两者也最终会让这个国家走向毁灭。但这两者却都是政治与经济机会主义者的避难所。

——海明威发表在《绅士》（*Esquire*）杂志的言论（1935 年）

以通货膨胀的方式，政府也许能秘密地没收人民的财富而不被察觉，一百万人里也许只有一个人会察觉到这种盗窃行为。

——约翰·梅纳德·凯恩斯论通货膨胀（1920 年）

要毁灭一个资产阶级社会，我们必须削弱其货币。[1]

——列宁

黄金与货币的脱钩让创造新货币变得很简单。结果，随着20世纪70年代金汇兑本位制的终结，一次前所未有的信贷热潮便爆发了。为了理解债务的这种逐步增长的模式，我们必须要回顾1981年所发生的事情。当时，美联储主席沃尔克为了拯救美元作为世界储备货币的地位，被迫将利率提高到了20%。

在沃尔克实施提高利率的策略之后，美元的价值得到恢复，而随着通货膨胀的缓解，利率也开始出现急剧的下降。之后的利率下降让美国政府能够发行更多的债务。美国公司与个人也是同样的情况。这轮前所未有的私人债务的逐步增长直到目前的信贷危机爆发后才结束。自那之后，各国政府与央行的资产负债表出现了很大程度的扩大。

以本国的货币背负债务的国家不会破产。这些国家总能够启动印钞机，去印制偿付债务所必需的货币。然而，这样做却存在一个不利因素：当过多的货币被创造出来后，这些国家的经济也会因为（严重的）通货膨胀而陷入瘫痪。在未来的某个时候，政府会不得不找出方法摆脱它们的债务。其方法包括通货膨胀、债务违约或者债务取消。在过去，这些问题有多次都是通过这样的"货币大洗牌"来解决的。它也可以再次发生。

德意志银行在2014年末期的研究中谈到，越来越多的客户在讨论"债务取消成为终结这场'游戏'的唯一方法"。[2]

40. 音乐何时能停?[3]

在利率经历了 30 多年的持续下跌后，这种无法抑制的个人债务的增长期也随着信贷危机的爆发而结束了。在强撑两年之后，持续下跌的房地产价格导致了美国于 2007 年出现了第一轮的银行倒闭[4]。许多美国房屋所有者无法再偿清他们的债务，而美国的银行体系几乎濒临完全崩溃。2007—2013 年底，全球有接近五百家银行倒闭，而其中大多数都是美国的银行。为了能够阻止"纸牌屋"崩溃，各国的央行必须担当起最后借款人的责任。

2008 年，美国遭遇了崩溃危机：华尔街的银行、福特汽车公司、通用汽车公司[5]、住房抵押贷款公司房利美与房地美[6]，以及世界最大的保险商——美国国际集团[7]相继陷入困境。当时的财政部长、高盛前首席执行官亨利·保尔森（Henry Paulson）在 2008 年 10 月 14 日提议了一项大规模的援助行动，被称为"不良资产救助计划"（TARP）。

为了拯救成为今天美国社会的标志的金融机构，美国国会的政治家们在重重压力下接受了拨放 7 000 亿美元的救援计划。唯一牺牲的银行是雷曼兄弟，也许是因为它是拒绝加入 1998 年对冲基金长期资本管理援助行动的唯一一家银行，而对它进行的惩罚。2008—2013 年间，全世界的央行总共创造出了高达 10 万亿美元的新货币[8]，其目的是为了接管个人行为导致的不良贷款，以货币抵消债务以及刺激经济。在短短的 5 年内，美联储的资产负债表就从 8 000 亿美元增大到了 4 万亿美元。

据詹姆斯·菲尔克逊（James Felkerson）在 2013 年的一份研究揭露，美联储在 2008 底雷曼兄弟危机爆发之际总共投入了 296 160 亿美元的援助资金（见表 4—1）[9]。

表 4—1　　　　　　美联储在 2008 年底雷曼兄弟危机时投入资金列表[10]　　单位：10 亿美元

短期标售工具	3 818
中央银行流动性互换	10 057
单期公开市场操作	855
短期证券借贷工具与短期期权方案	2 005
期权项目	
贝尔斯登过渡性贷款	13
贝尔斯登资产（Maiden Lane Ⅰ）	29
一级交易商信贷工具	8 950
资产担保商业票据	218
市场共同基金流动性工具	
商业票据融资工具	737
定期资产抵押证券贷款工具	71
机构抵押贷款担保证券	1 850
购买方案	
美国国际集团的循环信贷融资	140
美国国际集团证券借贷工具	803
美国国际集团相关担保任务凭证（Maiden Lane Ⅱ）	20
AIG 住房抵押贷款支持债券 RMBS（Maiden Lane Ⅲ）	25
国际会计师公会/美国人寿保险公司	25
总计：	29 616

41. 信贷危机爆发后，美国的
国债发生了什么？

一些国家的主权债务在信贷危机爆发后也同样出现了大规模的增长。为了应对经济下滑，许多国家（包括美国，见表 4—2）的财政赤字有时甚至会增长到占国内生产总值的 10% 以上。

表 4—2　　　　　　　　美国预算赤字占国内生产总值比重

年份	美国预算赤字占国内生产总值比重
2008 年	4 580 亿美元（占 GDP 比重的 3.2%）
2009 年	14 120 亿美元（占 GDP 比重的 10.1%）
2010 年	12 940 亿美元（占 GDP 比重的 9.0%）
2011 年	12 990 亿美元（占 GDP 比重的 8.7%）
2012 年	10 860 亿美元（占 GDP 比重的 7%）
2013 年	9 720 亿美元（占 GDP 比重的 6%）

资料来源：http://www.whitehouse.gov/omb/budget/Historicals。

美国的国债在短短的 5 年内就增长了 8 万亿美元，而到 2013 年底则达到了 17 万亿美元。只要认真地看待这个问题，我们就能发现积累 8 万亿美元的国债花费了 169 年的时间（1836—2005 年）。[11]

同时，在 2008 年雷曼兄弟崩溃之后的一些年里，银行之间的不信任导致了银行间的借贷几乎停滞。为了解决这个问题，各国的央行允许商业银行几乎可以无限制地向央行借贷货币，利率几乎为零。

42. 财政赤字在什么规模下会变得危险?

瑞士巴塞尔大学的荣誉教授彼得·伯恩霍尔茨（Peter Bernholz）分析了通货膨胀的 12 种最为严重的情形。他得出结论，所有这些都是通过创造货币来填补巨额的公共预算赤字而导致的。据伯恩霍尔茨表示，当政府的预算赤字超过了开支的 40％，严重的通货膨胀就会出现临界点。美国在 2009 年就已经达到了这个水平，当时的财政收入是 21 040 亿美元，而总开支则达到了 35 170 亿。[12] 美国政府显然意识到了这个风险，因为这个比率自那之后便下降到 35％以下。

日本也面临着严重通货膨胀的风险。日本政府的预算赤字现在已经超过了其开支的 25％。[13] 公共开支与财政收入的差距是 2012 年国内生产总值的 9.1％（见表 4—3）。偿还债务基本上占据了政府财政收入的一半。[14] 日本政府债务与国内生产总值的比重参见图 4—1。

表 4—3　　　　　　　日本政府预算赤字占国内生产总值比重

年份	预算赤字[15]	占国内生产总值（GDP）比重
2008 年	10 万亿日元	占 GDP 的 3％
2009 年	41 万亿日元	占 GDP 的 8.8％
2010 年	40 万亿日元	占 GDP 的 8.8％
2011 年	41 万亿日元	占 GDP 的 8.7％

仅仅是为了偿还国债，日本政府就必须要借到巨额的贷款。由于这些赤字几乎完全要通过国内融资来弥补（比如说，购买日本政府债券的人几乎都是日本的投资者）[16]，因此日本可以用自己能够创造的日元来偿还债务。日本巨额的个人存款通过国家保险公司与养老基金持续地注入政府债券中。[17]

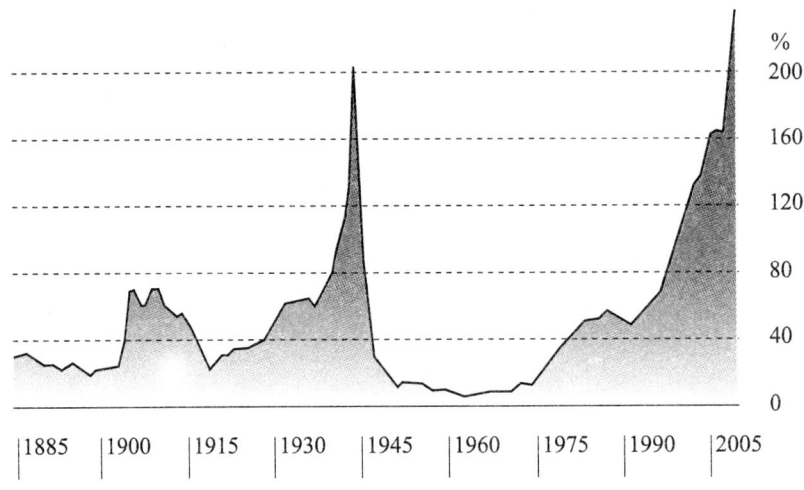

图4—1　日本政府债务与国内生产总值的比重

资料来源：全球金融数据。

这种填补赤字的制度是不可持续的，因为由于老龄化的问题，日本的存款利息已经下跌到了2％左右。其他结构性的问题是国内需求的增长缓慢与出口的疲软，以及在日本的核电站于2011年被弃用后产生的高额的能源进口成本。2013年，经合组织发出警告，减少债务是日本政府的首要工作。[18]日本计划到2015年，将处于低水平的营业税增加到10％，以此来增加可支配的税收。[19]

43. 难道信贷危机没有早早地在日本爆发吗?

日本在 20 世纪 80 年代经历了经济繁荣,但发生在 20 世纪 90 年代初的股市与房地产市场的崩溃导致了繁荣的结束。自那之后,尽管日本政府实施了大量的支持措施,但日本经济从未能完全恢复。2013 年,日本股市日经指数仍比 1989 年最高的 40 000 点左右低近 70%。

为了拯救日本的金融体系并促进日本的经济发展,日本政府决定启动央行的印钞机。持续不断的预算赤字导致了相当于国内生产总值 240% 左右的公共债务。[20]尽管央行实行了极低的利率,但债务清偿的花费已经达到了税收的 25% 以上。如果再贷款率增长到 3%,那么债务清偿就将用掉所有的公共财政收入。虽然许多银行多年来都是由政府支持的,但它们仍可以被归类于"僵尸银行":它们可以获得足够多的资金让自己免于崩溃,但却拥有很少的流动资产来提供贷款。从信贷危机爆发开始,这种情况就发生在西方国家的一些银行身上。

2001 年 3 月,日本央行为了刺激经济并避免通货紧缩而实施了一种新的手段,即量化宽松。[21]这让很多人都觉得奇怪,因为日本银行多年来一直拒绝实行量化宽松政策,甚至在 2001 年 2 月时还声称,"量化宽松不会有效果"。[22]

自 1999 年以来,日本银行就保持着近乎于零的短期利率。

44. 哪个国家在实行量化宽松政策的过程中最积极，日本还是美国？

2011 年 3 月，在日本福岛发生了地震、海啸与三次核泄漏的三重灾难之后，日本政府被迫再次出手刺激经济，并决定实施更加非常规的货币政策。[23] 2013 年 4 月，日本银行宣布，将在未来两年内把量化宽松方案的规模扩大到 1.4 万亿美元。[24] 这个金额是美联储积极的（与国内生产总值相关联的）量化宽松规模的两倍，而这种新的方案能使彼时的货币供应量增加至 270 万亿日元（相当于 2.8 万亿美元）。

目前，日本金融体系面临的最大的风险来自于政府债券销售。日本邮政株式会社是全世界最大的金融机构，其 70％以上的资产都用于持有日本政府债券。由于日本银行正试图使其基础货币翻倍，且该会社想要持有多种类的资产，所以利用这种资产换置基金清算了价值 800 亿美元的日本政府债券。[25] 专家们也开始公开警示日本将发生严重的金融危机。[26]

乔治·索罗斯的前顾问、日本上议院议员藤卷健史（Takeshi Fujimaki）在 2013 年表示：

> 我们从银行业巨头大幅减持日本政府债券的行为可以看出，有些公司的经理还是明智的。随着日本银行将大笔资金用在日本政府债券上，违约的风险则从私营部门转移到了公共部门。如果我们继续这样做的话，日本银行的可信度将不复存在，而且日元也将大幅贬值。在这个关键点上，避免违约是不可能的。

2014 年底，日本各项激进经济政策（通常被称作"安倍经济学"）的设计师——滨田宏一（Koichi Hamada）将日本央行的这些激进举措称作一项"庞氏方案"：

> 在庞氏方案中，借款人的资金最终会被消耗殆尽，当然，日本的纳税人会反抗。但新的纳税人总是层出不穷，因此这是一项可行的庞氏方案，不过我并没有表示这项方案很好。

大概在同一时间，日本首相安倍命令其内阁"制定各项政策，如为穷人印制'礼品代金券'来'直接支持其个人消费'"。[27]这会最终导致著名经济学家米尔顿·弗里德曼（Milton Friedman）描述的那种"直升机撒钱"的情况出现。向公民发放现金被认为是对抗通货紧缩的一种到最后紧要关头才能实行的非常规措施。

45. 中国仍在为美国提供资金支持吗？

2000—2010 年间，中国银行投资了近 1 万亿美元购买美国国债。由于存在贸易顺差，中国的国有银行从与美国做生意的中国公司那里收到了越来越多的美元。但在雷曼兄弟崩溃之后，越来越清楚的是，美国已经放弃了其强硬的美元政策，而且正在尽力紧缩美元来支持美国的出口贸易。根据统计数据，中国似乎在 2010 年停止了对美国国债的购买。2010 年，美财长蒂莫西·盖特纳（Timothy Geithner）对中国进行了一次访问，但效果却很糟糕。英国路透社对他在北京大学的访问进行了如下报道：

> 盖特纳曾在北京大学学习过汉语。他在一次演讲后回答提问时说："中国的资产非常安全。"他的回答让在场的学生听众发出了哄堂大笑，这反映出在中国，人们对一个发展中国家积累巨额的美国国债而不去花钱去提高国内的生活水平的做法持有怀疑态度。[28]

中国著名经济学家余永定的发言让美国处于一个更糟糕的境地[29]：

> 我希望能告诉美国政府：不要自满，不要以为中国除了给你们买单或购买你们的债券之外，就没有别的东西可以买了。我们可以买欧元。我们还可以买很多的原材料。

从那个时候开始，中国人就开始每年用数千亿美元购买一些硬资产，如黄金与其他商品。

美国国会议员马克·柯克（Mark Kirk）在 2009 年巡视了美联储的公共债务局之后讲道：

在外国投资者缺席的情况下，美联储购买了那么多的美国债务，这让我感到非常震惊。似乎中国已经不再接受美国的信用卡，而这一切来得那么平静，那么的恭敬礼貌，而且我也不确定美国国会里是不是也有很多人意识到了现在所发生的事情。中国的缺席会造成重大的影响，这一点迟早会呈现出来。[30]

柯克同样讲道，由于金融危机，金融巨头房利美与房地美接受了美国政府的援助，因此中国对这两家公司的回报的担忧也是合情合理的。

美国前财长亨利·保尔森在其回忆录中提到，在 2008 年，俄罗斯催促中国抛售房利美与房地美的债券，企图迫使美国对其最大的按揭贷款金融公司实行救援措施。据彭博社报道，保尔森曾讲道："俄罗斯与中国进行了一次'首脑会谈'，俄罗斯向中国提出希望双方可以一起抛售持有的美国政府赞助企业（GSE）相当多份额的股票，以此来迫使美国使用紧急措施来支撑这些公司。这篇报道会产生很大的影响——大笔的抛售会让广大公众突然失去对 GSE 公司股票的信心，还会动摇资本市场。"

中国不愿意抛售自己所持有的美元，他们将这些资产用于购买美国国债。[31]但 2010—2012 年间，中国很明显是在有意避免继续购买大量美国国债。[32]

2010 年 11 月，美联储不得不宣布实施第三轮的量化宽松。美联储会在 8 个月的时间内购买价值 6 000 亿美元的美国国债。[33]

第三轮量化宽松是在 2012 年 9 月公布的。[34]美联储决定实施一项新的每月 400 亿美元的债券购买方案。由于第三轮量化宽松所具有的无限性，它因此也赢得了一个受欢迎的昵称，即"无限量化宽松"。

2012 年 12 月，联邦公开市场操作委员会宣布将无限额购买方案的金额增加到每月 850 亿美元。[35]这个方案的目的也是让利率保持在低水平。

只有当美国国债有着相当高的收益时国际投资者们才会有兴趣购买它。由于实施了第三轮的量化宽松，美联储的资产负债表的规模将每年增加近 1 万亿美元。

46. 中国的信贷增长的规模有多大？

据《最终对局》（*The Endgame*）与《红色代码》（*Code Red*）的作者约翰·莫尔丁（John Mauldin）表示，中国"甚至比美国或日本更热衷于印制货币"。我们很难了解中国的货币增长程度有多大，因为我们不能完全相信统计数据。甚至连中国国家统计局局长马建堂也承认，他所管理的统计局也发布过被篡改的经济数据。在 2013 年当选为总理的李克强甚至也说道，国内生产总值数据是"人为的"，而且"仅供参考"。[36] 因此，我们很难全面地掌握中国的金融与经济发展的情况。

尽管中国的金融储备达到了约 4 万亿美元[37]，但 2013 年，在银行体系的资产增长了 14 万亿美元之后，中国也面临着自身的债务危机。[38] 这个金额与美国整个银行体系的规模相等的。中国的信贷与国内生产总值的比率从 2008 年的刚好超过 110％上升到去年的 200％。[39]

负债过重的借款人与地方政府通过"影子银行体系"进行资产负债表外融资，因为如此大量的货币都要被注入非营利的项目中。一则澳大利亚的新闻报道让我们了解了一些详细情况：

> 据中国人民银行（PBOC）的数据显示，截至 2012 年 12 月底，中国的信用贷款增加了 679％，达到了 2 640 亿元人民币（相当于 420 亿美元）。高利率信用贷款占据了中国整个融资池的 16％。信用贷款与美国的发薪日贷款一样，很快就会到期。短期信贷的总和大概达到了中国国内生产总值的 50％，因此流动性危机可能很快发展为清偿性危机。地方政府往往都是大的信贷借款人。当一家银行害怕另一家银行可能会

与信誉差的信贷公司接触时，它们就会要求收取高额的利息来弥补风险。2013 年早些时候，上海银行间同业拆放利率（银行之间贷款利率）在几周内就从 3％飙升到 13％。[40]

据瑞士银行的估算，中国所谓的"影子银行体系"的规模为 3.4 万亿美元，这相当于中国国内生产总值的 45％。[41]中国人民银行在 2011 年的一份调查发现，在温州，几乎 90％的家庭与 60％的公司会使用民间贷款。

综合这些因素，我们就能发现，不良债务在中国也发展起来了。中国需要启动主权财富基金来对一些国有银行进行重组，而这些银行则会对数千亿人民币的不良贷款实行销账。由于这个原因，信用评级机构穆迪公司在 2010 年对中国的金字塔式的银行重组发出了一份严肃的警告。[42]评级机构惠誉国际（Fitch）也发出警告说，中国经济的信用规模如此之大，它很难靠自身来摆脱这些过量的贷款。[43]

2004 年，中国央行（即中国人民银行），通过向四大国有银行中的两家银行（中国建设银行与中国银行）注入央行 10％的货币储备，拯救了一些银行。[44]中国央行的这种扩大资产负债表的做法与近些年日本、美国以及欧洲的做法类似。

法国兴业银行在 2011 年的一份研究中得出结论[45]：

> 中国金融体系上升的杠杆、中国劳动力市场即将达到顶峰以及房地产价格的快速上升，这都让我们非常担忧。

2014 年底，中国央行采取新一轮刺激经济增长的政策，向国有银行与区域性银行再次注入 7 000 亿元人民币（相当于 327 亿美元）。[46]据美国银行大中华区负责人卢婷表示，资金注入的主要目的是"增强对金融市场的信心"。2014 年早些时间，中国国务院总理李克强讲道，中国将会尽量避免再次的资金注入。

国家发展和改革委员会与中国宏观经济研究学会[47]的一份报告指出，过去存在大量的"效率低的投资"，总金额达到了 6.8 亿美元。[48]由于中国的经济增长在近年来出现了放缓，中国人民银行于 2014 年实施了降息措施。

2011—2014 年间，中国的地方政府债务的总额增长了 63%，这比国民经济 40% 的增长率要高得多。[49]瑞银集团表示，"全部的中央政府债务与地方政府债务水平仍是可控的，但近年来债务积累的速度却是惊人的"。据法国巴黎银行表示，地方政府以政府的名义贷款，但政府不必偿还债务，除非债务成为了区域性或涉及体系的问题。

最大的债务问题能够在"几乎不规范的影子银行网络"中找到，包括能够以相对较低的利率贷款的所谓的金融"托拉斯"。分析人士不相信这些会导致"某种金融灾难"，这是因为官方的金融储备达到了 3 万亿美元，但它对经济增长将会产生长久的影响。

高盛的结论是：

> 中国整个社会对中国共产党救助每个人的能力与意愿都给予了极大的信任，但随着体系变得越来越庞大，我们需要更多地考虑其承受能力了。[50]

中国与日本一样，也存在着快速老龄化的群体。这将导致 2030 年之后出现人口下降，而在今后的几十年里，这也许会结束这个国家非常了不起的成长故事。

47. 人民币做好代替美元的准备了吗？

货币与金融机构官方论坛（OMFIF）的一份题为《黄金、人民币与多货币储备体系》[51]的研究报告指出，中国政府意识到人民币在 2020 年之前无法与美元竞争，因为人民币要成为完全可兑换的货币还需要一些时间。但在未来的一些年里，人民币还是可以与美元同时作为世界储备货币来使用的。中国政府曾公开表示对现有的以美元为导向的货币体系颇为不满。

中国是世界六大经济体中唯一一个不具有储备货币地位的国家，但货币与金融机构论坛的报告主张，人民币要想对美元形成相当的挑战还需要很多年的时间：

> 世界正在驶向长期的多重货币储备体系的未知水域，在这个体系下，美元在保持其首要地位的情况下，将与其他多种货币并存，包括中国的人民币。随着美国实力的逐渐削弱，中国将会崛起，但这种货币重整的过程是逐步的，不是突然的，而且这个过程中还可能出现倒退与其他干扰。

2002—2012 年间，中国人经历了依赖于美元或欧元的危险。结果，中国决定将人民币打造成一种真正的国际性交易货币。2010—2014 年间，中国开始与许多国家签订人民币双边交易协议。

2012 年，中国为了在未来的 10 年内完全实现人民币的国际化，构思出了一个路线图。中国共产党的领导层非常清楚货币政策的变革所带来的风险，因为之前的国民党的力量被削弱，并最终从中国大陆撤离的主要原因，便是它在 20 世纪 40 年代失去了对货币体系的控制。

2002—2012 年中国债务情况见图 4—2。

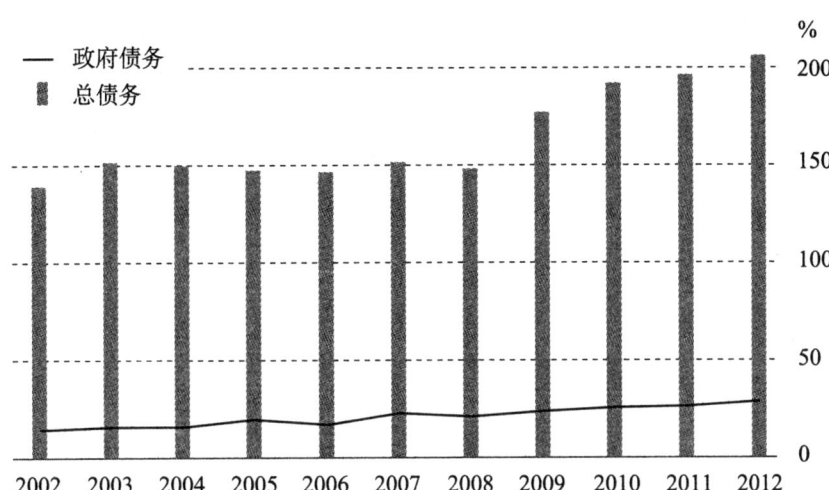

图 4—2　中国总债务与国内生产总值的比率

资料来源：POBC。

2014 年 10 月，中国在伦敦启动了人民币国际化的首次路演。中国人民大学国际货币研究所副所长涂永红表示，人民币国际化是分三步进行的。据货币与金融机构官方论坛的一份报道：

> 首先，人民币会通过大陆的一些服务中心用于国际贸易；接着，人民币将被在亚洲范围内使用；最后，人民币将成为一种全球性货币……中国人民银行正极为谨慎地处理着人民币的扩张，但却没有公开明确表示要取代美元。

货币与金融机构官方论坛的总裁大卫·马什（David Marsh）表示：

> 中国作为一个发展中国家与主要的债权国，正处在一个不寻常的位置。中国已经落入一个陷阱——成为了美国的银行家，并向全世界借出资金。

马什同样建议，"中国对美国太过慷慨"，持有如此多的美国国债，而现在

"必须对本国人民也表现出慷慨大方"。据货币与金融机构官方论坛表示，保障中国资产的其中一种方式，"是说服其债务人以人民币的形式借款"。

货币与金融机构官方论坛的报告也评述道：中国迫切地想要用美元之外的货币使其投资组合多样化。当2005年中国的储备超过了1万亿美元时，中国人民银行行长周小川讲道："我们的储备已经足够了。"

然而，中国的储备现在已经增长到3.8万亿美元，而中国所持有的美元却在贬值。中国人民大学通过其"人民币国际化指标"追踪了全球的人民币的使用情况。据刘振亚的研究发现，在0（非全球使用）与100（全球使用）范围之间，今年的人民币使用情况指标为1.6，而且可能会达到20～30。全球一半左右的贸易使用美元，约1/3使用欧元，而日元与英镑则各自占据了4％的份额。英国成了首个发行人民币债券的西方国家。债券的收益将存放于英格兰银行的货币储备中……英格兰银行货币储备收益的使用，实际上将让人民币成为一种储备货币。欧洲的公司金融专家亚历山大·冯·梅勒辛（Alexander Von Mellenthin）讲道，非洲各国的央行也已经这样认为，人民币在非洲也有望取代美元与欧元的地位……英国财政大臣乔治·奥斯本（Geogre Osborne）将以下这段对话描述为"一次历史性的时刻"，并表达了英国对人民币的信心：

> 人民币将成为主要的全球储备货币。让我在这里说清楚，由于中国在世界经济中的地位越来越高，人民币将能够在全世界使用。我们英国懂得这一点，而且我们想要自己的国家成为西方第一个抓住这一机遇的国家。

48. 那么，中国是害怕实施
过于突然的货币变革吗？

老一辈的中国共产党领导人仍然记得，在 1937—1949 年间，他们是如何在出现货币问题的情况下夺取国家政权的。于是，他们一直尽力避免中国出现社会动荡，如严重的通货膨胀。

直到 1927 年，中国才实施了基于银本位制的自由的银行体系。当蒋介石的国民党于 1927 年掌权时，他想根除中国自由的银行体系。国民党利用银行贷款而不是税收来为他们的方案获取资金来源。当东北于 1931 年被日本人占领时，中国经济遭受了沉重的打击，而政府债券则贬值了 50%。[52] 日本侵略者从当时的首都南京掠夺了 6 600 吨左右的黄金。

20 世纪 30 年代，由于白银价格翻了三番，大量的白银从中国流去了美国。这导致中国出现了严重的经济衰退，同时国内生产总值在 1934 年下跌了 26%，当时政府为了限制白银的出口而强制实施了外汇管制。接着，国民党政府发布了《储蓄银行法》，这项法令要求每家银行都要购买政府债券，购买的总金额达到了所有银行储蓄额的 25%。当时规模最大的中国银行决定在当年卖出政府债券。为了阻止债券市场的崩溃，国民党政府发起了针对银行业者的宣传活动。当时的政府将中国的经济苦难归结于私有银行业者，声称其自身利益高于公众利益。

1935 年，政府接管了中国银行与其他银行。这样就终结了中国的私有银行体系。1935 年底，中国央行宣布了"货币法令"。银本位制就这样被一种法定货币所替代，而国民党政府则开始印制货币来填补债务。此外，那些拥有白银的公民被下令将这些白银兑换成现有货币。[53]世界其他国家的经济学家对此都拍手叫好，认为这是向现代银行体系迈出了一步。为了获得资金来抵抗日本人，中国在 1937 年 7 月—1945 年 9 月期间出现了大规模的通货膨胀。据估计，60％的年度开支都是由新印制的货币来填补的。

由于本国的印钞机无法满足各方面的需求，因此中国的货币要飞越喜马拉雅山从英国运过来。[54]在国民党政府与毛泽东领导的共产党军队的中国内战重新打响之后，一段严重的通货膨胀时期于 1947 年开始。随着严重的通货膨胀吞噬了老百姓的存款，接下来的社会贫穷程度的加剧导致了人民对共产党的大力支持。当国民党知道败局已定，于是蒋介石的军队在 1949 年底撤离到了台湾，而且还秘密用轮船将 115 吨黄金从上海运到了台湾。[55]很快，新的人民币替代了贬值的旧币，兑换率为 300 万比 1。[56] 1931—1949 年，中国几乎失去了所有的黄金，成为了"纸币的人质"。[57]

中国很清楚地了解现行的经济风险。这也是为什么中国人试图购买大量的黄金来对冲这种风险。我会在后面的章节对此进行详述。

49. 欧洲的债务问题有多严重？

自 2008 年，欧洲央行同样非常积极地支持着各个成员国的经济。但随着 2010 年希腊危机的爆发，以及葡萄牙、西班牙与意大利的利率快速上升问题的出现，欧洲央行加速了其资产负债表的扩大，并开始购买政府债券。根据欧洲各国的一致协议，欧洲央行不得直接购买政府债券，因此购买总金额达到 1 万亿欧元的政府债券的操作，是在长期再融资操作（LTRO）的名义下通过商业银行间接进行的。

长期再融资操作方案下，由欧洲央行创造的货币首先被借给了各个商业银行。然后这些商业银行购买自己国家的政府债券，以达到推动利率下调与支持国家经济的目的。这些新购买的政府债券可以被用于签订欧洲央行长期再融资操作贷款的双边协议。

据德国央行董事会成员卡尔-路德维希·蒂勒（Carl-Ludwig Thiele）表示，欧洲央行购买债券的这种行为"违反了《马斯特里赫特条约》（the Maastricht Treaty）中对于货币融资的禁令，也就是说，一个国家的央行不能为一个国家提供信贷"。[58] 他的发言与德国央行的官方态度相背离。德国央行辩解道，截至 2012 年进行的债券购买行为并没有违反货币融资的禁令。

蒂勒讲道，欧洲央行为了能降低马德里与罗马的借款成本，仅仅是购买了西班牙与意大利的政府债券。他解释道：

> 认为启动印钞机就能克服目前危机的想法最终应该被放弃。这种行为只能是让稳定货币的最重要的基础处于危险之中。

英格兰银行为了支持本国经济，同样也购买了英国的政府债券（英国政府发行的无风险债券），特别是从金融机构的手中购买了这些债券，这些机构包括银行、保险公司与养老基金。在 2010—2014 年实行量化宽松方案期间，英格兰银行所创造的货币总量约为 3 750 亿英镑（相当于 5 980 亿美元）。该银行表示，它所购买的数量不会超过政府债券发行量的 70％。[59]

日本的量化宽松规模是美国的两倍（与国内生产总值相关联）。而相对于日本，2012—2014 年间，欧洲的货币印制的速度已经放缓。

各国央行资产负债表的规模参见图 4—3。

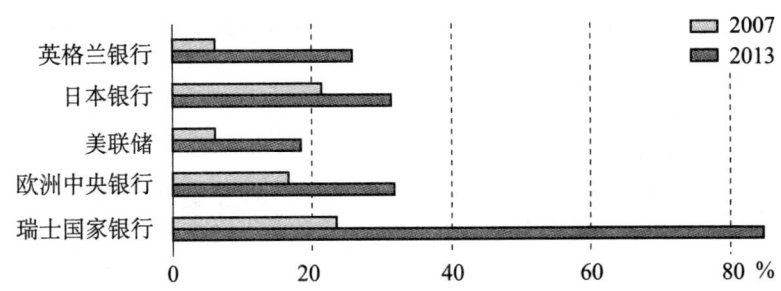

图 4—3 中央银行资产负债表的规模（占国内生产总值的比率）

资料来源：国际清算银行年度报告（BIS Annual Report）。

由于对通货紧缩的日益担忧，欧洲中央银行提议，对欧元区的经济实行新一轮的非常规货币刺激措施。欧洲央行表示，它可以购买"各国政府债券或其他资产，如黄金、股票或交易型开放式指数基金（ETFs）"。欧洲央行行长马里奥·德拉吉（Mario Draghi）说道，欧洲央行甚至可以启动另一项方案，其中"以购买政府债券为政策工具"可以被用于进一步的经济刺激。[60]

2014 年，荷兰财政部承认，两年前，荷兰与德国一起准备实行一项方案，该方案可能恢复两国之前使用的货币。[61]该举措是当时日益恶化的欧洲危机的结果。但在 2013 年，危机得到了控制，这是因为欧洲央行承诺"要想尽一切办法"拯救欧元，满足了各国金融市场的要求。

50. 瑞士仍是一个货币避险国吗？

2008 年的金融危机爆发之后，所有关于货币的疯狂行为所导致的结果是，越来越多的资本逃往了瑞士。这导致瑞士法郎的升值，而这又对瑞士的出口与旅游业造成了实质性的负面影响。为了避免进一步的损失，瑞士国家银行将瑞士法郎与欧元的汇率固定在 1.2∶1 的水平。

瑞士国家银行凭空创造瑞士法郎，接着用这些货币去购买其他国家的货币，这样瑞士法郎就出现贬值，而其他国家的货币则出现升值。在这次行动中所购买的国际货币最终出现在瑞士国家银行的资产负债表上，其规模在2008—2013 年间翻了四番。

2013 年底，相对于其他国家的央行，瑞士国家银行的外汇储备最多，其持有的金额达到国内生产总值的 85％。相比之下，美联储的外汇持有量占美国国内生产总值的 20％，而欧洲央行的资产价值相当于欧元区国家的国内生产总值的 30％。[62]

瑞士央行要求各个商业银行将其资本增大到各自资产负债表的 20％，而不是国际标准的 7％。[63]瑞士信贷公司与瑞士联合银行的资产负债表的整体规模给瑞士的整体经济造成了威胁，援助它们将导致国家破产。[64]

2014 年年末，瑞士在一次国家公投中，否决了将其大部分的外国黄金持有量返还其拥有国的提议。

51. 在所谓的货币战争中发生了什么？

2010 年，巴西的财政部长吉多·曼特加（Guido Mantega）对一场"货币战争"发出了警告，指出了一种趋势，即许多国家央行的货币政策与对外汇的干涉正引导我们陷入到竞争性贬值的恶性循环之中。[65]

大多数主要的 G-20 经济体现在都实行了货币贬值，以通货紧缩的方式来摆脱自己国家所处的经济困境。货币贬值能让一个国家竭力去获得竞争性优势，因为这样能够刺激这个国家的出口与旅游业。而这也导致了全球性的集体货币贬值行为，这在货币发展史上是前所未有的。

其他新兴市场经济体对许多发达国家实行的宽松货币政策提出了质疑。它们将这种"货币战争"视作 20 世纪 30 年代的"以邻为壑"[66]政策的现代翻版。[67]

2013 年早期，俄罗斯中央银行的第一副行长阿列克谢·乌柳卡耶夫（Aleksey Ulyukaev）发出警告说："我认为，我们现在正面对正面冲突，它甚至可以被称为货币战争。"[68]

为了回应这种批评，美联储主席本·伯南克（Ben Bernanke）讲道，美国、欧洲与日本的经济再次出现稳定的增长才能最终让更小的国家受益：

> 每个国家出现的强劲的增长都会让其贸易伙伴受益，因此这些不是以邻为壑政策，而是一种发挥积极作用的"造福于邻"的政策。[69]

他还指出，几乎所有的 G-7 工业化国家都采取了同样的量化宽松货币政策，这导致外汇（外汇交易）市场发生了小小的变化：

　　因为在绝大多数的发达工业经济体中，货币政策都是宽松的，我们不能期待这些国家在汇率的资源配置上做出大规模与持久的变革。

　　最终的结果是，大多数涉及量化宽松政策的货币的面值都彼此相当。对于广大公众而言，美元、英镑、欧元与瑞士法郎都似乎保持了其货币价值。但这仅仅是相对而言。由于这种"货币的贬值"，精明的投资者开始将资金投入到商品与其他硬资产上。

52. 我们能靠自身的发展摆脱这些债务吗？

我们现在来谈谈国家本身而非银行系统处于严重的金融困境中的情况。在经历了多年的巨额预算赤字之后，希腊与葡萄牙这样的国家得靠自己的力量来为本国提供金融援助。这些赤字可以用两种方法来减少：削减开支或增加税收。从政治的角度来讲，这两种方法都是不可行的，实施后会让那些正在遭受经济萧条的国家的情况恶化。许多国家为了刺激经济，决定允许大规模的预算赤字与持续增长的主权债务存在，正如我们所了解到的。

经合组织最重要的18个成员国的公共债务与私有债务的总额与国内生产总值的比例从1980年的160%上升到了2011年的321%。这种债务的积累并没有导致任何问题，因为同期利率从1980年的20%下降到信贷危机之后几乎为零的水平。这些国家的国债平均增长了425%，而在许多国家，国债占本国的国内生产总值的比例已经上升到了100%。[70]

债务的最大规模的扩张（600%）体现在消费者身上，这主要是高额的抵押贷款所导致的。荷兰的人均抵押债务在世界上排名第一。荷兰的债务总量从1980年的5 500亿欧元上升到2010年的至少4万亿欧元。[71] 而这其中超过一半的债务都是由金融部门造成的。政府、公司与个体投资者占据了另一半。只有在那些具有稳健房地产市场的国家，如德国、意大利与希腊，房屋所有者的平均总债务才会低于国内生产总值的70%。

许多国家没有充分地承担起对新一轮退休人员提供养老金的责任。大多数国家为持续增长的退休人员规划的储备金非常的少。比如在法国，平均每人在个人养老金制度的储备金仅有 2 300 欧元；而在荷兰，这种储备金达到了 63 000 欧元。德国仅仅为每位公民规划了 4 850 欧元的养老储备金，在很大程度上，落后于美国（达到 42 000 欧元）。[72]

根据波士顿咨询集团的一份评估报告，欧盟国家的过度负债达到了 6 万亿美元，而美国则达到了 11 万亿。想要经济得到持续性的复苏，这些债务就需要加以重整。

因此，我们能"靠自己发展"来摆脱债务的想法就显得有些幼稚了。如果说历史给予了我们一个教训，那便是这种想法只有在经济增长强劲的情况下才能实现。英国在与拿破仑的战争结束之后也试图尝试过这种做法。许多西方国家在第二次世界大战结束后同样成功地靠自身的发展摆脱了债务。由 1997 年亚洲金融危机导致的债务同样也是用这种方式解决的。在所有这些案例中，这些国家的经济之所以能够重新获得高水平的增长，是因为这些国家正处于其经济周期的初始阶段。

在最近的一份名为《金融与主权债务危机：一些学习到的教训与那些被遗忘的教训》（Financial and Sovereign Debt Crises：Some Lessons Learned and Those Forgotten）[73] 国际货币基金组织文件中，经济学家莱因哈特与罗格夫总结道，对债务重塑的需求"到目前比在公众场合讨论的任何事情都更重要"。据他们表示，发达国家的中央政府债务正"接近两个世纪以来的最高点"，而且仅靠经济增长是无法解决的。

据他们的研究，全球金融危机的终结可能需要满足以下几点：

> 综合利用金融萧条（对存款人的无形税收）、彻底的债务重塑、通货膨胀以及宏观审慎监管下的资本控制。

他们同样指出了西方国家领导层存在的"否决问题"。莱因哈特与罗格夫表示：

未来的经济增长将不足以处理公共债务与私有债务积累的绝对规模。特别是由于"婴儿潮"那一代人的老去将导致更多的养老金与医疗福利支出，而且这会让目前的总体债务情况更加糟糕。

53. 我们如何摆脱自己的债务？

目前这种将债务"寄存"在各国央行的资产负债表上的解决方式不是长久之计。尽管一个国家的央行债务额不受限制，而且从理论上来讲，债务可以无限期限地"寄存"在央行的资产负债表上，但最终这些债务还是需要被重整，否则广大公众就会对这个国家的货币价值失去信心。各国可以用很多方法来处理债务过重的问题：

（1）违约。在20世纪，俄罗斯实施了三次违约，德国也同样如此。瑞士从未采用过这种手段。破产是摆脱债务的最为昂贵的方式。债权人被迫要撤销所有的待收回的债务，将之当做自己的资金损失承担下来。

（2）制造通货膨胀。通过启动印钞机与引发通货膨胀的方式，一个国家的国债能被这种通货膨胀"抹去"。持有国债的外国投资者将收回投入的货币资金，但以购买力来计算的话，他们仍将损失惨重。这也是许多国家在这个时候选择的基本的防御手段。通过制造出恶性通货膨胀，与国内生产总值相关联的债务水平就能下降。

（3）增加税收。通过增加财政收入，各国可以填补各自的债务。然而，当一个国家的经济增长势头较弱或呈负增长时，这种方式并不是好的选择，而大多数的工业化国家的经济状况正是如此。在民主制度下，提高税收无疑就等于是政治上的自杀。在过去的20年里，所有的美国总统在大选期间都承诺要降低税收。这也是为什么政治家们更偏向于更简便的方式，也就是在央行的资产负债表上做文章。

国际货币基金组织正在研究一个案例，"这个案例中使用了更过激的措施，并提出要加大所得税与消费税的增长程度，甚至最终发展为直接没收资产"。[74] 2012 年，德国有人提议，应该要求富人拿出其资本的 15％对特别国债进行一次性的投资。几乎所有的富人都积聚到了资本，这在很大程度上是因为他们所拥有的资本由于信贷成本降低而出现了升值。尤为突出的是，房地产市场的繁荣成为了"婴儿潮"那一代人稳固的财富来源。

各国赤字占政府开支的百分比参见图 4—4。

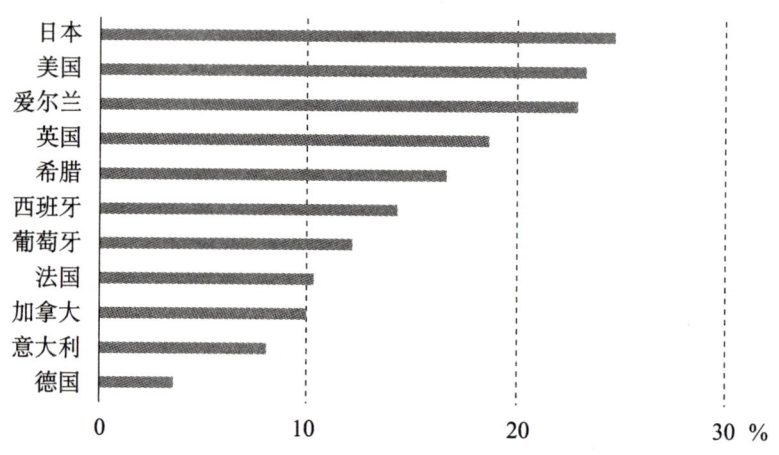

图 4—4 2011 年各国赤字占政府开支的百分比

资料来源：国际货币基金组织。

54. 债务违约手段在之前是如何发挥作用的？

在犹太人与基督教的传统中，存在着所谓的"禧年"，即万物生灵得到宽恕的一年。根据希伯来人的摩西律法，每过100年就要庆祝一次禧年，那时大地要回归到先前的所有者手中，奴隶要重获自由，债务则要被免除。生活在18世纪的法国财政部长阿比·特瑞（Abbe Terray）认为，各国政府应该每100年实施一次债务违约的政策，来达到恢复收支平衡的目的。[75]

许多国家仅仅是假装会偿还各自的债务。但如果以历史经验作为指引的话，那么当债务积累得过于庞大时，违约便会出现。接着，债务就必须得到重整或通过重新获取贷款来偿还。这种情形反复地发生着。美国在过去的220年里以不同的方式实行了三次债务违约，分别在1790年、1933年与1971年，而且在每次债务违约之后都会发行更多的政府债券。瑞士是唯一一个从未发生违约的国家。在1802年的拿破仑战争之后，荷兰曾有一次未能履行其付款承诺。1835年1月[76]，美国的确曾完全偿还了其债务。但很快，美国政府在接下来的一年里又再一次积累了债务（1836年1月1日的债务总额是3.7亿美元）。

在对金融危机史研究做出过最重要贡献[77]的《这次不一样：800年金融荒唐史》一书中，卡门·莱因哈特与肯尼斯·罗格夫主张：

> 西班牙的债务违约的记录到现在仍未能被打破。西班牙曾在19世纪出现7次债务违约，而在这之前的3个世纪中，这个国家已经出现过6次债务违约。随着西班牙在19世纪实行的一连串债务违约，这个国家取代了法国，成为了违约次数最多的国家，而法国则是在1500—

1800 年间曾实施了 9 次强制性的债务免除……截止到 1800 年，奥地利与葡萄牙仅仅出现过 1 次债务违约，但在此之后，这两个国家在 19 世纪里出现过多次的债务违约，而奥地利直到 20 世纪仍在使用这种手段。在法国侵略英国失败之后，英国的爱德华三世在 1340 年对意大利的借款人实行了债务违约……从 19 世纪开始，国际资本市场的发展与一些新国家的崛起导致了国际债务违约的频发……也导致了非洲、欧洲与拉丁美洲的债务改期偿还的事件的发生。我们将其称作为"债务改期偿还"，而国际金融理论文献公正地将其分类为"协商分期违约"。[78]

债务违约对经济增长造成的伤害有时是短暂的。冰岛、阿根廷、乌拉圭、俄罗斯、印度尼西亚这些经济体在近些年出现债务违约之后，其经济发展得还是相当好的。[79]

55. 可能发生债务免除的情况

2013 年，美国国会议员艾伦·格雷逊（Alan Grayson）提议，美联储应该免除其所持有的美国国债。[80]在总共价值 17 万亿美元的美国国债中，美联储有其中 2 万亿美元。[81]格雷逊表示：

> 美联储资产负债表上的债务可以被免除，这不会造成很严重的后果，因为这只是类似于货币供应的记账工具。从本质上讲，这些只是政府欠自己的债务。如果我欠自己一些钱，我就能自愿地将其免除，而不会造成任何后果，而从本质上讲，就是从我左边的口袋掏出来，放到我右边的口袋里去。免除这部分国债能让美国在债务瓶颈下获得足够的空间来管理好国家的各种金融活动。这个思路是多年前就提出来的，不是我，也不是我的政党里的任何成员，而是由共和党代表荣·保罗提出的。虽然取消美联储所持有的美国国债不符合常规做法，但这总比在美联储负债表上添加大量债务的量化宽松政策要好很多。[82]

英国广播公司（BBC）前总裁、高盛合伙人盖文·戴维斯（Gavyn Davies）于 2013 年 10 月 14 日在《金融时报》上就这个主题写过一篇重要的文章，名为《各国央行会免除政府债务吗？》[83]（Will Central Banks Cancel Government Debt?）。

> 现在正在讨论一个激进的选择，也就是免除（或委婉地讲，"重整"）中央银行由于实行量化宽松而购买的部分政府债券。毕竟，一个国家的政府与央行在公共部门中发挥着主导作用，因此统一的公共部门

资产负债表能完全清除这种债务。在通货膨胀的基础上，这种选择总被认为是极其危险的，而且就我所了解的，它从来就没有被高层的央行行长们公开讨论过。然而，英国金融服务监管局的主席阿代尔·特纳（Adair Turner）（据报道他将成为英格兰银行的下一任行长）在上周发表的讲话中表示，英国将考虑实施更加非常规的措施，包括"对政策的各方面实施进一步的整合"。英国广播公司的记者罗伯特·彼特逊（Robert Peston）与《英国卫报》的记者西蒙·詹金斯（Simon Jenkins）说道，特纳勋爵的"个人想法"是，为了促进经济，央行持有的部分债券可以被免除。……为什么这是一个如此激进的想法？实行免除这些债券的措施不会对私有部门的任何人造成损失或不利，而这些债券是一国的央行以市价购买的，以此来换取发行纸币的空间。然而，蒙受损失的一方是央行本身，如果发生了这样的情况，央行的资本基础将很快被毁掉。关键的问题是，这是否至关重要。如果回答是肯定的话，它将发挥怎样的重要作用？为了理解这些，我们需要问问自己，为什么政府从一开始要选择用发行债券的方式来填补财政赤字，而不是让央行直接印制纸币，而且后者不会导致公共债务增加？最终，对这个问题的回答是，政府害怕出现通货膨胀，当出现预算赤字时，政府会刺激经济以产生需求。通过卖出债券来弥补赤字，个人的存款被吸收了，而用于进行私人投资的资金则变少了。我们也可以从另一个角度来理解它，即卖出债券有助于提高利率。此外，私有部门的企业与个人也都承认，他们所购买的这些债券将在以后得到清偿，因此未来预期的税收负担就会增加。这也减少了当前私有部门的开支。我们可以将这些多重因素综合起来称为债券销售的"约束效应"。如果政府不卖出债券以填补预算赤字，而是让央行直接去印制纸币，那么所有这一切都会改变。在那种情况下，私有部门的存款不会被吸收，利率不会出现上升的趋势，而且也不存在未来预期的税收负担。因此"约束效应"在这里就不再适用了。很明显，对于任何既定预算赤字而言，这可能比债券的融资手段具有更大的扩张性（以及潜在的通货膨胀性）。然而，到目前为止，这不是量化宽松政策下所发生的。至少从理论上来讲，财政政策是由政府单独制定的，而且预算赤字是通过卖出债券来填补的。接着，央行为了降低长期的利率，购买了一些这样的债券。央行将发行与卖出债券的行为纯粹地看作货币政策的一种非正统手段。表面上来看，这些债券仅仅是暂时地存放在央行，而需要采取紧缩的货币政策时，这些债券则会再卖还给私有部门。因此，从长期来看，公众所持有的政府债券量不会因为量化宽松而减少，而且债券销售的"约束效应"仍将出现。政府长期的财政预算不会受到影响。要注意的是，在这些情形下实行的量化宽松政策不会直接影响到私有部门的财富或预期收入。而从私有部门的角度来看，影响是它们将持有更多的流动性资产（特别是在中央银行的商业银行存款）与更少的非流动性资产（如政府债券）。

由于这仅仅是暂时的资产互换，因此它可能会影响到债券的收益水平，否则其经济效应可能就会受到限制。现在我们思考一下，如果央行持有的债券被撤销，而不是在未来某一天卖还给私有部门，将会发生什么？在这种方式下，销售债券的长期"约束效应"同样将会消失，因此经济中的名义需求应该立即得到刺激。如果在不改变预算赤字的情况下采取这种方式，便会增加过去的赤字对名义需求的扩张性效应，而且同样也会减少与这种赤字相关联的公共债务的偿还负担。各国央行都购买了过多的政府债券，以至于这种做法会产生很大的影响。这就是英国的情形，在所有未偿付的政府债务中，英格兰银行的持有量达到了25%。

此外，如果央行准备与政府合作，赞同通过印制纸币的方式来直接填补预算赤字，而不是直接撤销过去的债务，那么这些影响便会增强。接着，我们就会真实存在于一个"直升机撒钱"的世界里，也不存在财政政策与货币政策相互独立的假象。除了战争时期之外，发达经济体在正常情况下不大愿意考虑采取任何这样的政策。实际上消除这种措施涉及的央行资本所触发的潜在通货膨胀后果，总是被认为太过于危险，因此一定要对其实施控制。对我来说，事实便是如此。但比起通货膨胀，其他人更为担忧的却是通货紧缩。"这个精灵可能会很快离开瓶子"。

各国央行总资产见图4—5。

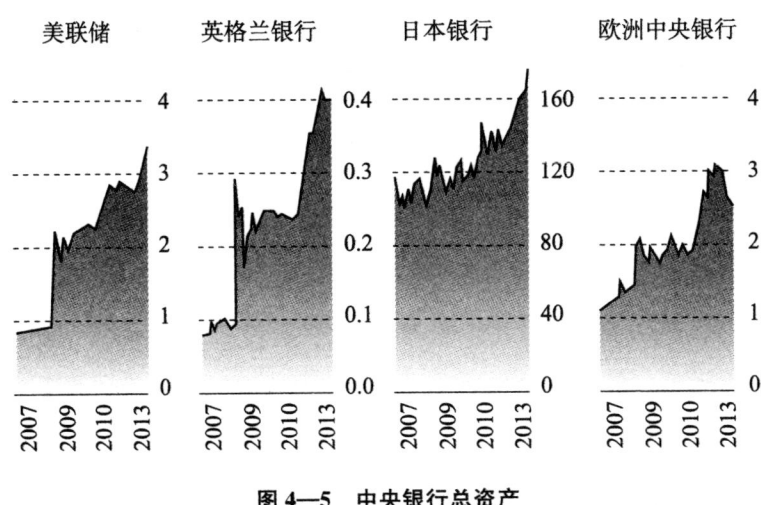

图4—5　中央银行总资产

资料来源：国际清算银行。

56. 什么时候会出现问题？

莱因哈特与罗格夫[84]通过实例证明，当国家债务占到国内生产总值的90％以上时，未来的经济增长将会被减慢。[85]他们同样证明，这种情况在历史中是非常罕见的。根据他们的研究，一些国家的债务从来就没有达到过那种水平。

第二次世界大战过后，美国的债务达到了国内生产总值的120％。当时，大多数的国家债务都达到了类似的水平。[86]据莱因哈特与罗格夫表示，其他高额债务的例子如下：

——20 世纪 20 年代的法国与比利时

——20 世纪 30 年代以及从 20 世纪 90 年代至今的希腊

——20 世纪 80 年代的爱尔兰

——20 世纪 90 年代的意大利

——20 世纪初的西班牙

——内战时期以及 19 世纪 60 年代前的英国

——2000 年以来的日本

他们同样指出，平均来看，银行业危机发生后的 3 年里，公共债务的累积增长为186％。这解释了为什么许多发达国家的公共债务在最近一些年出现了快速的增长，而且达到或者甚至超过了 90％的水平。

虽然新兴市场国家通常偏向于实施债务违约，但莱因哈特与罗格夫通过论证表示，发达经济体也存在其特有的违约情况。巧合的是，随着发生银行业危机的国家的增多，也会出现大量的主权债务违约。银行业危机通常都是由税收的大幅下降以及政府开支的急剧上升所引发的。这也是为什么银行业危机的间接成本要比救援银行的成本要高得多。

早在2009年3月，国际货币基金组织就警告各国政府，一旦"信贷的恶性循环"失去控制，全球金融体系就会很快崩溃：

> 全世界范围内的政策活动也许无法解决一些问题，它们发生的概率较低，但一旦发生则会产生很大的影响，这些事件中，有的能实现全球金融的稳定，而有的却只能起到负面作用。当然，国家的决策者应该去"思考那些意想不到的"情况，而且要考虑在紧急情况发生后他们要如何应对。[87]

加拿大央行行长马克·卡尼（Mark Garney）在2011年底讲道，我们的金融体系正处于崩溃的边缘："全球的'明斯基时刻'已经来临。"[88]

以美国经济学家海曼·明斯基（Hyman Minsky）命名的"明斯基时刻"，是指在经历了数十年的繁荣之后，背负过多负债去投资的那些人进行新一轮卖出活动的时刻。这些投资人为了能够减少这些债务，甚至不得不以越来越低的价格卖出好的投资项目。

这种灾难性地卖出政府债券的行为是我们现在面临的主要风险之一。在有些时刻，各国央行最终要购买本国几乎所有的政府债券。投资者的资金便逃离并投入到债券与硬资产上。

正如历史告诉我们的那样（见附录Ⅰ），广大公众开始对本国的货币失去信心。当足够多的人对自己国家的货币失去信心时，严重的通货膨胀就会爆发。一旦人们对货币及其购买力失去信心，想要重新实行法定货币制度就几乎不可能了。

但据吉姆·瑞卡兹（Jim Rickards）表示，严重的通货膨胀可以被政府当局利用。

作为一种政策杠杆，严重的通货膨胀总是会同时产生一些赢家与输家，这是具有相当可预见性的，而且也能促使某些行为的产生，因此它能作为政治手段用于调整债务人、债权人、劳动力与资本之间的社会与经济关系，但我们要在必要时利用黄金储备来收拾残局。

所有这些风险都来源于自 2008 年以来各国央行一直实行的非正统的干预措施。美联储前主席保罗·沃尔克表示，在信贷危机爆发前，这些措施中有些是无法想象的。

THE BIG RESET

第五章
金元战争

我们现有的金融体系的存在依赖于人们对法定货币制度的偏好，而且这种偏好要超过金本位制。如果对黄金的投资削弱了现行的法定货币制度，那么各国央行就有各种理由害怕金本位制的回归。

自信贷危机爆发以来，市场的参与者们就不时地用大量的卖单对稀有金属期货市场进行"狂轰滥炸"。2013年4月，在经历了为期两天的"袭击"之后，黄金价格被强行压低了200美元，而在2011年9月，白银价格在三天的时间内下跌了35%。

对金融部门放宽管制已经导致了一场只能用欺诈手段才能解决的金融危机。民事损害可以得到赔偿，但停止这种欺诈就意味着金融体系的崩溃。那些负责这种体系的人更希望崩溃是由外因导致的，比如因美元价值的原因导致的崩溃，他们可以把责任推到外国人的身上，因为外因可以让他们嫁祸他人，而不是自己去承担错误。

——里根总统经济政策小组助理保罗·克雷格·罗伯茨

（Paul Craig Roberts）（2012 年）

那么为什么黄金成为了难以启齿的"四字经济学"①? 原因有三。其一，对货币作用的误解；其二，对历史的误读；最后则是人们从骨子里排斥一种观点，即比起财政部长、央行行长与博学多才的经济学家们，黄金能更好地完成指导货币政策的工作。

——《福布斯》杂志的迈尔康·福布斯（Malcolm Forbes）（2002 年）

长久以来，很多人都把黄金看做是一种"原始古迹"，使其失去货币功能并退出金融体系，对有些人是具有很大吸引力的。

——美联储前官员阿尔弗雷德·海因斯（Alfred Hayes），在纽约的经济俱乐部上代表国际货币基金组织的发言（1975 年 8 月 31 日）

立法者发现追求"金融压制"的措施是极具诱惑力的，也就是可以"压制"他们不喜欢的市场价格。

——美联储前官员凯文·沃尔奇（Kevin M. Warsh）（2012 年）

---

① 英文单词"gold"是由 4 个英文字母组成的。——译者注

美元作为世界储备货币的日子已屈指可数，这解释了为什么黄金正在强势回归，以及为什么投资风向标已经开始向"硬资产"转移，包括农业用地与早期绘画大师的作品。每年，越来越多的实物黄金从西方国家的金库流向东方国家，这也标志了世界权力中心的变化。

美国希望其美元制度能尽可能长时间地占主导地位。因此，美国有理由希望阻止"弃美元入黄金潮"的出现。银行业者在过去的几年里，试图通过卖出（纸）黄金的方式来控制住黄金的价格。这种金元战争已经持续了近百年了[1]，但随着伦敦黄金总库的形成，黄金在 20 世纪 60 年代引起了各国的密切关注，我会在后面的章节对此进行解释。正如伦敦黄金总库于 1969 年失败那样，目前黄金（与白银）价格的操控方案也无法长久保持。今后的几年里，在纸黄金脱离了实物黄金之后，我们将看到黄金价格会发挥其"全部潜能"。

57. 金元战争的本质

从本质上讲，金元战争就是为了支持美元制度而做出的努力。但这当然不是唯一的原因。

据一些研究发现，黄金价格的水平与广大公众对通货膨胀的预期是高度相关的。央行行长们实行种种措施，就是为了能影响通货膨胀预期。美联储或欧洲央行的任何讲话肯定都会包含这层意思。近期用谷歌对这个主题进行搜索，我们可以找到 2 100 万条结果。[2]这背后的思路能够很容易地被推断出来：当人们猜测通货膨胀率将保持在低水平时，他们就会见机行事，不会过于冲动地购买"硬资产"。萨默斯与巴斯基（Summers and Barsky）在 1988 年的一份研究中肯定地表示，黄金的价格与利率也同样是高度相关的，更低的黄金价格会导致更低的利率。[3]

我们现有的金融体系的存在依赖于人们对法定货币制度的偏好，而且这种偏好要超过金本位制。在美元制度成功取代了金本位制之后，银行业者就尝试采用种种措施来解除黄金的货币功能。为了让投资者们不去购买金银，他们使用的其中一种说辞是，这些金属不会给我们带来直接的收益，如利息与红利。但利息与红利都是由于承担交易对方的违约风险而收获的补偿金——这种风险也就是交易对方无法履行其义务而客观存在的风险。

58. 各国央行害怕回归于金本位制吗？

如果对黄金的投资削弱了现行的法定货币制度，那么各国央行就有各种理由害怕金本位制的回归。我在这里会列举出由荷兰央行发起的针对金元的战争的例子，从其他国家也可以找到同样的例子。

2011年，一家小规模的养老基金——联合玻璃厂养老基金——将荷兰央行告上了法庭。为了不让自己的资产受到信贷危机导致的经济衰退的影响，这家养老基金将其13%的资产投资在实物黄金上，但荷兰央行却命令这家基金卖掉其所持有的黄金。根据呈递到法院的各种文件显示，荷兰央行的观点是这些投资会承担过多的风险。这条陈述尤为特别的地方在于，荷兰央行从来没有反对机构投资者们在其投资组合中持有过多的主权贷款或希腊的政府债券。最终，荷兰央行两次败诉，只能给这家养老基金支付赔偿金。

另一个例子是，持国际证券投资执照的各种投资基金经理，也被禁止成为实物黄金的投资者。这是仅有的例外情况。[4]而且，想要利用特别财政状况的荷兰金融机构几乎可以投资任何金融资产，但实物黄金除外。

打响金元战争的不仅仅是各国的央行，也有商业性的金融机构。自2000年以来，大多数的荷兰银行都停止了向其客户出售实物黄金。这些银行中的大多数也不再向客户提供储存黄金的服务。

2013年，荷兰银行与苏格兰皇家银行都取消了黄金账户（客户可以将黄金账户上的价值兑换成实物黄金）。在给客户的一封信中，荷兰银行解释说，银行改变了贵金属的保管规定，而且银行"不再允许进行实物黄金的交易"，只能交易纸黄金。[5]

而美国的银行仅仅被允许告诫投资者，只有在他们在聘请了黄金分析师的情况下才可以购买黄金。

正如上文所论证的，在今天的金融世界里，我们不难发现各国央行与商业银行煞费苦心地阻止投资者进行实物黄金投资的一些例证。

59. 私人拥有黄金曾被禁止过吗？

1929 年华尔街危机爆发之后，美国经济陷入了严重的萧条中。4 年后，许多美国银行都倒闭了，进而触发了多次银行挤兑事件的发生。金融体系陷于崩溃边缘。

为了扭转这种经济形势，美国总统罗斯福提交了一份经济复苏计划，该计划被称为"罗斯福新政"。这项计划包含了一份《黄金储备法案》，于 1934 年 1 月底由美国国会通过。这项法案赋予联邦政府一些权力，使其能够没收美联储拥有的全部黄金储备，并将这些黄金归入到美国财政部。早在 1913 年，华尔街的银行业者不仅从美国财政部手里接管了印制美元的垄断权，还掌握了整个国家的黄金供应，而这项计划让这些银行业者感到失望。

与此同时，由于黄金的价格从每盎司 20.67 美元上涨到了 35 美元，美元的价值因此贬值了 69%。出于这个原因，划入美国财政部的黄金的价值在一天内上升了近 20 亿美元。美元相对黄金的贬值对国家经济几乎立即产生了影响。由于美元的持续贬值，美国产品在国外的销量上升了。这也导致了工业生产与货币供应的持续增长，而失业率则出现下降。

罗斯福还使用总统权力签发了 6012 号行政命令。这项命令禁止民众拥有黄金、金币或黄金券。任何人因"私藏"黄金被捕将会被处以 1 万美元的罚款（相当于今天的 18 万美元）。几次强行没收黄金的事件都有文献记载。美国民众被允许以 1933 年的黄金价格保留 5 盎司的黄金，以及用黄金制造的稀有硬币。这项法律直到 1974 年才被废止。1937 年 2 月，白银以每盎司

50美分的价格被收为国有，这是鲜为人知的事实。[6]

另一份行政命令强制美国金矿只能将其产出的黄金出售给美国财政部，而且禁止黄金的出口。在欧洲，政府从未下令禁止民众拥有黄金。但大多数国家都已经立法允许政府禁止民众拥有黄金和白银。[7]

60. 金元战争是何时开始的？

美国对黄金市场的初次干预发生在 1925 年，当时，美联储为了影响利率的水平而扭曲了英格兰银行拥有黄金的信息。[8]然而，直到 20 世纪 60 年代，金元战争才真正爆发，那时，美国民众已经失去了对美元价值的信任。柏林墙的建造、古巴导弹危机与越南战争升级，这种种的地缘政治冲突导致了美国军费开支的持续增长，这反过来又致使美国预算赤字的不断增多。其他国家不断担忧其美元储备会贬值，这些国家还在积累黄金，为此美国中情局发布了一份备忘录，列出了"当时的政府所进行的高级别的有关黄金的审议情况"。[9]美国的策略简明扼要：

● 在以下任何情况下，我们（美国）都将失去对世界事务的影响：

美元在外汇市场上出现疲软；

美国持有的黄金出现大批外流。

● 我们有义务向其他国家施压，让这些国家持有美元……外国持有 330 亿美元储备（160 亿美元由外国政府持有），而仅有价值 107 亿美元的黄金握在美联储手中，其中的风险是很明显的。

● 为了克制住这些压力，我们的策略是：

让各国央行承诺，除了央行间进行的黄金买卖之外，不再进行其他的黄金买卖，从而将官方黄金市场与民间黄金市场分离；

让南非将其目前的黄金产量销售到民间黄金市场上，以达到压低民间黄金价格的目的。

美国早在 1961 年就发布了一份名为《美国外汇操作规范：需求与方法》

的备忘录。这份备忘录描述了美国政府为了支撑美元以及让黄金价格保持在
35美元每盎司以内，通过结构性干预的手段对货币与黄金市场进行操控的
详细计划。[10] "管理"黄金市场对美国来说是至关重要的；否则，其他各国
就能将其盈余的美元兑换成黄金，然后将这些黄金在自由黄金市场上以更高
的价格卖出。

61. 如何管理黄金价格?

1961 年，在各国央行行长于国际清算银行举行的会议上，各方一致赞同，8 个参与国将共建一个价值 2.7 亿美元的黄金总库。这个所谓的"伦敦黄金总库"[11]的主要任务就是让其成员国央行从银行金库中卖出国家的黄金储备，从而阻止黄金价格超过 35 美元每盎司。

建立"伦敦黄金总库"的思路是，如果投资者试图以黄金避险，那么伦敦黄金总库将把黄金倾销到市场上，来确保黄金价格不会上涨。比如说，在 1962 年古巴导弹危机期间，10 月 22 日至 10 月 24 日之间就有至少价值 6 000 万美元的黄金被售出。[12]而国际货币基金组织则在有黄金需求时向市场提供更多的黄金。

每个参与国在伦敦黄金总库里存放的黄金如下所列[13]:

美国	价值 1.35 亿美元（120 吨）
德国	价值 3 000 万美元（27 吨）
英格兰	价值 2 500 万美元（22 吨）
意大利	价值 2 500 万美元（22 吨）
法国	价值 2 500 万美元（22 吨）
瑞士	价值 1 000 万美元（9 吨）
荷兰	价值 1 000 万美元（9 吨）
比利时	价值 1 000 万美元（9 吨）
合计	价值 2.7 亿美元

这些参与国同样要承诺，他们将不会从俄罗斯或南非这些国家的公开市

场购买黄金。这些协议没有写在纸上，这样就能够完全保密，这也是国际清算银行的独特方式[14]。

2010 年，维基解密网公布了一些 1968 年的先前保密的美国电报。[15]这些电报信息描述了，为了控制住黄金价格而必须做的那些事情。其目的是为了说服投资者们，对黄金价格的上涨进行投机是毫无意义的。其中一份电报提到了一次为了说服公众，让他们明白各国央行将仍是"黄金的主人"的游说活动。尽管做出了种种努力，伦敦黄金总库还是于 1968 年解散，因为法国不再合作了。伦敦黄金总库因此关闭了两周。在世界上的其他黄金市场上，黄金的价格立即上涨了 25％。

法国甚至脱离了北约指挥部。[16]考虑到苏联在冷战期间对欧洲大陆带来的威胁，法国迈出了惊人的一步。这很清楚地表明，法国与美国的距离越来越远了。

伦敦黄金总库的终结也正是黄金"牛市"的开端。牛市持续了 13 年的时间，黄金价格也上涨了超过 13 倍。

62. 金元战争中国际货币
基金组织发挥的作用

为了应对伦敦黄金总库时期的"黄金短缺"问题，国际货币基金组织创建了一种新形式的国际储备资产，被称为"特别提款权"（SDR，又称纸黄金）。这是凭空创造出来的，其目的是在必要的时候以"特别提款权"取代美元作为世界储备货币的地位。[17] 因为"特别提款权"是凭空创造的，它很快就有了个昵称——"纸黄金"。

自1975年以来，美国政府与国际货币基金组织协作，反复地通过抛售大量的黄金来试图控制黄金市场。以下是国际货币基金组织进行的一些黄金交易，这些交易都是在困难时期在实物黄金市场上完成的[18]（引用的所有交易案例都来自于国际货币基金组织的官方网站）。

1970—1971年

为了支撑美元："国际货币基金组织向成员国售出黄金，售出的数量相当于这个时期在南非购买的黄金数量。"

1966—1972年

为了拯救美元："为了产生收入来填补赤字，国际货币基金组织所持有的一些黄金被出售给了美国，其收益投资到了美国的政府债券上。"

1976—1980年

为了抑制黄金价格的急剧上涨："在成员国达成协议来降低黄金在国际货币体系中的作用之后，国际货币基金组织便售出了当时所持有的黄金的三分之一，也就是5 000万盎司。"

1999—2000 年

为了满足 2000 年的大需求量："1999 年 12 月，行政委员会授权进行了多达 1 400 万盎司的黄金场外交易。"

2009 年

为了满足雷曼兄弟的巨大需求，以及当黄金价格突破 1 000 美元大关时："2009 年 9 月 18 日，行政委员会批准了 400 吨黄金的出售，这个数量达到了国际货币基金组织当时的黄金总储备的八分之一。"[19]

国际货币基金组织的通讯部门在 1999 年是这样宣传其黄金销售行为的："为了给国际货币基金组织参与的重债穷国（HIPC）计划提供资金"。

当国际货币基金组织于 2012 年再次售出 200 吨黄金时[20]，新闻稿上的说辞是，至少 90％的利润将捐献给减贫与增长信托（PRGT）。[21]

63. 国际货币基金组织是如何
积累其黄金储备的?

国际货币基金组织所持有的大部分黄金都是从成员国那里得来的，而这些成员国需要以实物金块向国际货币基金组织支付各自融资配额的 25%。这是因为黄金在国际货币体系中发挥着最重要的作用，直到 1971 年布雷顿森林体系的瓦解。7 年后，国际货币基金组织解除了黄金在第二次世界大战后建立的汇率制度中扮演的角色，从根本上改变了黄金在国际货币体系中的作用，而且还取消了国际货币基金组织与其成员国之间的交易必须使用黄金的规定。

多年来，黄金分析师们一直在思考，一个国家的黄金储备与国际货币基金组织的黄金储备是否存在一种形式的重复。为了对此做出回应，国际货币基金组织在 2009 年表示："成员国自己的黄金储备不包括国际货币基金组织的黄金储备，因为后者是属于国际货币基金组织的资产。成员国在其国际储备中包括它们在国际货币基金组织的储备量。"[22] 这就意味着，国际货币基金组织的黄金储备价值可以体现在它自己与其成员国的资产负债表上。

一位研究这个领域的分析师在其博客上发表了自己的各种研究[23]：

1958—1959 年间，国际货币基金组织所持有的黄金储备自 1945 年以来第一次出现了大幅的增长。国际货币基金组织的黄金持有量增长了 797 吨。与此同时，中央银行的黄金持有量（这本该是这些黄金的源头）仅下降了 48 吨……国际货币基金组织拥有黄金，但不随意外借，由于这些黄金是为其成员国所储备的，因此成员国自己可以借出去（而且将其列入本国的黄金储备中）。

另一份 2006 年的文件也可以被用来证明黄金储备存在重复记录的情况。[24]

储备资产技术专家组（RESTEG）[25]一致赞同，对于通过黄金互换/借贷而获得的黄金的直接销售而产生的配置与非配置黄金，都可能导致黄金储备重复记录的问题。有些人建议，我们需要找到办法解决重复记录的问题，尽管有些人也表示重复记录不是一个新问题。[26]

一家专门从事央行业务新闻报道的网站 Centralbanking.com，以《国际货币基金组织承认重复记录黄金储备量》为题发布了关于这个方面的一篇报道。[27]

64. 美国的黄金储备量重复
记录问题有更多例子吗？

    在美国，国家的黄金储备能够体现在两张不同的资产负债表上。[28]当华尔街的银行业者在 1913 年成立美联储时，他们不仅从政府的手里接管了印制美元的垄断权，而且还"没收"了国家所持有的黄金储备，这些储备最终登记在美联储的资产负债表上。美国总统罗斯福在 1933 年将黄金国有化，并将美联储的黄金储备交回给了美国财政部。然而，美国财政部向各个美联储银行签发过黄金券[29]，因此这些黄金仍出现在美联储的资产负债表上。[30]

    共和党前议员荣·保罗曾在 2011 年对这些签发给美联储银行的黄金券是否让这些银行有权向美国财政部要求兑换黄金做过调查。美联储的法律总顾问斯科特·阿尔瓦雷斯（Scott Alvarez）在接受美国国会的召见时，仅仅表示，这些"黄金券"属于财务文件，也是银行的资产负债表的一部分。[31]

    在纸黄金与黄金价格追踪器的世界里，我们可以发现更多的例证。交易型开放式指数基金已经成为了金银市场里至关重要的参与者了。交易型开放式指数基金尽可能精确地追踪基础指数或价值。这些基金很受欢迎，因为这些基金都可以像股票那样被交易，而且成本要低得多。自 1993 年以来，有700 多家的交易型开放式指数基金投入使用，这些基金追踪着所有类型的指数与商品。[32]

    黄金交易基金应该完全由实物金块来担保，正如这些基金在招股书上所陈述的那样。因此，在得到实物黄金担保的情况下，黄金交易基金能追踪黄金价格的走势。然而，许多人的心里都存在着疑问，也就是这些交易基金是否都持有实物黄金。以下是 2011 年《福布斯》杂志对这个问题进行的报道：

> 怀疑论者们就基金对实物黄金的管理提出了疑问。他们的问题是，这些基金实际上究竟持有多少实物黄金？作为托管人的汇丰银行在这个问题上就表现得颇为神秘。今年早些时候，美国全国广播公司的下属公司 CNBC 财经频道的鲍勃·皮萨尼（Bob Pisani）被允许亲自去参观这家银行的金库。他交出了自己的手机，坐进一辆窗户被涂黑的面包车，然后到了一个隐蔽的地点。刚进了金库，皮萨尼就举起一个金块，并解释说这些黄金都已被编号并登记。零对冲基金注意到，皮萨尼举着的那块金块却从现有的金块清单中不见了，这引发了更多的猜测与怀疑。

另一位分析师发现，皮萨尼举着的这块"独特"的金块的序列号却出现在了另一家黄金交易基金的清单上。

65. 美国在诺克斯堡的黄金储备被审查的频率是多少？

1933 年，在总统罗斯福迫使美国人将所拥有的黄金出售给美国财政部之后，美国就需要更大的空间来储存黄金。为了达到这个目标，一个新的金库在肯塔基州的诺克斯堡建成了。诺克斯堡的金库现在能够装得下 4 500 公吨的金块，这大约是全世界所有炼制好的黄金量的 3%。这是美国的第二大金库。第一大金库位于曼哈顿，即纽约的美联储银行的地下金库，现储存着 7 000 公吨的黄金，其中一些是受托为其他国家储存的。

1974—1986 年间，美国政府对诺克斯堡的黄金储备实施了一些随机审查[33]，但有关美国黄金储备的疑虑仍日益增长。国会前议员荣·保罗（他也是 2012 年共和党的总统候选人以及美国众议院金融服务委员会国内货币政策小组委员会的主席）多年来一直在质问美国财政部关于黄金储备的问题。他甚至在 2011 年呼吁要对美国的黄金储备进行审查，但他的要求被否决了。[34]美国财政部确实在 2010 年发布了对财政部储存于纽约美联储的黄金的审查结果，但美国在诺克斯堡的黄金储备却从未被审查过。[35]

1981 年，一些媒体开始关注丢失的诺克斯堡黄金。英国《星期日快报》发表了一篇题为《美国调查诺克斯堡盗窃案》的文章；文章所关注的是美国承认在 1961—1971 年间丢失了大约 1.651 亿盎司的黄金。报纸引用了彼得·贝特（Peter Beter）的观点（贝特博士是前总统约翰·肯尼迪的金融顾问）他相信盗窃事件发生在 20 世纪 60 年代，当时美国将 2.33 亿盎司的黄金从诺克斯堡转移到了纽约的美联储银行与伦敦的英格兰银行。据这篇文章表示，2 310 万盎司的黄金在美联储银行入账，而 4 520 万盎司的黄金安全地到达了英格兰。剩余的 1.651 亿盎司的黄金却不知去向，而贝特博士表示，由于财政部官员的"搪塞"，究竟发生了什么也不得而知了。

至少可以说，美国财政部黄金市场活动的副主席杰瑞·尼森逊（Jerry Nisenson）给出的官方回应让人觉得奇怪："我们对贝特博士与其支持者的主张进行了调查，而我们认为黄金没有被盗窃。这不是包庇。他们误读了我们的资产负债表。那些黄金被炼制成了质量更好的黄金，而那些丢失的盎司只是从烟筒里被排走了。"《货币》杂志在 1980 年 1 月的一篇文章中表示，纽约的检验办公室可能有问题，而所有的那些黄金也正是由它来运送的。

在发现了一些镀金的钨块[36]之后，谣言也传播得越来越猛烈，说是金块被改成了"次品金块"。

由于美国政府拒绝对诺克斯堡实行审查，甚至在一位议员多次提出要求之后也是如此，这类谣言就势必会持续传播下去。[37]

66. 游戏计划在 1980 年之后改变了吗?

罗伯特·奥尔巴赫（Robert D. Auerbach）在他的《美联储内的欺诈与权力滥用》（*Deception and Abuse at the Fed*）一书中解释了美联储是如何在货币政策上误导美国国会的。虽然美联储要依照法律记录联邦公开市场委员会的会议，但多年来，美联储一直声称不存在任何会议记录。而最终的事实真相是，美联储主席艾伦·格林斯潘下令毁掉了所有的会议录音与会议纪要。只有自 20 世纪 70 年代末以来的一些会议记录保存完好。

从 1978 年 3 月的一次会议记录中，我们可以了解到，对黄金价格的操控曾是会议讨论的重要问题。[38]

会议期间，当时的美联储主席米勒（Miller）指出，要想让黄金价格下跌，我们甚至没必要去售出黄金。根据他的观点，只需发布声明说美联储计划售出黄金，这样就足够了。

这种形式的"预期管理"从此便成为了规则，而不是例外了。周而复始，不断有媒体报道美联储或国际货币基金组织正考虑要售出黄金，随即，我们就能看到黄金价格下跌了。

甚至在 20 世纪 80 年代人们对美元的信心得到恢复之后，美联储还是明白，金元战争还是要继续下去。1993 年 3 月，美联储委员会讨论了黄金价格是如何对通货膨胀预期造成影响的。当人们怀疑法定货币的价值时，他们会倾向于持有黄金寻求避险，这样就推动了黄金价格的上涨。这种情况在雷曼兄弟倒闭后就曾发生过。美联储主席艾伦·格林斯潘建议，美国财政部可以将美国黄金储备的一部分售出。会议记录如下：

委员会成员安格尔（Angel）："黄金的价格在很大程度上取决于那些怀疑法定货币制度的人们为了逃避任何货币而持有黄金的做法，他们想用黄金来保障资金的安全……"

格林斯潘："我有另一个问题想在这里探讨一下。对此我有些犹豫，但让我给你们说说这里面所涉及的一些其他问题。如果我们是在处理心理学上的问题，那么温度计就是一个效果很好的工具。我在与董事穆林斯（Mullins）谈话时提出了一个问题，即如果财政部在这个市场上售出少量的黄金，将会发生什么事情。这里有一个有趣的问题，因为如果黄金价格在那种情况下暴涨的话，那么刚刚提到的温度计就不再仅仅是一个测量工具。它基本上会对我们所谈的心理学造成影响。"

格林斯潘解释说，黄金价格的下跌将导致通货膨胀预期的下降。他想改变黄金价格波动的这种局面，这样黄金价格就不再是通货膨胀的警钟了。

因为依照法律，美国财政部禁止售出黄金储备，因此美联储在 1995 年决定仔细研究一下，是否可以建立一个特别的职能机构，这样所谓的"黄金互换"就能通过这个机构从西方国家央行的储备中调用黄金。

在这个职能机构中，黄金可以与美联储的资产进行"互换"，接着就可以由华尔街的银行进行出售，来达到打压黄金价格的目的。由于存在"互换协议"，因此黄金只能被借出，这是官方的说法，而西方国家央行可以将这些黄金以"待收回黄金"的形式保留在其资产负债表上。

这是一项绝好的计划。于是，美联储开始通知各国央行，表示美联储期待黄金价格能够进一步地下跌，而在这之后，各国央行的大量黄金会出现在公开市场上供投资者们购买。从逻辑上来讲，这个计划操作起来很容易，这是因为美联储的金库所储备的其他国家的黄金是很多的。自 20 世纪 30 年代起，许多西方国家因害怕德国或苏联的侵略而选择将黄金安全地储存在美国。

　　许多欧洲银行也准备好提供黄金来帮助美联储。在 1998 年美国国会的一次听证会上,格林斯潘讲道:"一旦黄金价格上涨,各国央行已经准备好向美国提供足够的黄金。"[39]

　　20 世纪 90 年代末,大量的黄金就是通过这种方式被售出的。每年有 1 000 吨左右的实物黄金被倾销。由于全世界的黄金年产量仅仅刚好超过 2 000 吨,因此黄金价格出现了持续下跌,直到 1999 年达到 20 年内的最低位,也就是 250 美元每盎司。

　　许多国家央行的年度报告都表明了这些黄金互换的结果。由荷兰央行发布的报告中出现了标明着"黄金与待收回黄金"的项目,而在 20 世纪 80 年代,仅存在标明"黄金"的项目。

　　各国央行的黄金储备量情况参见图 5—1。

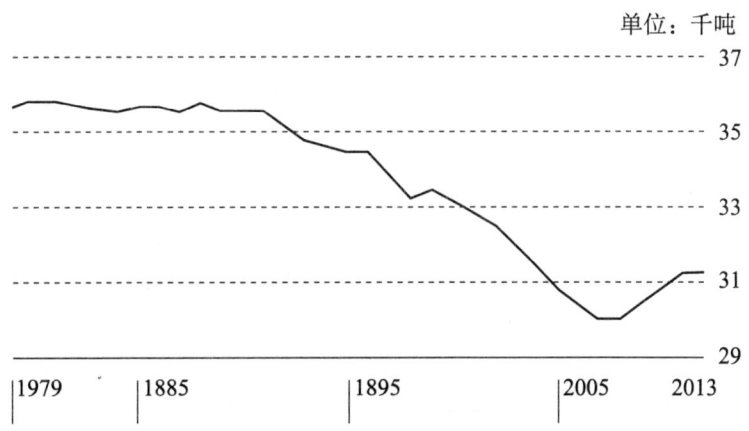

图 5—1　各国央行的黄金储备量

资料来源:卡塞研究所(Casey Research)。

67. 英国政府在 1999 年通过
倾销黄金来提供援助了吗?

1999—2002 年间，当黄金价格处于 20 年内的最低位时，英国开始大量抛售所持有的黄金储备。在抛售之前，英国财政大臣戈登·布朗（Gordon Brown）宣布，为了实现英国储备资产的多样化，超过一半的黄金储备将在一系列的拍卖会上被售出。

市场对此大为惊讶，因为到那时为止，政府抛售其黄金储备是不会给投资者们发出预警的。布朗的行为是在遵从美联储的策略，也就是，政府大肆宣扬可能出售黄金，来诱发黄金价格的下跌。因此，布朗根本就没打算将英国所持有的储备黄金卖出最好的价格，而是尽可能地去打压黄金的价格。就在 1999 年 7 月 6 日第一次拍卖进行之前，抛售黄金的预先通知导致黄金的价格下跌了 10%。随着黄金市场走出低谷，英国在 3 年里的 17 次拍卖会上几乎售出了 400 吨黄金。

对于英国为帮助美国而抛售黄金的真正原因也存在着多种猜测。正如我在之前解释的，更低的黄金价格让美元作为世界储备货币的地位更加稳固。由于 1999 年《华盛顿黄金协议》的签订，1999 年时市场对实物黄金的需求也相对较高。这项协议是在几个（非洲）黄金产出国对 20 世纪 90 年代持续的黄金抛售进行抗议之后签订的。在这项五年协议中（1999—2004 年），欧洲国家的央行同意将每年黄金的售出量限制在 400 吨。

这个消息的宣布引发了黄金价格的大幅上涨，黄金价格在两周内从 260 美元每盎司上涨到 330 美元每盎司。黄金的高需求的另一个原因则是人们害怕有关千年虫的问题[40]，也就是平稳过渡到 2000 年的问题。为了满足 2000 年过渡有关的需求，国际货币基金组织[41]同样在 1999 年 12 月售出了 1 400 万盎司的黄金（先前提到过）。

戈登·布朗对英国黄金储备的抛售可能是在美国发出请求之后才开始实行的。[42] 1999 年，当黄金价格出现了猛烈的上涨，而缺乏黄金的一些美国银行却陷入困境。当时的情况很糟糕，银行倒闭看似不可避免。根据英国《电报》在 2012 年的报道：

> 据了解，一家享有国际知名度的美国银行短缺两吨黄金，如果客户要求以现行市场价赎回黄金就会让这家银行陷入严重的清偿危机。据说，并不非常缺乏黄金的高盛集团派出了当时的商品部主管加文·戴维斯拜访了美国财政部，对这种情况进行了解释。加文·戴维斯之后成为了英国广播公司的主席，并且娶了布朗政府办公室主任苏·尼娅（Sue Nye）。[43]

据英国《电报》报道，英国财政大臣当时决定通过抛售英国的黄金来对这些银行实施援助。这强烈地打压了黄金价格，也允许那些银行在获利的情况下买回那些黄金，以履行其借贷义务。

据零对冲基金表示[44]，英格兰银行行长艾迪·乔治（Eddie George）于 1999 年 9 月在一次私下谈话中给几个人讲述了下面的故事：

> 我们如临深渊，必须密切关注黄金价格是否还会进一步上涨。进一步的上涨将直接摧毁一家或多家交易所，这样也就可能进而使催款压力进一步传递给所有剩余的交易所。我们必须不惜一切代价阻止黄金价格的上涨。要控制黄金价格非常困难，但我们现在成功了。美联储在打击黄金价格上非常积极。英国也是如此。

68. 关于系统化压制黄金价格的更多证据

澳大利亚央行于 2003 年肯定地表示，其黄金储备主要是用于控制黄金价格的。在 2003 年的年度报告中，澳大利亚储备银行（亦即澳大利亚央行）表示："外汇储备资产与储备黄金主要用于为澳大利亚干涉外汇市场提供支持。"[45]

国际清算银行的高级官员威廉姆·怀特（William R. White），在 2005 年的一次会议中肯定了这种想法。以他的观点来看，各国央行有五项重要工作要完成，其中之一便是对黄金价格与其他国家的货币造成影响。他将这项工作描述为"在能发挥作用的情况下提供资金，以及共同地对资产价格（特别是黄金与外汇价格）造成影响"。[46]

各国央行甚至会利用至少一家黄金矿产公司来帮助本国的央行控制黄金价格。2003 年，黄金经销商布兰切特（Blanchard）将黄金生产商巴里克黄金公司（Barrick Gold Corporation）与美国摩根大通告上了法庭，这样一来，上述的事实也就非常清楚了。巴里克黄金公司承认，公司在美联储的要求下通过"互换协议"的方式向西方国家的央行借出过黄金，使其可以在美国市场上售出这些黄金。[47]非常巧合的是，发生这些惊人交易的那段时期，前总统老布什正在担任巴里克黄金公司的顾问。[48]

在为自己辩护时，巴里克黄金公司声称，它的所作所为都是在执行美联储下达的命令，而其公司则是为各国央行服务的代理。

69. 近期操控黄金价格所采用的种种方式

从喧闹的露天交易（交易者们站在交易席上，大声叫喊着下订单）过渡到电子交易，华尔街（与美联储）获得了控制金融市场的新机会。华尔街的资深律师吉姆·瑞卡兹于 2006 年发表了一篇论文，他在文中解释了"金融衍生品是如何被用于操控发挥着根本作用的实物商品市场的，如原油、铜与黄金市场"。[49]他在自己的畅销书《货币战争》中解释了，《商品期货现代化法案（2000 年）》(Commodity Futures Modernization Act) 中对金融衍生品管制的禁令，是如何"让隐藏在主要银行的资产负债表中的这些可交易资产在规模与种类上都得到快速地增长的，让它们几乎不可能被监控"。

这些变化让我们很容易就能操控金融市场，尤其是因为金属价格（如黄金与白银）是通过在国际市场上的期货合同的交易来设定的。因为 99% 的这些交易都是由投机商进行的，而这些投机商的目的不是实物交易，而是追求账面利润，所以我们就可以通过售出大量以黄金、白银或其他商品（账面的价值）为标的的期货合同来对市场进行操控。

尤其是自信贷危机爆发以来，市场的参与者们就不时地用大量的卖单对稀有金属期货市场进行"狂轰滥炸"。2013 年 4 月，在经历了为期两天的"袭击"之后[50]，黄金价格被强行压低了 200 美元，而在 2011 年 9 月，白银价格在三天的时间内下跌了 35%。

另外一个例子则是 2011 年 5 月 1 日白银价格的下降。在前一个周五，白银的价格达到了一个记录高度，刚好超过 50 美元每盎司。从专业角度来讲，双高已经形成（1980 年，白银价格同样达到了 50 美元每盎司）。

这让白银无法抵御专业交易员的攻击。电子金银市场的期货交易在午夜开盘之后，攻击很快就开始了。日本与英国的金融市场由于节假日的原因休市。正常情况下缺乏能量的市场因此显得更加薄弱。好像是"无中生有"似的，市场上很快就积聚了大量的（电子）卖单。

在分析2002—2012年间所有单日黄金价格波动的研究中，德国分析师迪米特里·斯贝克（Dimitri Speck）发现，在纽约交易时间内，黄金的平均价格都出现了持续的大幅下跌（见图5—2）。[51]

2011年，德意志银行针对如何从"黄金价格受压制"中获利向其高端客户发送了建议。这也反映了，内幕人士非常清楚这些滥用权力的行为，甚至还会想方设法地从中获利。

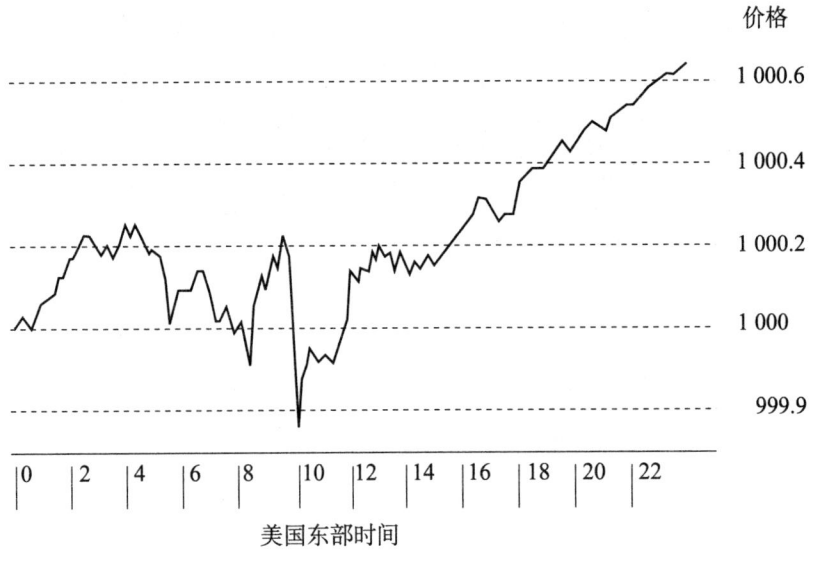

图5—2　黄金单日平均价

资料来源：迪米特里·斯贝克。

70. 操控稀有金属市场的更多证据

2009 年底，在美国商品期货交易委员会的一次听证会上，专业白银交易员安德鲁·马奎尔（Andrew Maguire）详述了他如何亲眼目睹了事先安排好的对白银价格的打击。安德鲁告诉委员会，他曾偷听到那些交易员是如何吹嘘自己通过操控金银市场赚了多少钱的事情。在给美国商品期货交易委员会委员奇尔顿（Chilton）与拉米雷斯（Ramirez）的一封邮件中，马奎尔解释了华尔街的交易员们是如何操控稀有金属市场的，特别是在临近期权到期以及重要经济新闻宣布的日子。

发自：安德鲁·马奎尔

发送时间：2010 年 1 月 26 日，周二，下午时间 12：51

发送给：伊吕德·拉米雷斯（美国商品期货交易委员会）

抄送给：巴特·奇尔顿（美国商品期货交易委员会）

主题：今日白银

拉米雷斯先生，

我想你可能有兴趣仔细地注意一下今天的白银交易市场。今天就是一个很好的例子，可以证明当一个卖方在一个规模非常小的白银市场拥有如此集中的持仓量，他就能随心所欲地带动市场的卖出行为。这些交易已经形成一种固定模式，就像事前排练好的那样，每当期权到期、合同展期交割与非农就业数据公布[52]（不论新闻是好还是坏）时，100％都会发生卖出行为。而且即便在银价的日常整理期间，也会发生同样的情况。

美国商品期货交易委员会委员一天后的回复如下：

发自：伊吕德・拉米雷斯（美国商品期货交易委员会）

发送给：安德鲁・马奎尔

发送日期：2010 年 1 月 27 日，周四，下午时间 4：04

主题：回复：今日白银

马奎尔先生，

谢谢你告知我们这个消息，也谢谢你花时间准备幻灯片。

2010 年 1 月，马奎尔甚至警告美国商品期货交易委员会又一次打击即
将来临，他详细描述了非农就业数据一旦被公布，金银价格将如何受到打
压。而这种打击的发生完全与马奎尔预测的一致：

发自：安德鲁・马奎尔

发送时间：2010 年 2 月 3 日，周三，下午时间 3：18

发送给：伊吕德・拉米雷斯（美国商品期货交易委员会）

抄送给：巴特・奇尔顿（美国商品期货交易委员会）

我觉得如果我让你了解到本周五（2 月 5 日）即将发生操控事件，那
么这对你的调查是有帮助的。非农就业数据将在东部时间 8：30 公
布。届时会发生两种情况，两种情况都会导致银价（与金价）受到打
压，交易员将采用一波的卖出行为来让银价跌破明显的支撑点并进一步
走低。虽然我无疑能够从这次即将到来的交易中获利，但这个例子能很
好地证明，如果允许一小群交易商拥有如此之高的持仓量的话，那么他
们就能很容易地操控市场。

我意识到规模大的实物买家都在等待这个事件的发生，来尽可能多
地捞上一把这种"打折"的金银。这些都是比较老到的机构，主要来自

国外，他们知道如何卖空，并将纸黄金转化成实物黄金。

在攻击事件发生之后，马奎尔写了另一份电子邮件：

发自：安德鲁·马奎尔

发送时间：2010 年 2 月 5 日，周五，下午时间 3：37

发送给：伊吕德·拉米雷斯（美国商品期货交易委员会）

抄送给：巴特·奇尔顿（美国商品期货交易委员会）

主题：转发：今日白银

这是我写的最后一封邮件，来确认银价操控事件取得了巨大的成功，而且完全是按昨天的预计方式来执行的。如果白银市场不是完全掌控在我们电话里提到的那些人手里，这一切怎么可能会发生？

71. 对稀有金属市场的操控行为的调查

27 年前，白银分析师泰德·巴特勒（Ted Butler）一直要求美国商品期货交易委员会审查白银市场中可能存在的操控行为。[53]据巴特勒表示，商品期货交易委员会"曾对白银在过去的 9 年里是否存在操控行为，进行了三次正式的审查"。在前两次审查中，商品期货交易委员会得出结论表示，白银市场不存在任何的操控行为。直到 2008 年，商品期货交易委员会多次否认白银市场存在操控行为。[54]

对此，全世界的白银投资者们不断提出申诉，而且几次正式提交了诉状，这导致了对白银市场的第三次调查。2008 年 9 月，商品期货交易委员会确认，其执法部一直在处理"对白银市场存在的不良行为的申诉"。[55,56]调查进行了 5 年多的时间。尽管巴特勒直接参与发起所有的三次审查，但他从未从商品期货交易委员会得到任何有关审查的消息，也从未被接见过。

商品期货交易委员会委员巴特·奇尔顿在多个场合讲道，他相信有人采用"欺诈的手段"来"阴谋控制"白银价格。[57]他同样在一些公开发言上谈到一些交易者持有纽约商品交易所白银的大量仓位。这些发言导致了对持有大量白银的摩根大通发起了一次集体民事诉讼。[58]

2012 年底，一位纽约法官驳回了这项诉讼。

2013 年 3 月，媒体报道说，商品期货交易委员会就世界上最大的黄金市场是否存在操控行为实行了又一次调查。[59]很明显，商品期货交易委员会的审查现在已经涉及了黄金市场。

但对白银市场存在欺诈行为的申诉进行了 5 年调查之后，商品期货交易委员会于 2013 年得出结论，针对白银市场存在操控行为的控诉不具有任何依据。

2010 年 9 月，零对冲基金报道说，商品期货交易委员会的两位行政律师中的一位撰写并发布了《通知与命令》一文，文中讲道：

> 商品期货交易委员会中有两位行政律师："受人尊敬"的布鲁斯·莱文（Bruce Levine）和我本人。大约在 20 年前，在莱文法官上任后的第一周，他来到我的办公室对我讲道，他对委员会当时的女主席温蒂·格莱姆（Wendy Gramm）承诺，我们的裁决将永远不会有利于申诉人。对其裁决的审查能确定他已经实现了自己的承诺。假惺惺地执行法令的莱文法官，强迫申诉人亲自提出控诉，让他们遭受强烈的诉讼抨击，直到申诉人对官司失去信心，而且他不管案件对谁有利，其做法要么是驳回申诉人的控诉，或者收取小笔费用就做出裁决。

当花旗银行、瑞银集团、摩根大通、汇丰银行与苏格兰皇家银行因操纵汇率总共被罚款 43 亿美元[60]时，对金价的操控仍被欧洲的监管者研究着。不过在一个案例中，瑞银集团的一位贵金属交易员在瑞士已经因不良行为被指控。[61]

72. 监管者现在想要让华尔街
停止商品交易吗?

美联储于 2013 年夏宣布:"美联储可能会重新审议其十年政策,该项政策允许投资银行实行多渠道发展,并拥有某些不相关的业务,比如说参与实物商品市场。"[62]商品期货交易委员会的委员巴特·奇尔顿在同一个星期讲道:"我不希望银行拥有仓库,不论它们在里面储存铝、金、银还是其他商品。"这些陈述表明,美联储与商品期货交易委员会已经开始对活跃于商品交易市场的华尔街银行实施联合行动了。

大约在同一个时间,CNBC 财经频道向公众披露了一封由商品期货交易委员会写给美联储的信。[63]商品期货交易委员会在信中"催促美联储坚定地起草最后的《沃尔克规则》(Volcker Rule),来保证银行在商品期货市场上无法再进行投机行为"。而彭博新闻社也在同一天报道,商品期货交易委员会甚至也给各大银行发去了信件,要求这些银行"不要毁掉与在交易所注册的仓库有关的文件,如伦敦金属交易所(LME)或芝加哥商品交易所(CME)"。我们收集到的证据越来越多,因此,监管者将在这个领域开始实施一次行动。

同年,摩根大通宣布[64],将公司在第一摩根曼哈顿广场的办公大楼出售给中国最大的工业集团,这让人颇为惊诧。[65]对于稀有金属观察家而言,这个大楼是以其巨大的稀有金属库而闻名的。仓库位于自由大街 33 号地下 80 英尺的地方。这里过去的黄金储存量达到了世界黄金总量的 20%。很奇怪的是,有报道指出摩根大通将几乎所有的黄金都从摩根曼哈顿广场的仓库提走了，而在这之后不久，办公大楼便被成功售出了。[66]

零对冲基金之前发现，摩根大通的金库的位置就在美联储金库的对面：

> ……我们发现，世界上最大的、私有的、商业化的金库（这个金库曾经属于大通曼哈顿，现在属于摩根大通）坐落于纽约美联储金库的正对面，也在同一个地下位置，正好在曼哈顿的基岩之上。而根据民间的说法，纽约美联储金库是世界上藏有主权黄金与公共黄金最多的官方地点。

但最让人震惊的是，"大通广场与（美联储）大楼是通过隧道相连的"。[67]

摩根出售其大通曼哈顿广场的新闻[68]迟迟没有公布，直到数周后摩根银行宣布，这是它"在为自己的实物商品业务进行战略变动，包括其商品资产的持有数"，而且"它计划摆脱实物商品（从金属商品到原油商品的类似商品）的持有与交易的商业模式"。这两种发展方向似乎是相关联的。中国公司可以购买位于曼哈顿金融区中心美联储金库对面的最大的私有金库，也表明了中国与美国可能就储存中国的黄金达成了一定的协议。

73. 为什么这种多重操控行为
之前没有被报道过?

所有这些在过去都被报道过[69]，但主流金融媒体到目前为止却不重视这些新闻。自2004年以来，大量关于黄金或白银市场的操控行为的研究也都已经被出版过。

（1）著名的加拿大投资者埃里克·斯普洛特（Eric Sprott）发布了一份综合研究，题为《不自由，不公平——金价的长期操控行为》[70]，他在文中探讨了金价的操控行为。

（2）2006年，法国农业信贷银行子公司盛富证券，发布了一份与金价"管理"相关联的报告[71]，题为《黄金的再货币化：开始囤积》。文章作者得出结论表示，通过借出黄金的方式，西方国家原先持有的3万吨黄金储备，如今仅剩下不到一半。

（3）一年后，花旗集团分析师约翰·希尔（John H. Hill）与格雷厄姆·沃尔克（Graham Wark）发布了他们的报告，题为《黄金：驾驭通货膨胀的援救计划》。他们在文中解释道，黄金"今年无疑因央行越来越强劲的卖出行为而面临着逆风，而央行的行为清楚地表明它们计划为黄金价格设置上限"。据花旗银行表示，这些卖出行为很明显是为了阻止黄金价格的进一步上涨。[72]

这些研究同样也公开了2007年针对摩根士丹利的集体诉讼[73]，控告摩根银行收取稀有金属的储存费，但其客户认为，华尔街银行没有购买、也没有储存这些稀有金属。

第六章
大洗牌

2013 年，中国政府公开表示，世界摆脱美国化的时候已经来临了。它呼吁，"要创建新的国际储备货币来替代占主导地位的美元"。中国政府已经就如何实现大洗牌研究了一段时间了。

但考虑到这个问题的敏感性，公开场合下不能说出任何这方面的事情。任何关于"B计划"的官方言论将立即导致金融市场（A计划）的崩溃。这也是为什么投资者不得不观察各国央行采取的行动，而不是随便听信它们所说的话，并且要对央行采取的行动提前做好充分的准备。

各种新规则不仅应该在发达经济体内部得到讨论，而且还应与所有的新兴经济体进行讨论，包括中国。

——欧洲中央银行前行长让-克洛德·特里谢（Jean-Claude Trichet）

华盛顿当局的政治家们没有做出任何实质性的事情，他们仅仅是在拖延全世界的国家对美国金融体系的最终绝望的到来。

——新华社

随着美元作为国际储备货币的地位摇摇欲坠，一种新的全球货币格局即将出现。

——中国工商银行贵金属业务部总经理周明

这个世界正一步步地进入到一种真实的金本位制，G20 国家领导人没有进行任何的面谈来宣布这种想法或对此寄予厚望。

——英国《卫报》国际商业部编辑安布罗斯·伊凡斯-普利查德
（Ambrose Evans-Pritchard）

我相信，从根本上来讲，现有体系已经支离破碎，亟须得到重塑，只是我们未能很好地意识到这一点。因此，我们需要创造一种新的体系，而现在正是时候。

——对冲基金经理乔治·索罗斯

　　世界经济与其货币体系能够被比作是超级坦克。所有的行进路线变化都需要预先进行完好的计划。如果说历史教给了我们一些知识的话，那么就是一种货币在经历长时期的过渡后会失去其世界货币的地位。"终结战"通常会延续十年之久。英镑最初于1914年第一次世界大战爆发时暂行金本位制[1]，但直到1944年，美元才停止了金本位制的实施（在上一次的大洗牌中）。

　　尽管美国懂得，美元将在未来某一天失去其世界储备货币的地位，但美国人仍竭力地尽可能长时间地保持其货币的优越性。实际上，早在1971年，美国人就已经非常清楚，以美元为世界货币的制度的终结战已经打响了。[2] 40多年来，美国使用其权力、创造力与灵活性拉拢其货币盟友。美国政府使用了种种手段来支持美元，削弱黄金的作用。

　　但由于美联储开始让大多数新发行的债务（量化宽松政策的一部分）实现货币化，因此无回报的时期已经过去了。甚至可能在2020年之前，全球金融体系将会找到一种全新的模式。我们仅有两种选择：要么是预先计划好的洗牌，要么是货币危机过后实施的洗牌。我们期待美国在又一场真正的信贷危机再次爆发前就采用新的方案。

74. 我们为什么要期盼全球 金融体系出现大洗牌?

我们的金融体系几乎可以用任何方式去改变，但前提是世界上主要的贸易伙伴同意这些改变。大洗牌主要有两种类型：其一，那些预先安排好的，如几乎影响全世界的1944年的布雷顿森林洗牌；其二则是为了促进货币发展所需要的小规模洗牌。1923年在德国魏玛共和国爆发严重通货膨胀之后采用的以黄金担保的德国马克，1971年美国关闭黄金窗口，以及2013年在拯救塞浦路斯银行体系的过程中对存款人资金的窃取，都是后一种洗牌的例子。

这里我们要谈谈全球金融体系中的两大主要问题：(1)终结美元作为世界储备货币的地位；(2)债务与各国央行的资产负债表的几乎不可控制的扩张。在面对所有这些问题的情况下，各国央行在2007年信贷危机爆发之前才开始争取时间。据内幕人士预测，在2020年到来之前，各国还需要采取更多的激进措施。

2013年，中国政府公开表示，世界摆脱美国化的时候已经来临了。它呼吁，"要创建新的国际储备货币来替代占主导地位的美元"。[3]中国政府已经就如何实现大洗牌研究了一段时间了。[4]

但考虑到这个问题的敏感性，公开场合下不能说出任何这方面的事情。任何关于"B计划"的官方言论将立即导致金融市场（A计划）的崩溃。这也是为什么投资者不得不观察各国央行采取的行动，而不是随便听信它们所说的话，并且要对央行采取的行动提前做好充分的准备。

许多主要的货币改革，如塞浦路斯的货币改革，都是在金融市场关闭的周末执行的。在许多情况下，也没有事先的警告。只有内幕人士与他们的"精明的投资人"朋友（如对冲基金经理）能提前做好充分准备。

但可以肯定的是，几乎在所有的货币危机与洗牌中，（实物）黄金（白银）的持有者在资金上都没有受到损害。这是因为"黄金不会成为任何人的债务"。中国在 2010 年停止了对美国国债的购买，而从此之后就一直在囤积黄金，这是一个不容忽视的迹象。自 2007 年信贷危机爆发以来，俄罗斯人也一直在大量地购买黄金。事实上，美国仍在使用其权力来对抗黄金，这清楚地表明黄金可能成为计划的洗牌中的重要部分。即使不是这样的话，黄金在暴风雨到来时至少也可以成为最好的避险物。

发达经济体的政策利率情况参见图 6—1。

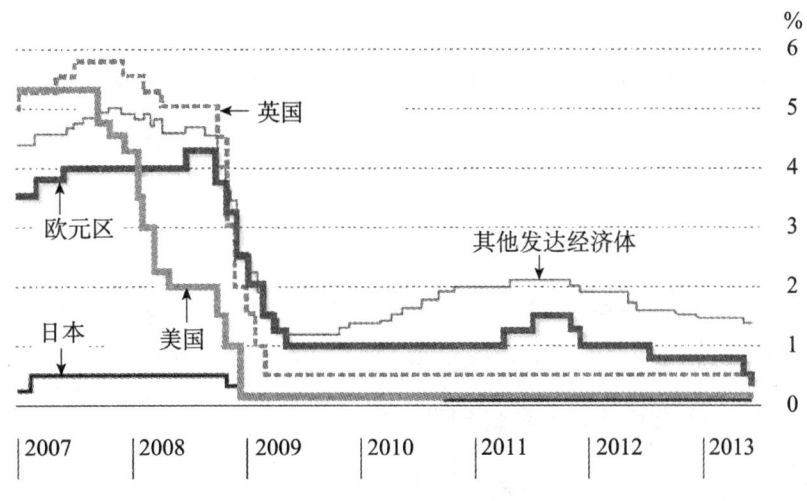

图 6—1　发达经济体的政策利率

资料来源：国际清算银行。

75. 国际货币体系如何才能够被改变？

大多数人把我们的金融体系看作只有两种选择的二进制体系：要么发挥作用（0），要么崩溃（1）。他们却忘了这是一种高度灵活的体系，可以用很多方式对其进行调整。因为现行的体系是由人类建造的，它不遵循自然法则的约束，几乎任何想要的变化都可能出现。

从理论上来讲，全世界所有的债务能够在一个星期日的下午全部被清除。我们能在第二个早上重新建立一张新的资产负债表。如果世界上的每位公民都有 1 000 元新设计出来的货币班科，而且这些班科能被所有的银行与商业企业接受，那么我们就可以很快从头开始。我们甚至可以撤销所有的抵押贷款，国有化所有的房地产，并建立一个能把本国房产租给外国的制度。我们很难理解这种情况，但当需求发展到极限之后，我们就需要富有创造性地去解决问题。

我们并不是生活在黑白的二进制世界里。相反，现实呈现出 256 度灰色。因此，期待金融大洗牌的范围在 1～256 之间变化更具有逻辑性。一些债务将被撤销；金融体系的有些部分将被国有化，正如我们所看到的自 2008 年发生在银行与其他金融机构身上的事情。

一次新的洗牌将把我们的货币体系带到另一个阶段。对于所有的参与方（美国、欧盟、金砖国家、日本与中东国家）而言，如果它们在实施必要变革的过程中过于拖延，那它们就会失去很多利益。而美国知道自己失去的将是最多的。美国还知道，它将需要再次实施洗牌方案，正如它在 1944 年（布雷顿森林体系 1.0）与 1971 年（布雷顿森林体系 2.0）时做的那样。现在我们等待是布雷顿森林体系 3.0。

76. 人们从什么时候开始计划
建立新的国际货币体系？

在 2008 年金融市场出现全球性的崩溃之后，国际货币基金组织与其他机构很快就开始在会议上商议国际金融体系可能出现的下一个阶段。2010年，国际货币基金组织发表了一份报告，研究了不包含美元的金融体系的可能性[5]：

> 目前的体系存在着严重的缺陷，它促使着那种储备积累与储备创造的政策的产生，而这种政策最终是无法促进可持续发展的。在这种政策出现逆转之前，它都将面临风险与冲击，而改良的体系则能将这些风险与冲击降低到最小。最终，国际货币体系是否稳定将依赖于这个体系中的主要经济体的政策。但上述的报告辨别了许多的改革方案，在其他条件保持不变的情况下，这些方案通过自身的优势、减少国际储备的需求以及多样化其资产配置的方式，能够有利于国际货币体系更加稳定。许多这类改革将需要相对新的与复杂的国际协作，因此必须被看做一种要付出长期努力的工作。

国际货币基金组织于 2012 年增持了澳大利亚元与加拿大元（世界领先的商品化货币）这两种官方储备资产，这似乎是为了强调其改革国际货币体系的意图。随着这种措施的实施，官方认可的储备资产的清单上出现了 7 种货币。美元、欧元、英镑、日元与瑞士法郎都已经被官方归类于国际货币基金组织的世界储备货币。这是在大洗牌的初期阶段中人们预期实施的措施。货币与金融机构官方论坛的主席大卫·马什讲道[6]：

这标志着多币种储备系统以及世界货币的新时代的开始……在过去的 150 年的大部分时间里，整个世界仅存在两种储备货币：英国货币在第一次世界大战之前占主导地位，而美元则在过去的 100 年里代替英国货币成为了主要资产……欧元在 1999 年的诞生将欧洲的单一货币转变为了世界上排名第二的储备货币，但美元、欧元与其他货币共存，这是为现在官方所接受的……中国人民币得到广泛的关注，它可能成为未来的储备货币。但要获得那样的地位还需要很多年的时间，主要是因为人民币还不能被完全自由地兑换成其他货币。[7]

预先计划好的大洗牌能够也可能将由不同的阶段组成。目前，美国与国际货币基金组织似乎在筹备一种多币种储备货币的体系，来替代现有的美元体系。但所筹备的那个体系可能仍以美元为中心，同时伴有其他币种被增加到这个体系中。由于世界大多数的经济共同体[8]担负着过多的债务，正如美国那样，因此它们中的大多数都有兴趣加入到美国的行列中，来尽可能地保持现状。

77. 黄金会成为大洗牌的一部分吗？

虽然大多数专家都相信不会回归到完全的金本位制中，但黄金在金融体系的下一个阶段可能仍将发挥着非常重大的作用。

先前提到的货币与金融机构官方论坛的报告也指出，黄金在国际金融体系中的重要性仍可能增强：

> 在实现多币种储备体系的过程中以及之后，黄金的作用是一个重要的问题。在这个过渡期，黄金将可能发挥更大的作用。货币价值可能会进入到一个大幅波动的时期，因为市场参与者试图要在这个过程中找到新的平衡。这就是黄金（不会成为任何人的债务的资产）的吸引力所在。由于对政治家的不信任，怀疑他们或央行行长们为了追求经济增长而故意造成货币贬值，都将可能增强黄金的吸引力，以此来保护自己不受其他所有货币贬值的风险……由于国际社会试图克服这些挑战，黄金也蓄势待发。多年来，黄金第一次做好了充分的准备来更进一步地向着中心舞台走去。这可以称得上是对世界货币相当重要的阶段的开始。

如果说我们从货币史上学到了一些东西，那便是黄金（或白银）在重建货币体系时总是必要的东西。荷兰央行前行长耶勒·泽尔斯特拉在他的自传中写道：

> 黄金的内在价值及其光鲜夺目的外表，直到 20 世纪 60 年代仍对国际货币体系发挥着主导作用。依赖黄金是一种不够理智的行为，但黄金却非常稳定。最终，这种情形改变了，并不是因为老旧的理解方式被更

为现代的方式所取代，而是因为美国发现黄金的作用威胁到了美元的生存。[9]

但现在，40 多年之后，美国也许会认为恢复金本位制对支持美元是非常有效的。

一些美国的内幕人士甚至公开呼吁要恢复金本位制。[10]其中一位这样的内幕人士是新保守主义者、世界银行前行长罗伯特·佐利克（Robert Zoellick），他于 2010 年给《金融时报》写了一封题为《恢复金本位制》的公开信，内容如下：

> ……20 国集团应该将这种增长复苏方案，与建立合作性货币体系的计划相结合，而这个体系要能够反映新兴市场的经济条件。这种新的体系可能需要涉及美元、欧元、日元、英镑以及走向国际化的人民币，接着还需要一个公开的资本账户。这种体系应该同样考虑用黄金来作为国际参照物，以此来对通货膨胀、通货紧缩与未来货币价格进行市场预期。尽管课本上可能将黄金当做货币，但今天的市场把黄金则当作可选择的货币资产……要取代 1971 年启动的"布雷顿森林 2.0"体系，这种新的货币体系的发展还需要一些时间。但我们需要开始行动。1945—1971 年间的改革，推动了布雷顿森林体系从阶段 1.0 过渡到了阶段 2.0，而自 1971 年以后采取的改革范围当然也与之相匹配。

据《福布斯》杂志总裁、同时也是 2012 年几位美国总统候选人的顾问的史蒂夫·福布斯（Steve Forbes）表示，"辩论的焦点应该是最好的黄金体系是什么，而不是我们是否要恢复金本位制"。[11]因此，当看到罗伯特·蒙代尔（Robert Mundell）教授在接受《福布斯》杂志采访时主张要为美元与欧元恢复金本位制时，也就不足为奇了。[12]

蒙代尔被看做欧元的设计师，也曾经担任过中国政府的顾问。蒙代尔讲道：

我们可以建立一种布雷顿森林体系类型的金本位制，在这种体系下，黄金价格对各国央行是固定的，而央行则可以把黄金当做资产进行各国央行间的内部交易。这种体系的最大优点是，黄金不会成为任何人的负债，而且黄金不能通过印制得到。因此，黄金具有人们信任的稳定性与保障性。那么，如果你不仅把美国，而且把美国与欧元（区）相互关联在一起，与黄金挂钩，那么黄金就可能成为一种媒介，然后其他重要货币，如日元、人民币与英镑都能被结合在一起来建立一种新的纸黄金，那么整个世界就能朝着更好的货币体系的方向发展。[13]

78. 特别提款权（纸黄金）将成为新的世界货币吗？

在雷曼兄弟倒闭之后，联合国[14]呼吁根据自 1969 年起便存在的特别提款权（纸黄金）建立"一种新的全球性的储备体系"。这种形式的国际货币基金组织货币能更容易地取代美元成为进行国际交易的兑换媒介。新报告的内容如下：

> 只有在比积累国际储备的现行体系能更好地处理各国面临的国际经济危机的情况下，才可以竭力地去处理在这次危机中发挥重要作用的全球不平衡性。的确，这次危机的规模与范围以及国际反应的不足甚至可能会激起更进一步的外汇储备积累。先前几次的危机中一些国际金融机构做出的不合时宜的反应导致了这些问题的发生，这样使得这里所描述的改革显得更有必要。为了解决这个问题，一种新的全球储备体系能有助于全球的稳定、经济的增强以及全球股市的发展；这种体系可能会被认为是加强版的纸黄金，而且要根据储备积累的规模定期或周期性地调节其释放量。

在 2009 年①的讲话中，中国人民银行（中国央行）的行长周小川同样呼吁要建立新的世界储备货币体系。他解释说，美国的利益与其他国家的利益应该"联合在一起"，现行的美元制度却不是这样。周小川建议要将特别提款权（纸黄金）发展成"一种脱离单个国家的超主权储备货币，而且要能够

---

① 参见 http://www.bis.org/review/r090402c.pdf。

保持长期的稳定"。

货币与金融机构官方论坛同样也呼吁要将新的特别提款权（纸黄金）进行延伸，使其包括几种 R 货币（英文名称以 R 开头的货币）——中国人民币（RMB）、印度卢比（Rupee）、巴西雷亚尔（Real）、南非兰特（Rand）与俄罗斯卢布（Rouble）——也许还应包括黄金。

> 黄金通过与美元的逆向发展，能够提高特别提款权（纸黄金）的稳定性。尤其是，如果美元与欧元面临的威胁出现恶化，那我们就急需因具有黄金含量与 R 货币而得到保障的大量的特别提款权（纸黄金）……因此在人民币发展到具有储备货币地位之前，黄金仍可能回归到货币体系的中心地位。

货币与金融机构官方论坛于 2014 年总结道，中国人民币已经成为了多元储备货币体系的一部分，该论坛还预测表示，中国货币将于 2015 年被添加到国际货币基金组织的特别提款权中。因为中国的领导层懂得，人民币在取代美元的（主要）世界储备货币地位上还没有做好充分的准备，他们知道，在可预见的未来里，他们必须在国际货币基金组织的框架内与美国合作。

自 2010 年以来，中国银行业者朱敏就已经是国际货币基金组织里的最高级别的中国银行业代表。他最初于 2010 年在国际货币基金组织担任特别顾问，之后被提升为四大副总裁之一。朱敏是在国际金融机构中担任高层职位的第三位中国人。其余两位则是曾担任世界银行行长的章晟曼，以及世界银行前副主席与首席经济学家的林毅夫。

自 1944 年的布雷顿森林会议以来，以下"君子协定"便发挥了效力。国际货币基金组织的总裁为欧洲人，世界银行的主席为美国人。这项"协定"日益遭到质疑，许多人也期待这两个职位能从金砖四国之一（巴西、俄罗斯、印度和中国）产生一位候选人。

在 2014 年于伦敦举行的人民币国际化路演期间，刘振亚教授便表示："中国人口众多，因而在（国际货币基金组织）领导层中需要担任重要职位。"根据中国人的说法，国际货币基金组织的治理需要能更好地体现发展中经济体日益增长的重要性。他讲道："把世界 20% 的人口排除在外，对任何国家都没有好处。"

在《纽约时报》的一篇名为《国际货币基金组织需要一次洗牌》的社论文章中，两位西方学者解释说，国际货币基金组织正在经历一场治理危机，因为：

> 西方国家不愿根据发展中国家上升的经济比重，调整这些国家在国际货币基金组织中所拥有的权力配比，因此大的发展中国家的政府对此颇为不满。他们依据的是一个事实，也就是，金砖四国的国内生产总值的综合比例占据了世界总值的 25%，而相比之下，四大欧洲经济体（德国、法国、英国与意大利）仅占 13%。但金砖四国在国际货币基金组织中仅拥有 10% 的投票权，而四大欧洲国家则拥有 18% 的投票权。尽管中国自 2000 年以来为美国提供了超过 1 万亿美元的资金支持，但其在国际货币基金组织中的投票权还不到 4%，而美国的投票权则达到了 16%。[15] 当然，美国在尽其所能推迟所需要实施的各项变革。2014 年夏，货币与金融机构官方论坛在巡游了亚洲之后，发布了全球经济的主要议题，东方与西方扩大的分歧也凸显出来。

> 西方经济体与亚洲经济体的政策分歧似乎在扩大。对亚洲的信心与经济复苏能力已得到增长。与此同时，亚洲国家相信，西方国家（尤其是欧洲）已经失去了其发展方向。一位亚洲主权基金领导将亚洲与西方进行了对比，并总结道，亚洲国家强调的是长期的回报，而西方投资者

则一味追求短期利益，而且非常贪婪。"全球金融危机的结果是，华尔街的投资者都被摧毁，而银行业者们则欢呼庆幸他们所得到的回报。"他指出，1997—1998 年金融危机期间西方对亚洲表现得极为严酷，而欧洲货币联盟危机期间欧洲则对债务国提供了补偿，两者之间存在着巨大的差别。

世界各国对国际货币基金组织与过度以华盛顿为中心的世界观存在很大程度的质疑。由于美国的拒绝，布雷顿森林体系的配额改革与治理变革变得困难重重。结果是，处于领导地位的亚洲国家受到了挫折，并采取了许多的措施——或实施清迈储备库方案，或实施最新的建立金砖四国的计划——来减少新兴市场对国际货币基金组织的依赖。

人民币国际化正在进行着。中国的权力机构现在所接受的是，人民币实际上已经成为了多元储备货币体系的一部分，其中美元仍发挥着主导作用。一位中国官员讲道，人民币只有在成为"高品质的货币"之后才能在国际上获得成功。目前，将人民币当做官方储备的国家数量已经上升至近 40 个。

当中国政府对确保人民币成为"高品质货币"表示出兴趣时，其言下之意是，中国想要担保其货币的实物黄金量至少能达到美国与欧洲国家的同等水平。尽管我并不期待中国完全实施金本位制，但中国人显然把黄金当做是货币的最本质的形式，就像在中国过去 3000 年的大部分时间里那样。很明显，西方国家的银行试图让其客户害怕，不去购买黄金，而中国则开放了超过 10 万个零售网点，在广大公众中推销黄金与白银。

年均黄金价格请参见图 6—2。

一些专家表示，国际货币基金组织至少需要 5 年多的时间来建立新的国际货币体系，从而采用特别提款权（纸黄金）制度。有些人则怀疑我们还能不能等那么长的时间。在国际货币基金组织准备好实施其特别提款权（纸黄金）计划之前，恐怕将再一次爆发金融恐慌。

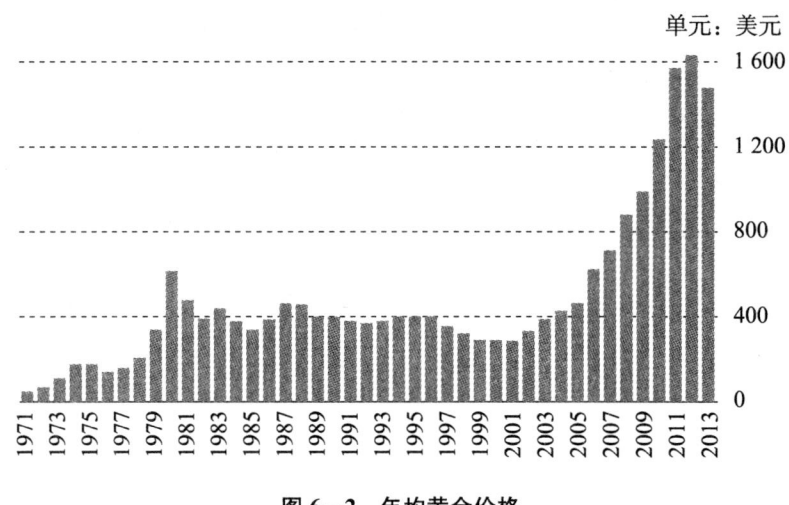

图6—2　年均黄金价格

资料来源：Incrementum。

79. 其他一些洗牌的情况

自 2008 年以来，全球债务已增长 40%，这大大高出了全球国内生产总值。货币与银行研究国际中心警告，我们将面临"债务上升与名义国内生产总值增长率放缓并存"的局面，这二者的组合对目前形势是有害的。全球债务与全球国内生产总值的比率在 2014 年达到了 220%，而 2009 年是 200%。

艾略特管理公司（Elliott Management）的保罗·辛格尔（Paul Singer）最近对目前的资本市场发表了如下的评论：

> 没有人能预测各国政府要多久才能摆脱虚假的经济增长、虚假的货币、虚假的金融稳定、虚假的就业情况、虚假的通货膨胀数据与虚假的收入增长。我们的感觉是，如果信心建立在毫无根据的情况下，便是金玉其外，败絮其中。当信心缺失时，这种缺失则可能是严重的，突如其来的，而且是在多个市场与部门同时发生的。

吉姆·瑞卡兹在其著作《货币战争》一书中描述了一种情况，即美国可以采用一种新的由黄金担保的美元：

> 一种"新的"金美元将以旧美元的 10 倍价格被创造出来。由于黄金升值而产生的所有个人收益将被征收 90% 的暴利税。

据瑞卡兹表示，这种包括以黄金担保的新美元以及针对黄金的重新估值，是美联储为了避免有一天美元体系出现彻底崩溃而采取的最后措施中的一项。黄金升值也许是必需的，因为美联储已经资不抵债，其资产负债表已经扩张到了 3.5 万亿美元。令人惊奇的是，美国所有国际金融资产的价值达到了近 1 500 亿美元（包括了价值 110 亿美元的黄金储备），这仅仅高于墨西哥的储备，但大大地低于阿尔及利亚的储备（1 900 亿美元）。客观地来看待这个问题，中国的储备将在 2014 年达到 4 万亿美元，而日本的储备也已经超过了 1.3 万亿美元。

美国的储备量如此低的其中一个原因是，美国与国际货币基金组织一样，仍然是以 42 美元每盎司的历史价格来对黄金估值。这种做法是不寻常的，因为欧洲央行与许多其他国家的央行都是以市场价格来对其黄金储备估值的。美国政府是希望散布一个消息，即黄金只是一种具有很低价值的金属物，而美元才是具有价值的选择。

如果美国 8 000 吨黄金储备的价值提升到 8 400 美元每盎司，那就意味着美国拥有着价值超过 2.2 万亿美元的黄金资产，而不是目前计算出的 110 亿美元。

中国意识到美国能够通过黄金的升值来震惊整个世界。维基解密揭露了美国驻北京大使馆于 2010 年早期向华盛顿发去的一封电报，电报中引用了中国对美元贬值所产生的后果的新闻报道[16]：

> 如果我们用所有的外汇储备去购买美国的国债，那么当有一天美联储突然宣布先前的 10 元旧美元现在只能值 1 元新美元，并且新美元直接与黄金挂钩时——那么我们将猝不及防。

许多专家就黄金升值或法定货币贬值问题进行过辩论，因为这可能是阻止世界爆发严重通货膨胀的仅有方式。据辛德资本（Hinde Capital）联合创立人兼首席执行官本·戴维斯（Ben Davies）表示，通过黄金升值来对货币体系进行担保与洗牌，可能是最不具有破坏性的解决信贷危机的方式。

托克维尔黄金基金（Tocqueville Gold Fund）的经理约翰·哈撒韦（John Hathaway）同样也谈到了黄金突然升值的前景。在一次采访中，他讲道，他害怕人们会更快地对中央银行制度失去信心。[17]哈撒韦知道他在说些什么，那是因为他在 20 世纪 70 年代黄金牛市的时候创立了自己的基金，成就了财富，当时美元正面临着之前出现的信任危机。

他在另一份报告中讲道：

> 对美元的储备货币地位的不信任与不尊重的加重导致了新问题。对我们而言，这些进展表明，货币协议的基础正在发生转变，这种转变会导致黄金价格的大幅度升值。当市场与决策者意识到创造额外的信用并不能刺激经济增长时，便会达到一种变革的临界状态。[18]

80. 中国领导人的计划是什么？

中国政府对其货币政策是相当保密的。众所周知，中国政府在信贷危机爆发之际就积累了巨额的黄金量。中国政府知道，甚至从自己的历史教训中学习到，当法定货币制度走向终结的时候，黄金可以反复地用于重建信心。

2012年，中国共产党中央委员会的主要学术期刊发表了一篇谈到中国策略的文章。

这篇文章的精华在一年后被翻译出来后，才在西方国家得到关注。[19]它解释了中国政府为了保障国家的经济稳定以及加强对"外部风险"的防御而制定了囤积黄金的战略，而"外部风险"则可以被解释为美元或欧元的崩溃，甚至是全球金融体系的崩溃。更为引人注目的是，该文章认为中国公民囤积黄金对中国国家黄金战略发挥着非常重要的作用：

> 个人投资需求是中国黄金储备的重要组成部分；我们应该鼓励个人对黄金的投资需求。实践告诉我们，公民所拥有的黄金量能有效补充国家储备，也对国家的金融安全发挥着重要作用。因为黄金具有稳定的内在价值，它是国家货币与信贷以及全球战略储备的基础。世界经济强国都无一例外地建立了并实施了国家级的黄金战略措施。

因此正当美国与欧盟国家试图让其公民打消购买黄金的念头时，中国却希望公民尽可能多地购买黄金。[20]

该文章中还概述了为什么大规模的国家黄金储备对中国这样的国家如此重要：

在全球金融发生危机的情况下，世界各国处于世界政治与经济的角逐中，我们再次清楚地看到黄金储备对金融稳定发挥着重要作用，也是国家经济安全的"后盾"。增加黄金储备应该成为我国发展战略的一个中心支柱。国际经验告诉我们，为了保证金融稳定，同时实现经济的高增长，一个国家的资产储备中的 10% 应该是黄金储备。危机发生时，美国、法国、意大利与其他国家的黄金占据了各自外汇储备的 70%。在国际金融危机爆发之后，（中国）黄金储备增长到 1054 吨，但黄金储备仅占有金融储备的 1.6%——与发达国家相比还存在巨大的差距。

为了获得更多的黄金，中国还对外国的黄金生产商进行了投资。该文章表示，中国政府打算积累"附加的高品质（黄金）资产"[21]：

国家将需要将黄金提升到与原油以及能源相同的战略资源的高度，从整个产业链的角度出发来发展产业规划与资源战略……要增加已探明的蕴藏量，加强并购与基地建设，开放离岸黄金资源，来加速国家黄金资源的增长。同时，要积极实施开发海外资源与增加渠道的全球化战略，以此来提高中国的黄金储备。我们要在最短的时间内实现最高的黄金储备。

在一次公司介绍会上，中国黄金国际资源有限公司[22]解释说，中国实行着对全世界大型黄金矿床的"大胆收购战略"。由于这个原因，中国黄金国际资源有限公司被中国看作"对国外目标实施最佳收购的机器"。[23]

这家公司成立于 2003 年，控制着中国官方黄金战略的宣传与实施。公司协调黄金产品的生产，主要用于增加国家的黄金储备，以及黄金在中国所有地区的零售。从该公司的网站可以了解到，公司在 2007 年"面对新的情况时"改变了企业使命，将其公司目标改变为"在 4 年的时间内实现各类资源的持有量增加四倍"。

81. 中国的黄金持有规模与
西方国家相比如何？

中国政府希望尽可能在"最短的时间内"将其黄金储备增加到至少6 000吨。那个数量将让中国在黄金储备与国内生产总值的比率上与美国以及欧洲国家持平。在需要的时候，这将可能为美国—欧盟—中国的以黄金为担保的联合金融体系铺平道路。这样的洗牌同样会得到俄罗斯的支持，而后者也积累了超过1 000吨的黄金，其中大部分都是自2007年信贷危机爆发之际开始积累的。

中国似乎在实行一次更加长期的规划。早在2009年，在2008年底雷曼兄弟倒闭之后成立的货币专家小组建议，中国的黄金储备应该在2013年左右增长到6 000吨，并在2017年左右增长到1万吨。[24]

其他高级官员则呼吁在全球货币都出现贬值的情况下，要保证官方黄金持有量的大幅增长。中国人民银行研究局局长张建华在一次采访中说道：

> 中国政府不仅要警惕由持续的全球通货膨胀导致的外来风险，还要进一步优化其外汇投资组合，并在黄金价格出现有利波动时购买更多的黄金资产。现在任何的资产都不是安全的。对冲风险的唯一选择就是持有硬资产——黄金。

中国已经取代南非成为了世界上最大的黄金生产国，而且于2013年取代印度成为了世界上最大的黄金消费国。所有国内生产的黄金都被添加到了国家储备中，但中国同样进口大量的黄金，这些则是通过上海黄金交易所（SGE）进行的。

自 2004 年以来，对市场管制的放松导致了中国黄金需求量的持续增长。2013 年，中国的黄金总需求量[25]已经首次超过了 2 000 吨。世界黄金的总生产量[26]（不包括中国）仅仅为每年 2 400 吨（见图 6—3）。

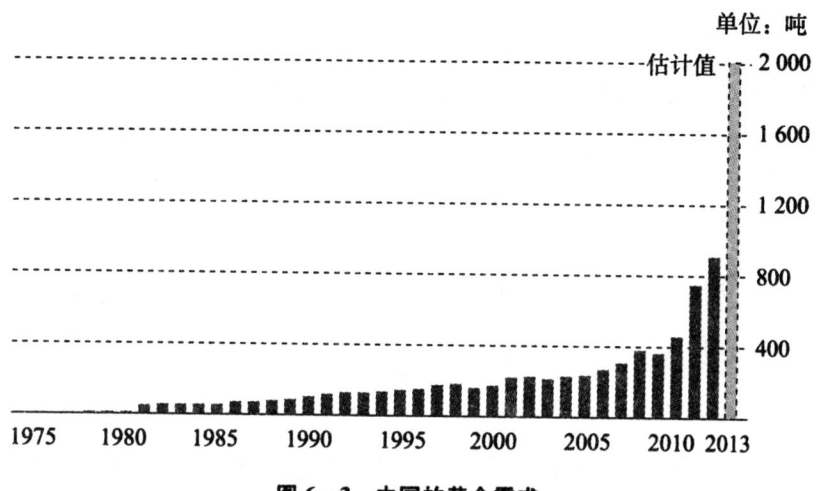

图 6—3　中国的黄金需求

资料来源：CDFund. com。

一份研究表明，中国在 2013 年进口的大部分黄金都来自伦敦的金库。黄金首先在瑞士进行炼制，然后便可能是永久性地从西方转移到了东方。

82. 中国理解美国进行的金元战争吗?

中国共产党中央委员会的主要学术期刊发表的一篇文章中揭示,中国人的确理解美国的黄金政策:

> 布雷顿森林体系于20世纪70年代崩溃之后,使用了长达一个世纪之久的金本位制瓦解了。在美元霸权的影响下,黄金的稳定性受到了全世界广泛的质疑,而(美国宣扬的)"黄金无用论"开始在全世界范围内散播。许多人认为,黄金不再是货币的基础,储备黄金也只是在增加储备的成本。因此,有些国家的央行开始出售黄金储备,而黄金价格则持续下滑。目前,越来越多的人认识到"黄金无用论"背后隐藏着过多的谎言。美国制造出"烟幕"来打压黄金价格,以达到让其他国家的货币贬值以及保持美元霸权地位的目的,美国却保有全球官方黄金储备的74%。

该文章接着继续解释美国是如何利用货币贬值来达到减少其巨额债务的目的:

> 美元与英镑以及之后的欧元,从单一国家或地区的货币发展为全球性或区域性货币,这是由这些国家所持有的巨大的黄金储备来支持的。尤其值得注意的是,在这次国际金融危机的过程中,美国出现了巨大的金融赤字,但美国却没有为了减少债务而出售任何的黄金储备。相反,美国运转其印钞机,疯狂地增加美元的供应量,让那些以美元持有外汇储备的国家与地区(如中国)的财富快速减少,最终美国的债务则自动减少了。与美元的急剧贬值形成鲜明对比的是,国际黄金价格出现持续

上涨，并在 2011 年突破了 1 900 美元每盎司，黄金的资产保值的特征与建立在信用基础上的资产形成了鲜明的对比。自然，美元越贬值，黄金价格就越上涨，就越能证明美国的黄金储备发挥着对冲的作用。

因为在 2000—2010 年，中国积累了价值 1 万亿美元的美国国债，美元的贬值对中国造成了极大的负面影响。

因此，中国很显然有动机针对美国对黄金市场的干预做出反应。由维基解密从美国驻中国大使馆获取的一条关于中国媒体报告的消息[27]也能找到其他的证据，这篇新闻报告包括如下内容：

> 美国与欧洲国家总是在压制上涨的黄金价格。它们的目的在于削弱黄金所具有的国际储备货币的功能。它们不希望看到其他国家转持黄金储备，而不是储备美元或欧元。因此，如果美国要想保持美元的国际储备货币的地位，那么压制黄金价格对美国来说就是非常有利的。中国增持黄金储备将会作为典范，引导其他国家储备更多的黄金。大规模的黄金储备在推进人民币国际化的进程中也同样对中国是有利的。

中国黄金协会的副总编张捷也认可美联储通过为其他国家储存黄金的方式对黄金市场进行操控的说法[28]：

> 对美联储来说，美元主导整个世界是非常关键的，因此美联储会通过储存世界上其他国家的黄金储备来控制黄金清算体系。

摩根大通将其大通曼哈顿广场的办公大楼出售（见图 6—4）给一家中国私有公司的做法就可以从这个层面来理解。中国人可能对位于地下的金库最感兴趣。中国人将其黄金储存在美国而又能让自己放心的唯一方法，就是自己能完全控制金库。

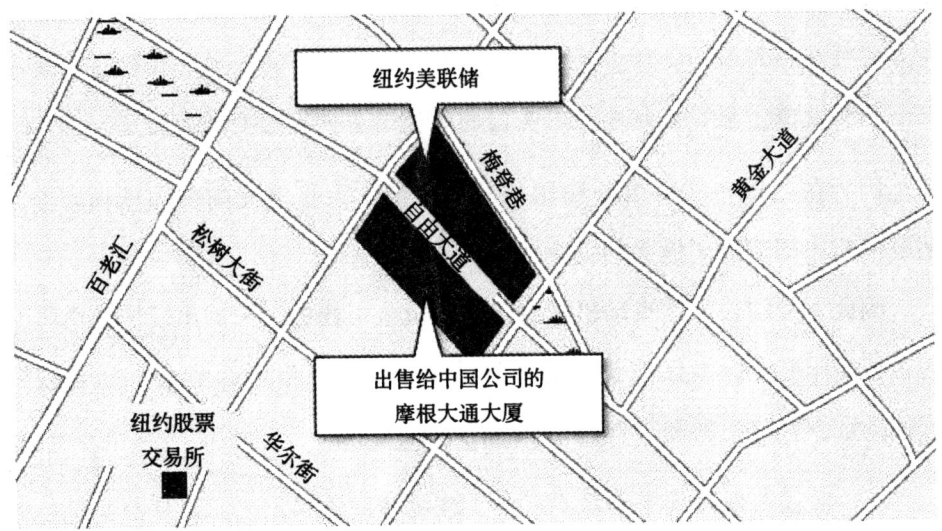

图6—4　纽约美联储与摩根大通大厦位置图

83. 中国为什么希望出现货币大洗牌？

2013 年 10 月，中国国家新闻机构新华社发表了一篇评论员文章，文中指出建立"去美国化"世界的时候已经到来了。这篇文章实际上是在呼吁实施大洗牌，还谈到了对于建立一种无需依赖于美国的"新的全球金融体系"的需要。考虑到这篇文章的重要性，我在这里引用了其中大量的篇幅[29]：

> ……这可能是受蒙蔽的世界开始好好考虑建立一个"去美国化"世界的好时机……美国不仅没有因为担任着领导国而深感荣幸，自私自利的华盛顿反而还仗着自己超级大国的地位滥用权力，还通过将金融风险转移到海外来给世界带来更多的混乱……拜那些贪婪的华尔街精英人士所赐，整个世界仍在为摆脱经济的灾难而苦苦挣扎。而许多年来，爆炸与杀戮已经几乎成了伊拉克人民的家常便饭，之后华盛顿竟宣称，这让伊拉克人民从暴君的统治下获得解放。最近，华盛顿当局因两个重要问题而陷入周期性僵局：其一，民主、共和两党要研究出解决联邦预算的可行性方案；其二则是在提高债务上限的问题上进行协商。而这种僵局却让许多国家巨额的美元资产处于危险中，并让国际社会举步维艰。

> 其他国家的命运被握在一个虚伪国家手里的这种令人担忧的日子必须要终结，而且还应该建立一个新的世界秩序。在这种秩序下，所有的国家，无论大小贫富，都能够平等地得到尊重与保护。为达到这个目的，我们需要打下几个基础来加强与巩固这个"去美国化"的世界……世界金融体系需要进行一些有用的根本性改革。发展中与新兴市场经济体在主要的国际金融机构中需要拥有更多的发言权，这些金融机构包括

世界银行与国际货币基金组织，这样就能更好地反映出全球经济与政治格局的转变。有效的改革方案的关键部分还要包括的是，创造一种新的国际储备货币，使其能够替代占主导地位的美元，这样国际社区就能够永久性地摆脱美国国内日益加剧的政治混乱的影响。当然，推行这些改革的目的并不是完全抛开美国，而且这也是不可能的。相反，其目的是激励华盛顿当局在处理全球事务的过程中能够发挥更具建设性的作用。

在 2013 年，美国两党达成债务协议之后，新华社做出了以下评论："华盛顿当局的政治家们没有做出任何实质性的事情，他们仅仅是在拖延全世界国家对美国金融体系的最终绝望的到来。"[30]

在 2014 年的一次采访中，20 世纪 70 年代卡特总统（Jimmy Carter）的国防顾问布热津斯基（Brzezinski）指出，中国"越来越倾向于公开发表反美言论，指责甚至是谴责美国"。但我们无须为这种言论感到过于惊慌，他讲道："在中国这样的社会里，所有的一切都要经过严格审查，他们不会把这些仅仅当做极端分子的言论而不去理会。但只要涉及国家的最高领导层，在谈到政治上与经济上的考虑时，人们便会有着一种强烈的倾向，也就是，美国与中国只要共同协作，就一定能增强各自的地位，然而一旦相互之间出现冲突便会对国内造成不良影响，首先是对中国，接着便是我们。"[31]

中国的官员们经常指出，过快地脱离美元而转向多渠道发展会导致中国面临美国货币价格急剧下跌的风险，这反过来会对中国持有的巨额美元的价值造成损失。同样的考虑也适用于欧元：

不管中国对世界的两种主要储备货币存在怎样的疑虑，考虑到中国的外汇储备的规模，它没有任何其他的货币选择。这可能也是为什么中国当局在近些年决定增加国家黄金储备份额的一个重要原因。

84. 新提议的"金砖四国银行"对国际货币基金组织形成了真正的威胁吗?

货币与金融机构官方论坛的大卫·马什表示,2014 年由金砖国家提议的新发展银行"显然是国际货币基金组织与世界银行的潜在对手"。他写道,自布雷顿森林体系建立以来,新发展银行是对世界货币机构的最大的挑战,他列举了以下几个关于新发展银行的重要问题:

(1) 新发展银行的职能是什么?

该银行机构将拥有 1 000 亿美元用于对抗金融危机的初始资金,其中 500 亿美元为实收资本。这些资本可以被用于兼营长期贷款与短期国际收支融资的货币互换,从而让金砖国家能够履行现有的承诺,也就是,在发生货币紧急事件时,用各自国家的货币来提振经济。

(2) 新发展银行将对国际货币基金组织与世界银行形成真正的挑战了吗?

那当然是有远见的想法,尽管中国官员强调与布雷顿森林体系协作的意图。有人会抱怨,这个新的机构将削弱以华盛顿为中心的机构对全球经济治理的影响。然而,考虑到国际货币基金组织的缺点,特别是在发现与制止于 2007—2008 年爆发的金融危机这件事上,新发展银行将获得那些对布雷顿森林体系双胞胎(即国际货币基金组织与世界银行)的合法性提出质疑的那些人的自发性支持。

(3) 新发展银行将会使用哪个国家的货币?

新发展银行看似是一个以中国人民币为中心的机构。毫无疑问,该银行的信条是"所有货币平等"——但中国人民币比其他货币具有更多的平等性。中国政府长期努力地优化中国人民币的跨国界使用，特别是在贸易领域，并削弱美元的"过度的特权"，这进一步地增强了人民币的重要性。另一方面，国际货币基金组织的特别提款权——将中国人民币与其他国家的货币包含在内来作为对自身的补充——可能会很好地发挥作用……（但）美元在新发展银行的资产负债表与运营中不会发挥任何显著作用。

金砖四国的国内生产总值占全球总值的30％，其人口数占全球总人口数的45％。金砖四国已经启动了一个工程浩大的去美元化方案，在该方案中，双边的"货币互换"在双边贸易中将排除对美元的需求。另一个重要的进展则是建立上海合作组织，大多数亚洲国家，包括俄罗斯、印度与中国可以通过这个组织进行合作。上海合作组织的国家控制着全球20％的原油资源与几乎50％的世界燃气储备。这是实施中国的"新丝绸之路经济带"方案的一个重要组成部分，新丝绸之路将其国际铁路网络一直扩张到了的德国与荷兰的鹿特丹港。

85. 俄罗斯的观点

自俄罗斯在乌克兰体制改革之后吞并了克里米亚以来，中国颇为谨慎地未对俄罗斯加以指责。中国之所以没有谴责俄罗斯，有着几个方面的原因。首先，中国的特定文化使得其行为不会像世界警察。相反，中国与俄罗斯一样，将成为一个不太具有侵略性的强国，主要受自己的（商业）利益的激发来告诉整个世界如何行事。其次，中国同样因西方国家对俄罗斯实施的制裁而受益。欧洲国家与俄罗斯取消了许多商业合同，而这些留下来的空隙则被中国公司填充。大众汽车不得不放弃俄罗斯市场，而与此同时，中国最大的运动型多功能汽车制造商开始在俄罗斯建造大型工厂。[32]最后但并非最不重要的是，俄罗斯现在甚至更需要中国作为合作伙伴，来开发俄罗斯巨大的商业潜质。在乌克兰危机爆发后数月，俄罗斯与中国签署了一份金额为4 000亿美元的能源协议。在建造所谓的"圣杯"管道之后，中国将从2018年起接收来自俄罗斯的燃气。

普京提议，中国企业应该更多地在俄罗斯投资。让人颇为惊奇的是，他指出，两个领域禁止中国企业投资，即铂金与黄金。这再次提醒了我们贵金属仍具有独特之处。普京似乎特别清楚黄金在我们的金融体系中日益增长的重要性，这在四个欧洲国家实行的黄金索回（或讨论黄金索回的问题）上也可以看得出来。与中国一样，俄罗斯也在积累黄金，这让美国颇为反感。中国官员关于想要实行去美元化的言论在莫斯科也不是没有被注意到。

中国政府的姿态与俄罗斯领导人普京采取的立场是非常相似的。普京在很多场合下都公开批评了美国在现有体系中所享有的特权。普京在2011年的一次青年夏令营中的讲话中说道[33]："他们（美国）像寄生虫一样，依靠全球经济和美元的垄断地位生活。"他呼吁"建立另一种世界储备货币"，而且在 2009 年的 G20 会议上，当时的俄罗斯总统德米特里·梅德韦杰夫为大家展示了一枚未来联合世界货币的样板钱币。[34]

在伦敦金银市场协会（LBMA）2004 年在莫斯科举行的会议上，俄罗斯央行的副主席欧莱格·莫扎伊斯科夫（Oleg V. Mozhaiskov）发表了一次演说，在演说中指责各国央行与黄金银行参与黄金价格的操控。[35]他得出结论说，黄金市场"也许将不再自由"。当黄金反托拉斯行动委员会（GATA）要求拿到这份演说的文档时，伦敦金银市场协会拒绝了。当俄罗斯银行知道这个消息之后，便在一周内为黄金反托拉斯行动委员会提供了一份英文翻译稿。

黄金反托拉斯行动委员会是为了揭露黄金市场中存在的操控行为，而在 1999 年初成立的。起初，该委员会的创立人相信，操控行为涉及不同的黄金银行，如摩根银行、美国大通银行与高盛集团。不久之后，他们意识到操控行为涉及的范围非常广，还涉及美联储、美国财政部与其他国家的央行，如英格兰银行。自那之后，黄金反托拉斯行动委员会便总是声称，黄金市场的赤字因各国央行秘密地售出黄金而被抵消。

虽然西方国家的媒体忽略了黄金反托拉斯行动委员会的这些声明，但俄罗斯与中国却对这些研究非常感兴趣。[36]自 1944 年采用黄金美元本位制以来，两个国家都明白美国从中获取的利益。

莫扎伊斯科夫在伦敦金银市场协会会议的讲话中，引用了黄金反托拉斯行动委员会的研究成果，并解释了对黄金市场的操控为什么对美国具有极其重要的作用。莫扎伊斯科引用了俄罗斯的一首著名诗歌，将各国央行比为长颈鹿："长颈鹿很高，它能看到全部"。他承认，近年来，金融衍生品的使用急剧上升，以及各国央行对黄金的售出都打压了黄金的价格。据莫扎伊斯科夫表示，黄金主要是"一种金融产品，不仅仅是一种稀有金属"，而且由于国际金融大环境，黄金与其他硬资产就成为"投资的最理想产品"。

因此俄罗斯与中国完全理解，目前的美元体系正在垂死挣扎，而且黄金将可能永远成为世界货币体系不可分割的一部分。东方流传了数千年的谚语如是说："拥有黄金的人拥有天下"。

86. 美国能没收外国的黄金储备吗?

我们现在永远无法预知未来发展的方向。关键的问题是，国际舆论是否同意全球金融体系的大洗牌。[37]

世界上最重要的经济大国之间信任的瓦解会导致逐步升级的贸易与货币战争，甚至一系列的黄金没收行为。有些人在解释中国为何急于增加黄金储备时暗示，美国更希望与欧盟国家以及中国一起来完成黄金的升值，而不是自己孤军奋战。[38]

一旦中国的黄金储备占国内生产总值的比例达到了与美国和欧盟的同等水平，这三大世界权力集团将引领着世界平稳地过渡到基于特别提款权（纸黄金）的体系，而其采取的形式则是由蒙代尔与国际货币基金组织提议的黄金担保的形式。华尔街内幕人士詹姆斯·瑞卡兹也同样提出了这种情况：

> 美联储会做出力所能及的一切事情。当它无法赢得对抗通货紧缩的斗争时，就会降低其货币与黄金的比值，因为黄金是唯一无法去对抗的东西。如果美联储赢了，我们就会面临通货膨胀，而黄金价格则会上涨。如果通货紧缩仍保持，那么我们某天早上醒来，黄金价格则会一落千丈。中国宣布将官方黄金储备增加4 000多吨，这也将促使黄金价格急速地上涨到2 500～3 000美元每盎司的价格范围。这能让中国在黄金与国内生产总值的比率上与美国平起平坐，并让黄金真正地成为国际货币体系的基础。一旦中国达到了上述黄金持有量，黄金将在2015年上涨至7 000美元每盎司，甚至更高。任何更低的金价水平将会导致各国面临通货紧缩，各国央行必须不惜一切手段来避免这种情况的发生。关

键在于，在中国的官方黄金储备达到合适的比例之前，美国与国际货币基金组织不想看到黄金达到其完全的潜能价格（约 7 000 美元每盎司）。而中国不接受其他情况的发生。

瑞卡兹讲道，他期待中国政府"在各国央行的高端会议上占据一席之位……中国需要规划一个未来战略，这个战略要包含一种由黄金担保的国际货币基金组织超级货币，而且该货币的其他担保物也要公之于众，不能隐瞒"。

他的观点得到了新加坡稀有金属交易所主席吉姆·辛克莱尔（Jim Sinclair）的共鸣：

> 我期待黄金价格在 2016 年之后上涨到 3 000～3 500 美元每盎司，那时世界会以自救的方式初次尝试大洗牌措施。到 2020 年，大洗牌将会准备就绪。实物黄金市场将与纸黄金市场脱离，而黄金价格可能会上涨到 5 万美元每盎司。

瑞卡兹发出警告说，如果再次出现美元恐慌，美国政府可能将毫不犹豫地没收外国政府储存在纽约的黄金储备，以发行一种新的由黄金来担保的美元。[39] 为了能避免恐慌并重新赢得信任，美国可能需要实行一种金本位制：

> 回归到金本位制是可能的，但在近期不会发生这种情况，我认为我们首先需要造成一次崩溃。美元本位制与石油美元交易的崩溃。接着，美元将需要被其他的东西取代，可以是特别提款权（纸黄金）或黄金。通过没收储存在美国的官方黄金与个人黄金，美国财政部将拥有 17 万吨黄金，这相当于全世界所有官方黄金储备的 57%。这能让美国得到在布雷顿森林体系建立后的 1945 年时相同的地位。这样的囤积能让美国的行事如同布雷顿森林会议上一样，强行规定新的全球金融体系的框架。

87. 为什么各国开始向美国索取自己的黄金?

过去，许多国家在第二次世界大战期间因害怕德国或苏联的入侵，将各自的黄金储存在美联储纽约银行。2008 年底的金融危机之后，各国央行很快意识到持有黄金以避险的重要性。许多欧洲国家央行停止了黄金的销售，而其他一些国家则开始向美国索取各自的实物黄金储备。美国铸币局的一位前负责人解释道[40]：

> 最终，越来越多的国家都在索取各自的黄金。对它们而言，进行黄金数量的审查是不够的。它们更想拿回自己的黄金。阿塞拜疆、厄瓜多尔、伊朗、利比亚、墨西哥、罗马尼亚与委内瑞拉，已经向黄金保管人递交了将其部分或全部黄金运送回国的要求，而这只是一部分国家的列表。

2014 年，荷兰向纽约索回超过 120 吨的黄金，自 2013 年起，德国央行也试图索回 300 吨黄金。这表明，这种索回黄金的趋势已经在近期逐渐形成。在法国，处于领导地位的右派政治家马琳·勒·庞（Marine Le Pen）要求，法国的黄金应该被运送回国。她同样要求法国停止黄金的出售，并指出，法国应利用国家的金融储备来购买更多的黄金，而且希望对法国的 2 400 吨黄金进行彻底审查。此外，比利时国家银行也开始发起索回其外国黄金储备的进程。

因此，我们可以得出结论，黄金正在以一种惊人的方式回归到我们的金融体系中，甚至一种新的金本位制在没有任何正式决策的情况下正在被酝酿。至少这是英国《电报》的一位有影响力的国际商业编辑安布罗斯·伊凡斯一普利查德，对去年各国想要得到尽可能多的黄金的持续努力的描述。

这个世界正一步步地进入到一种真实的金本位制体系中，G20 国家领导人没有进行任何的面谈来宣布这种想法或对此寄予厚望……欧元或美元都未能获得完全的信任，尽管是出于不同的原因。欧洲货币联盟是一个机能失调的组织，包含着两种截然相反的经济体，面对着一个又一个危机，却没有一个统一的财政部门来做后盾。美元处于债务金字塔之上。我们都知道，这些债务能在一段时间内以通货膨胀的方式消除——会造成好的或坏的结果。仅有的真正分歧在于债务消除的速度问题……央行（黄金）买家当然都是亚洲崛起的强国与商品集团国，这些集团国现在拥有了全世界 11 万亿美元外汇储备的三分之二，并且它们的储备仍在增加。中国正在逢低买入，极力想要将其储备的黄金份额提高到 2% 以上，这已经不是什么秘密了。俄罗斯则公开将目标定为 10% 的黄金储备份额。其他类似的国家则是太平洋地区国家和海湾国家，以及拉丁美洲的国家。而现在，德国央行选择将储存在纽约与巴黎的部分黄金提取回德国国内。从个人角度来讲，我不相信德国央行有任何的秘密议程，或知道一些需要对其余国家隐瞒的事情。该行的所作所为是对各方要求索回德国的黄金的回应，一方面是由于面临着来自公众的巨大压力，另一方面则是德国联邦议会的立法者的推动。然而，那并不是故事的结局。这种公众压力（而且具有良好的组织性）的存在反映了主要民主国家与经济强国之间信任的破裂。[41]

太平洋投资管理公司前首席投资官穆罕默德·艾尔·艾朗（Mohammed El Erian）担心索回黄金可能会导致世界各国对金融体系越来越不信任。安布罗斯引用了他的话，说道：

首先，这能解释为对其他国家施加的压力，迫使这些国家索回其部分黄金储备。毕竟，如果你想把黄金安全地存在自己家里——对有些国家而言如果能将大量黄金安全地保管在国内——那么任何国家的政府都不会希望将自己的黄金储备在外国央行。如果各种进展被局限于这个问题，那么全球经济的机能与繁荣便不会遭受任何重大影响。然而，如果对日益增长的相互不信任的理解被解释为更大的多边紧张状态，那么全世界将面临更大的困难，即需要解决收支不平衡问题以及抵制"以邻为壑"政策的实行。

这些进展会产生极大的不良后果，正如 20 世纪 60 年代对黄金的索回导致了 1968 年伦敦黄金总库的崩溃。

88. 我们有必要害怕更多的金融压制吗？

术语"金融压制"最初是由美国经济学家麦金农与肖（McKinnon and Shaw）提出来的。Investopedia 金融词典将金融压制定义为，"各国政府为自己提供资金来减少债务的做法"。金融压制的一个例子是，让利率低于价格增长率，以达到降低政府利率开支的目的。

卡门·M·莱因哈特与 M·贝伦·史班西亚（M. Belen Sbancia）发现了金融压制的其他形式[42]：

- 严格的投资规定；

- 国有化（没收抚恤金）；

- 对跨边境资本活动的管制；

- 禁止某些投资资产；

- 特殊税收（对富人而言）；

- 直接干预（华尔街"救市队"）

- 削减存款（自救）

- 关闭银行（银行假期）

进入 2003 年以来，日本与美国就达成协议，以购买股权的方式来支持金融市场。香港当局也承认，在 1998 年亚洲金融危机期间，支持了香港股票交易所。在《央行杂志》与苏格兰皇家银行于 2013 年对 60 家央行进行的调查中，23％的央行都表示它们有计划购买上市公司的股票。[43]

全球性的债券投资管理公司太平洋投资管理公司的穆罕默德·艾尔·艾朗最近承认，美国的金融压制的情况在不断地增长。赞同其分析的人却让我们感到颇为意外。美联储前理事凯文·沃尔奇公开承认，他以前的同事"被迫压制市场"。很明显，金银市场的下跌就是这种压制造成的。这也肯定了处于统治地位的金融与政治精英们，为了保持现状而采取的绝望的举措。

历史告诉我们，我们离一次重大洗牌越近，金融压制就会越频繁。塞浦路斯银行体系的洗牌证明，受影响的那些人中很少有人会预先做好准备。世界范围内，许多国家都在准备立法的工作，来提前预防像塞浦路斯这样自救的情况发生。这种对美国人在国外投资的持续不断的限制，强烈地表明在未来的一些年里，美国政府还将实施更多的资本控制措施。美国公民尤其应该考虑在地域上分散其风险与资产。

89. 有任何迹象表明全球货币大洗牌即将到来吗?

在 2014 年出版了《大洗牌》的英文版本之后，我一直在 www.thebigr-esetblog.com 网站上报道关于"大洗牌"的最新进展。在这一节中，我将这些最新的见解收集起来，供读者品读。

自信贷危机爆发以来，世界各国央行的资产负债表扩张了约 10 万亿美元。由于货币能够以（新）债务的形式被创造出来，债务（国债）的总额也增长了 10 万亿美元。

这些债务（美国国债与日本银行债券等）是由各大基金经理来管理的，如将太平洋投资管理公司打造为全球最大的美国债券交易商的比尔·格罗斯（Bill Gross）。由于这些基金经理收取约 1% 的年费，他们的总收入在 2008—2009 年增长了 1 000 亿美元。据美国《财富》杂志报道，格罗斯"去年在美国首富榜上排名第 188 位，而他的资本净值达到了 22 亿美元"。和他在华尔街的同行一样，格罗斯决定在跳船与开始警示金融终结战之前，尽可能地"从整个体系中窃取利益"。他在 2014 年的投资展望中开始警告说：

> 他们怎么能如此做？国家的决策者最初怎么能允许创造如此多的债务，之后又无法规范自己的体系？他们怎么会认为印制纸币与制造债务就能创造财富，而不是让债务越来越多？……但每个国家的央行行长都在试图实现同一种基本的目标，也就是，通过制造更多的债务来解决一场债务危机。

艾伦·格林斯潘在同一个时期发表评论说："美联储的资产负债表就是

美国经济中一个'烫手的山芋'。"从数学角度来讲，美联储不可能履行未来的政府承诺，这也包括了"大而不倒"的银行债务与衍生品。他在新奥尔良的一次会议的私人会谈中也表示，"黄金是货币，任何法定货币（包括美元）都不能发挥黄金的作用"。

20世纪80年代在里根政府里任职的美国管理预算办公室前负责人大卫·A·斯托克曼（David A. Stockman），也期待黄金再次大放光彩：

> 人们将会意识到这一直以来都是一个惊天大骗局，不仅是自2009年3月黄金价格处于低位以来，而且已经存在了几十年，而现在这一切都将结束。甚至连艾伦·格林斯潘前几日出现在外交关系委员会上时也不得不承认，还存在另一种不受各国央行控制的，且不可能被各国央行以如此失常的速度印制的货币——那就是黄金。它（黄金）的价值将会被重新发现，而由于货币体系崩溃对经济造成的打击的力度与强度，当黄金的价值被重新发现时，其价格会以超快的速度一路上涨。[44]

据国际货币基金组织的历史学家表示，当然，内幕人士意识到了这些，因此在雷曼兄弟于2008年底倒闭之后不久，这被称作是"新的布雷顿森林体系"[45]：

> 萨科奇与布朗所设想的，是用来稳定21世纪的国际金融的新多边协议，其协议方式与建立了国际货币基金组织与世界银行的1944年的会议的方式一致，后者曾稳定了20世纪后半叶各国之间的金融关系。在20世纪的几次事件中，主要国家的政治领导人竭力要在全球经济或金融体系上达成各种国际协议。他们的努力大多都失败了，布雷顿森林体系是个例外。

他还给出了其他洗牌的几个例证：

1918—1919：为避免再次爆发战争而重新规划政治界限并建立原则，而且建立能够恢复自由贸易与资本流的框架也在议程之中。

1933：世界货币与经济会议举行，会议旨在扩大货币类型的范围，重新确定固定的参与国，但由于缺乏美国政府的支持而终告失败。在这之前的会议，包括于 1922 年举行的、为以欧洲国家为主的国家重新建立金本位制的热那亚会议，以及于 1930 年举行的、建立了国际清算银行的罗马会议。

2012 年，英格兰银行前行长默文·金（Mervyn King）预测，如果不实行大规模的债务调整与金融体系（银行）的资本结构调整，发达经济体可能无法摆脱目前的危机：

"如果债权人不承认将会遭受的损失，也就是，接受资产价格出现大幅度降低以及金融体系的资本结构调整，我认为发达经济体在总体上会很难摆脱目前的困境。"他讲道："只有到那时候才有可能以更加正常的方式提供对经济复苏起关键作用的各项银行服务。"[46]

在中国举行的两次会议上，讨论了即将到来的货币大洗牌。据中国国际金融论坛 2014 年的新闻报道："一种新的全球金融秩序已经在中国得到了讨论。"[47]该论坛在国外并不闻名，但在中国，这是每年都会举行的声望最高的会议。[48]

中国国际金融论坛提出了几项实现货币体系转型的"首要任务"：

● 建立新的全球金融框架
● 制定新的监管制度
● 重建世界金融的新模式

在三天的时间里，论坛参与者（来自于联合国、世界银行与国际货币基金组织的参与国）讨论了"这种全球金融与经济体系的新框架"。

《中国日报》报道如下：

> 国际金融专家在北京举行的一个论坛上发言说："在快速变化的全球经济环境中，一种新的全球金融秩序是非常有必要的，而且还亟须战略通过对话与合作来改革现有的体系。"

中国国际金融论坛主席成思危讲道：

> 当今世界正面临着一场革命。构建一个新的全球金融框架以及制定全球金融市场的新规则是至关重要的……这种新的全球框架、全球规则、全球平衡与全球治理需要我们参与到重建的战略对话与思考中来。

欧洲中央银行前行长让-克洛德·特里谢作为中国国际金融论坛的联合主席，通过视频通话告诉论坛：

> 世界经历了全球金融危机……各种新规则不仅在发达经济体内部，而且还被提出来与所有的新兴经济体进行了讨论，包括最重要的新兴经济体，即中国。

这些观点在新加坡举行的伦敦金银市场协会论坛上得到了肯定。中国工商银行贵金属业务部总经理周明讲道："随着美元作为国际储备货币的地位摇摇欲坠，一种新的全球货币正在被酝酿。"

这些举措是在中国大公国际资信评估公司于 2013 年将美国债务评级从 A 降级到 A-之后开始实行的，而中国与许多国家刚刚签订了大量的货币互换协议，这将导致在与中国进行的贸易中使用的美元数量的下降。2014 年，在布雷顿森林委员会的年会上，保罗·沃尔克同样提议要争取实施一次货币洗牌。在题为《一种新的布雷顿森林体系？》的讲话中，他讲道[49]：

> 到目前为止，我认为我们已经赞同一种观点，也就是，如果一种货币制度不具有官方性，不以各种规则为基础以及不能做到协作管理，那

么这种制度就谈不上是一种伟大的成就。事实上，国际金融危机似乎至少在阻碍经济稳定与增长上具有频发性，更具有毁灭性……为国际货币基金组织的治理结构所一致赞同的变革是非常重要的，它有助于我们实现其治理结构与决策的政治合法性。但那还是不够的——如果货币改革缺乏实质性的协议，以及在实现这个目标的过程中缺乏切实的方法，它将毫无意义……一种新的布雷顿森林会议？我们还远远没有达到那种程度。但我们肯定已经提出了已经被忽略了长达几十年的最根本的问题，不管我们承认与否。

2014 年，在路德维希·冯·米塞斯研究所于德国组织的一次会议上，德国央行的前副行长、欧洲中央银行前首席经济学家朱尔根·斯塔克（Jürgen Stark）总结道，"这个体系已经失控"。多家媒体报道，他直接向参会人员发出警告，表示全球货币体系将可能出现崩溃。他讲道，欧洲中央银行"已经完全失去了控制经济状态的所有能力"，而且"整个体系将无法存活……（它）现在纯粹是胡编乱造"。斯塔克建议，应将存款的部分用于"购买如黄金或白银这样的避险品"。[50]

2014 年早些时间，在达沃斯举行的世界经济论坛的专题讨论会上，国际货币基金组织的女主席克里斯蒂娜·拉加德（Christine Lagarde）讲道，是时候"实行另一种货币政策了"。她在预先准备好的讲话中，共提到"洗牌"这个词十多次，平均每 2.3 分钟就会提及一次，似乎她已经决定准备让人们迎接世界范围内金融体系内即将到来的变革了。

以下是她说的其他一些话：

金融部门的监管环境必须要最终定下来，而且还要不断地进行重新审查、改革与组织，以这种方式让我们的监管环境对各国金融市场上的创造性做出反应，这是 1 号洗牌方案。

2号洗牌方案……是由大多数发达经济体的中央银行进行的货币政策的洗牌。这些经济体一直接触的是非传统领域。它们在把危机保持在原有的水平方面做出了巨大的贡献，但现在，它们正逐渐开始实行另一种货币政策。

在最近的一次采访中，华尔街内幕人士吉姆·瑞卡兹同样赞同必须进行全球货币洗牌的观点[51]：

是的，特别提款权成为新的全球储备货币具有一定的可能性。黄金与石油到那时将会以特别提款权来定价。它将被用于各国之间的一些国际收支、储备创造以及记录世界最大的那些企业的财务账户。因此，西门子、通用电气与IBM将以特别提款权来制作财务报表，因为它们都是全球性的大企业。

下面是吉姆·瑞卡兹接受记者采访时谈到更多观点。

提问："这种特别提款权是否将由黄金以固定比价提供担保？"

吉姆·瑞卡兹："可能会这样，这就是有趣的地方。那种情况并不是全球领导人想要的。他们想要的是用纸质特别提款权来替代美元纸币。问题是，人们会不会接受？全球领导人也许会重新实行金本位制，并不是因为他们想要这样，而是因为他们想要恢复人们对纸币的信心。"

提问："货币洗牌实施之后，亚洲国家的权力将如何分配？"

吉姆·瑞卡兹："权力的分配将基于黄金储备量。是的，但还有一些问题需要我们考虑。美联储想要让黄金的价格变得更高。美联储目前的问题不是通货膨胀，而是通货紧缩。美联储想要受控制的通货膨胀，但却无法达到这个目的。那么你如何实现通货膨胀？你得改变人们对通货膨胀的预期。而允许黄金价格上涨能有助于增加人们对通货膨胀的预期。但如果黄金价格上涨到1 400美元每盎司、1 500美元每盎司或1 600美元每盎司，美联储都不会在意，因为那样会让人们产生通货膨胀的预期；能够让他们花费更多的美元，并申请更多的贷款等。那就是美联储想要的。如果他们认为可以把黄金价格随意上调或下调，那他们就错了。他们也确实这样做了。2011 年，黄金价格将上涨到 1 900 美元每盎司，美联储非常害怕黄金价格会上涨到 2 000 美元每盎司，这是个关键的心理门槛，因此他们不得不打压黄金价格。"

提问："2013 年的黄金价格的下跌是由中国在幕后操作造成的，还是由美国与中国协作造成的？一种情形可能是，中国支持美元，而作为回报，中国能够以极低的价格购买实物黄金。"

吉姆·瑞卡兹："呃，我会让你了解到我知道的与我不知道的。如果你是一位侦探，你的面前有一具死尸，而你要找到杀人凶手，那你所要找的则是杀人动机。那么，黄金价格的下跌，谁会受益？中国是最可能受益的国家。我了解到一个事实，管理中华人民共和国外汇储备的主权财富基金——国家外汇管理局在 2013 年 6 月至 7 月间，购买了 600 吨实物黄金。在这个时候，这批黄金被记录在国家外汇管理局的资产负债表上，但它能够被快速地转到中国人民银行的资产负债表上，就像 2009 年那样。我无法肯定中国是否导致了黄金价格的下跌，不过我怀疑是这样，但我知道他们肯定能从中获利。目前，让黄金价格保持低位，中国是能获利的，因为他们还想购买更多的黄金。但在某种情况下，如果美国出现通货膨胀，中国则希望黄金价格走高，因为这样可以让二者造成的影响相互抵消。那就是中国购买黄金的原因。……中国已经拥有了 4 万亿美元的外汇储备，他们更希望美元能保持稳定。如果美国让美元贬值 10%，中国的 4 000 亿美元的财富将被转移到美国。中国采取的措施是增持黄金，如果美元走低，黄金则会上涨。"

提问："中国知道美国需要美元贬值吗？"

吉姆·瑞卡兹："是的。"

提问："我知道富有的美国人采取了许多措施，如获取第二国的护照，以及把他们的资金向离岸市场转移。你身边的人是不是也有采取这种做法的？"

吉姆·瑞卡兹："是的，这种情况一直都存在。有许多亿万富翁在自己的房子里建造金库，因为他们不相信银行。"

提问："那这些能告诉你一些什么呢？"

吉姆·瑞卡兹："这告诉我，从某种程度来讲，我能看到的，他们也能看到，但他们却不愿意去谈论这些：他们已经为崩溃做好了准备，但同时也想从中获取利益。"

另一位内幕人士则是富有传奇色彩的对冲基金经理乔治·索罗斯，他非常坦率地谈到了对货币洗牌的需要。在一次电视访谈中，他谈到了以下一些事实情况[52]：

> 我相信，从根本上来讲，体系已经支离破碎，亟须得到重塑。目前我们所拥有的体系已经破碎，只是我们未能很好地意识到这一点。因此，我们需要创造一种新的体系，而现在正是时候……我们需要一种新的世界秩序，中国必须要参与到创造这个秩序的过程中来。他们不得不买进（他们也确实是这样做的）大量的黄金……我认为这种新的世界秩序将更加稳定，各国在这个秩序下能够实施协同合作的政策。我认为，这个新秩序已经有了成果，因为G20国家正在有效地向着那个方向发展。……因此，各国普遍都对各种货币缺乏信心，于是出现放弃货币而投入到实际资产的举措。……特别是在商品领域。

2014年，我们已经看到我们的货币体系即将面临的诸多变革。这并不意味着我们期待这种货币洗牌早点出现。计划中的变革将花费时间去讨论与准备。但我们肯定会在下个十年中（2015—2025 年）经历这些变革。这些变革可以作为一种新的世界范围的货币洗牌被提出，或在一系列细化的措施中被提出。我希望，2014 年开始于西方国家与俄罗斯的经济战不会对这个过程造成太多的阻碍。很明显，俄罗斯想要看到另一种结果。它竭力劝说中国参与到有望替代目前以西方国家为主导的金融体系的金砖四国金融体系中。一种具有自己的世界银行（发展银行），也许还具有自己（由黄金担保的）货币的替代性金融体系也许会出现，它会极力对抗目前的体系。以我个人之见，中国有实现其目的的方式，而且将决定对自己最有利的东西。他们将竭力继续活跃在世界的政治舞台上，并支持俄罗斯（中国幅员辽阔的邻居且需要各类商品）与美国（因地缘与经济原因成为中国在世界范围内的伙伴）。中国的领导层懂得，他们至少还需要 10～20 年来改进其自身的金融与军事结构，只有这样，中国才能占据有利地位来与美国竞争世界领导者的地位。

90. 你给投资者的建议是什么？

在传统银行业务与有价证券组合的框架中投入相当数量的个人财富的风险正日益增长。各国权力机构将决定，传统税收的水平与方式将不足以满足现行税收的需要。我们能期待实施一些新的措施来对整个体系进行资本结构调整，如国际货币基金组织的一次性资本税、塞浦路斯银行存款的没收，或直接的主权违约。甚至连持有现金都存在风险。

Eidesis 资本的西蒙·米克海洛维奇（Simon Mikhailovich）评论道：

> 在旧的金融框架中，现金是一种不存在风险的资产。在各种体系风险的新范式中，任何资产（甚至现金），只要是由金融机构进行管理，都存在风险。如果投资者与存款人以金融账户的方式持有自己的资产，那么他们对其资产将不再具有清楚的权益。[53]

劳伦斯·萨默斯在国际货币基金组织的一次演讲中甚至陈述道："电子货币让我们不可能在银行之外积累货币。"银行与债券机构里任何东西（账面资产）都是"财富的可见形式"。相比之下，有形（硬）资产的可见性稍弱，因此在面临针对私有财富的广泛法令时受到的损失更小。

在 2008 年的危机中，各国立法者纷纷作出临时的特别反应，但现在他们有充足的时间进行事前计划，来对抗一场新的危机。

挪威主权财富基金也公开了一项购买房地产与股票而非债券的新策略。9 000 亿美元的石油基金正在购买股票来避险，因为优秀公司的股票，不像货币与主权债券，无法被政府印制出来。这家石油基金已经持有每个欧洲上市公司 2.5% 的股权，并计划将持有率提升到 5%。[54]

黄金基金经理约翰·哈撒韦相信，在这个时刻，持有实物黄金是最安全的投资方式：

> 当市场出现逆转时，对于银行券的支持被削弱、对权益的担忧与央行金块的产权负担，以及对公共政策方向的担忧，驱使着流动资本进入黄金领域。然而，这次，我们似乎会认为资金流会流向实物金属。黄金银行券的持有者将收到来自中间商的礼貌的道歉信，后者会提出以远低于实物市场价格的现金来解决纠纷。对于那些希望只以非实物资产的形式持有其财富，并暗自相信政治精英们会努力去恢复资本市场的正常运转与经济条件的那些人，我只能说祝他们好运。而对于那些对这样的结果心存疑虑的人，我得说去买实物金属。

我想补充的是，实物白银甚至是一种更好的投资。在写下这些内容的时候（2014 年末），黄金的价格比白银贵 70 多倍。从历史的走势来看，黄金与白银的差值应该在 10～15 倍之间。考虑到白银市场的日益短缺，我期待这种"穷人的黄金"出现相当大程度的价值重估。

THE BIG RESET

结　语

历史揭示了无数失败的货币体系的例子。自罗马金币贬值以及后来罗马帝国崩溃之后，高水平的文明在欧洲再次崛起耗费了 500 年的时间。

在 20 世纪 80 年代，苏联的领导人确信其共产主义政权将永远存在，他们不断地在大阳台上挥手示意其他国家加入他们的行列，直到最后步入痛苦的结局。苏联解体之后，依赖于卢布价值的存款人与养老金领取人陷入了贫穷与落后之中。

西方人得出了一个结论，即基于自由市场的资本主义制度是具有优越性的制度，因为许多共产主义国家也向我们"靠拢"。不过，在 2008 年底我们的制度同样也出现了危机。然而，正如 20 世纪 90 年代初的共产主义领导人那样，我们也假装一切都进行得不错。国家的权力机构现在转向使用共产主义制度采用过的措施，而这些正是我们所厌恶的。好消息通常都是宣传与政府公关专家的工作成果。经济与金融市场越来越趋向于集中控制。越来越多的自由市场正在消失。利率被操控，金元战争被打响，"救市小组"几乎是在公开干预美国的股票市场，而量化宽松政策的实施变得更加频繁。我们已经进入了一个实质上的全球性国家资本主义的时代。中国就是一个非常好的例证。俄罗斯、美国、欧盟、阿拉伯世界、英国以及日本也同样如此。西方与东方经济体现在以前所未有的方式交织在了一起。

自雷曼兄弟倒闭以来，各国央行行长拼命地试图避免金融体系的崩溃。各国政府与央行行长知道，一旦他们停止印制货币，整个经济制度便会土崩瓦解。而这只让我们得出了仅有的逻辑结论，即我们陷入了无止境的量化宽松而不能自拔。随着越来越多的"纸资产"被印制出来，越来越多的"精明投资人"也将投资转移到无法被印制的那些资产类型。

一次金融与货币危机爆发了，这是历史上的第一次，这次危机来势凶猛，它完全有能力让全世界对"纸资产"失去信心。这甚至能导致一次前所未有的严重通货膨胀浪潮的来临，在这种通货膨胀的情况下，会出现物价暴涨、债务违约、经济崩溃以及银行关闭。在 1991 年苏联解体之后以及 2001年阿根廷的经济崩溃期间，都出现了银行假期。

这两种情况都导致了存款人失去了其财富，而将资金投入到稀有金属的"精明投资人"则成功地保护好了其资本。这种情况不会发生在美国吗？美国总统巴拉克·奥巴马在 2009 年就任的当天就组织了一次会议电话，着重讨论了宣布银行假期[1]的各种可能性。

因此，各国央行行长意识到一个问题，即在这些发生之前必须制定出一个洗牌方案。政府机构将尽一切可能改良金融体系，来避免又一次类似于2008 年的崩溃的发生。我认为，这不是洗牌方案是否会被实施的问题，而仅仅是它们何时会被实施的问题。

如果关于金融大洗牌的协商无法在世界主要的贸易伙伴国之间获得满意的解决方案，那么时局便会陷入紧张的氛围之中。早在 2006 年，美国政府与哈里伯顿公司（Halliburton）[2]就达成了一项价值 4 000 亿美元的合同，合同的目的是在美国全境[3]建造多个拘留所。[4]如果美国公民举行大规模的暴乱，这些拘留所就可以被很好地用于拘留大量的美国公民。

至少可以说，下一个十年将会是令人兴奋的。最后我要乐观地讲，本书中所描述的思想能够奏效，也就是重新推行国际货币基金组织的特别提款权（纸黄金）。它能在现有体系不完全崩溃的情况下，让我们有足够多的时间来为世界范围的重重债务找到适用性更广的解决方案。

当然，我们面临着世界陷入更多混乱的风险，这在很大程度上是由于普京在东欧地区的行动以及中东地区的 ISIS 活动造成的。据美国前总统卡特的安全顾问布热津斯基表示，"能阻止这种不断深化的世界混乱的唯一力量，便是全球两个最大的强国——美国与中国——能够达成坦诚的共识，也就是，两国能团结在一起共同对抗世界的混乱"。他呼吁要与中国一起制定出"太平洋宪章"，并认为：

> 共同参与维持国际稳定能够让这两个超级大国在抑制危险的威胁上产生更广泛的协作……实际上，美国与中国在全球事物上，比美国与英国在第二次世界大战时期更趋于一致，特别是在全球经济领域。从经济上来讲，美国的繁荣在很大程度上与中国的繁荣相互依赖。那是一份伟大的资产。这也让我在提倡更大程度的合作的同时有了一定信心。我们能共同合作来支持美元，并保持稳定的资本流，但除此之外，我们必须问问自己：我们能进行更多的合作，来阻止政治混乱的爆发吗？[5]

非常明显的是，即使是"顶层设计者"仍不知道具体该实行哪种路线，但有迹象表明，全球货币大洗牌的第一个阶段已经很明显地存在了一段时间了。每日跟踪新的发展情况将是非常有必要的。定期的更新可以在 www.thebigresetblog.com 上找到。

最后，感谢大家有兴趣阅读本书。

附录 I
历史上曾被使用过的货币

货币名称与货币代码	开始时间	结束时间	持续时间	结束的原因
1994 年的南斯拉夫第纳尔（YUG）	1994	1994	1 个月	严重的通货膨胀
德意志民主共和国息票马克（DDK）	1948	1948	1 个月	第二次世界大战
匈牙利帕戈（HUB）	1946	1946	1 个半月	严重的通货膨胀
匈牙利税帕戈（HUA）	1946	1946	2 个月	严重的通货膨胀
德国金马克（DEG）	1923	1923	2 个月	严重的通货膨胀
斯洛文尼亚莱巴赫里拉（SIL）	1944	1944	2 个半月	第二次世界大战
（塞尔维亚）克拉伊纳共和国十月第纳尔（HRKO）	1993	1994	3 个月	严重的通货膨胀
南斯拉夫十月第纳尔（YUO）	1993	1993	3 个月	严重的通货膨胀
哈萨克斯坦卢布（KZR）	1993	1993	3 个月	严重的通货膨胀
朝鲜圆（KPO）	1959	1959	3 个月	严重的通货膨胀
匈牙利面值为 1 000 万的帕戈（HUM）	1946	1946	3 个月	严重的通货膨胀
塞尔维亚共和国十月第纳尔（BASO）	1993	1994	4 个月	其他战争
波兰卢布林兹罗提（PLL）	1944	1945	4 个月	第二次世界大战
匈牙利红军潘戈（HUR）	1945	1945	6 个月	第二次世界大战
乌兹别克斯坦息票苏姆（UZC）	1993	1994	8 个半月	严重的通货膨胀
印度尼西亚廖内群岛盾（IDRR）	1963	1964	8 个半月	被 IDR 替代
日本卡蒙基本金属币（JPK）	1904	1905	9 个月	严重的通货膨胀
日本欧班金币（JPO）	1904	1905	9 个月	严重的通货膨胀
日本曼木银币（JPM）	1904	1905	9 个月	严重的通货膨胀
德涅斯特河沿岸卢布（PDR）	1994	1994	11 个月	严重的通货膨胀
乌克兰卢布（UAK）	1992	1993	11 个月	严重的通货膨胀
巴西克鲁赛罗亚尔（BRR）	1993	1994	1 年	严重的通货膨胀
阿尔巴尼亚列克（ALV）	1992	1993	1 年	中断使用
（塞尔维亚）克拉伊纳共和国改良第纳尔（HRKR）	1992	1993	1 年	严重的通货膨胀
拉脱维亚卢布（LVR）	1992	1993	1 年	严重的通货膨胀
立陶宛塔罗纳斯（旧币）（LTT）	1992	1993	1 年	严重的通货膨胀
马其顿第纳尔（MKN）	1992	1993	1 年	严重的通货膨胀
摩尔多瓦列伊库邦（MDC）	1992	1993	1 年	严重的通货膨胀
塞尔维亚共和国改良纳尔（BASR）	1992	1993	1 年	严重的通货膨胀
南斯拉夫改良第纳尔（YUR）	1992	1993	1 年	严重的通货膨胀
摩尔多瓦卢布库邦（MDR）	1992	1992	1 年	严重的通货膨胀
斯洛文尼亚共和国托拉尔（SIB）	1992	1992	1 年	被重命名为 SIT
巴西新克鲁塞罗（BRN）	1989	1990	1 年	严重的通货膨胀
中国金圆券（CNG）	1948	1949	1 年	中国解放战争
中国银元（CNS）	1948	1949	1 年	中国解放战争
新疆金元（CNSG）	1948	1949	1 年	中国解放战争

续前表

货币名称与货币代码	开始时间	结束时间	持续时间	结束的原因
阿塞拜疆托曼（IRZT）	1945	1946	1年	被伊朗征服
奥地利联军先令（ATM）	1944	1945	1年	第二次世界大战
捷克斯洛伐克红军克朗（CSR）	1944	1945	1年	第二次世界大战
罗马尼亚红军列伊（ROR）	1944	1945	1年	第二次世界大战
1923年的苏联卢布（SUB）	1923	1924	1年	严重的通货膨胀
1922年的俄国卢布（RUFR）	1922	1922	1年	苏联的成立
东非弗洛林（XEAF）	1920	1922	1年	第二次世界大战
摩纳哥芽月法郎（MCG）	1920	1921	1年	应急措施
北俄国卢布（RUNR）	1919	1920	1年	苏联的成立
奥地利克朗（ATK）	1918	1919	1年	第一次世界大战
跨高加索地区卢布（ZKRR）	1917	1918	1年	俄国内战
新几内亚德国马克（PGM）	1914	1915	1年	第一次世界大战
西南非洲德国马克（NAP）	1914	1915	1年	第一次世界大战
美国南部邦联改革美元（CSAR）	1864	1865	1年	美国内战
法国法郎（托管地）（FRM）	1796	1797	1年	严重的通货膨胀
法国法郎（纸券）（FRA）	1795	1796	1年	严重的通货膨胀
波兰纸币弗洛林兹罗提（PLF）	1794	1795	1年	领土被奥地利分割
（塞尔维亚）克拉伊纳共和国1994年第纳尔（HRKG）	1994	1996	2年	严重的通货膨胀
格鲁吉亚息票拉里（GEK）	1993	1995	2年	严重的通货膨胀
白俄罗斯卢布（BYL）	1992	1994	2年	严重的通货膨胀（间接性的）
波斯尼亚第纳尔（BAD）	1992	1994	2年	严重的通货膨胀
南斯拉夫可兑换第纳尔（YUN）	1990	1992	2年	严重的通货膨胀
阿根廷比索（ARP）	1983	1985	2年	严重的通货膨胀
阿曼里亚尔塞迪（OMS）	1970	1972	2年	独立法案
加纳旧塞地（GHO）	1965	1967	2年	被GHC替代
法国新法郎（FRF）	1960	1962	2年	被重命名为法国法郎
军用韩元（KROM）	1945	1947	2年	被KPP替代
意大利"巴达格里奥"里拉（ITLB）	1943	1945	2年	第二次世界大战
意大利"墨索里尼"里拉（ITLM）	1943	1945	2年	第二次世界大战
意大利-美国军用里拉（ITA）	1943	1945	2年	第二次世界大战
意大利-英国军用里拉（ITB）	1943	1945	2年	第二次世界大战
乌克兰国家卢布（UAC）	1942	1944	2年	第二次世界大战
"夏威夷"美元（USDH）	1942	1944	2年	第二次世界大战

续前表

货币名称与货币代码	开始时间	结束时间	持续时间	结束的原因
西班牙民族主义比塞塔（ESPN）	1936	1939	2年	第二次世界大战
苏联跨高加索地区卢布（ZKSR）	1922	1924	2年	苏联的成立
远东共和国卢布（DBRR）	1920	1922	2年	苏联的成立
苏维埃亚美尼亚卢布（AMSR）	1920	1922	2年	苏联的成立
苏维埃阿塞拜疆卢布（AZSR）	1920	1922	2年	苏联的成立
亚美尼亚卢布（AMR）	1918	1920	2年	苏联的成立
阿塞拜疆共和国卢布（AZR）	1918	1920	2年	苏联的成立
西瓦滕加（KHVT）	1918	1920	2年	苏联的成立
德国东部战区卢布（DEOR）	1916	1918	2年	第一次世界大战
秘鲁印加（PER）	1880	1882	2年	中断使用
海地新纸币古德（HTN）	1870	1872	2年	严重的通货膨胀
美国马里兰州红先令（CMDR）	1781	1783	2年	严重的通货膨胀
美国新泽西州新先令（CNJN）	1781	1783	2年	严重的通货膨胀
美国佛蒙特州先令（CVTS）	1781	1783	2年	严重的通货膨胀
波斯尼亚新第纳尔（BAN）	1994	1997	3年	被 BAM 替代
俄罗斯卢布（RUR）	1991	1994	3年	严重的通货膨胀
巴西克鲁塞罗（BRE）	1990	1993	3年	严重的通货膨胀
尼加拉瓜科多巴（NIC）	1988	1991	3年	严重的通货膨胀
巴西克鲁塞多（BRC）	1986	1989	3年	严重的通货膨胀
老挝解放基普（LAL）	1976	1979	3年	严重的通货膨胀
南越盾（VNS）	1975	1978	3年	越南统一
比拉夫共和国镑（BIAP）	1967	1970	3年	被尼日利亚征服
加丹加法郎（KATF）	1960	1963	3年	独立法案
葡属印度埃斯库多（INPE）	1959	1962	3年	独立法案
留尼汪岛（法国）法郎（REF）	1959	1962	3年	严重的通货膨胀
冻结的德国马克（DES）	1951	1954	3年	中断使用
德国联军马克（DEA）	1945	1948	3年	第二次世界大战
日本联军圆（JPA）	1945	1948	3年	第二次世界大战
"中华满洲国"钱币（CNNY）	1945	1948	3年	中国解放战争
荷属东印度群岛印尼盾（NIDR）	1943	1946	3年	第二次世界大战
马来元（MYAG）	1942	1945	3年	第二次世界大战
菲律宾游击队比索（PHG）	1942	1945	3年	第二次世界大战
荷属东印度群岛盾（IDDJ）	1941	1943	3年	第二次世界大战
罗马尼亚列伊（ROI）	1941	1943	3年	第二次世界大战
中国广东元（CNDC）	1935	1938	3年	第二次世界大战
波兰但泽省马克（DZGM）	1920	1923	3年	第一次世界大战
立陶宛克莱佩达市马克（MMLM）	1920	1923	3年	第一次世界大战

续前表

货币名称与货币代码	开始时间	结束时间	持续时间	结束的原因
苏维埃西瓦卢布（SUVT）	1920	1923	3 年	苏联的成立
格鲁吉亚卢布（GER）	1918	1921	3 年	苏联的成立
布哈拉滕加（BKHT）	1917	1920	3 年	苏联的成立
墨西哥"不可兑换"纸币比索（MXI）	1913	1916	3 年	严重的通货膨胀
南部邦联美元（CSAD）	1861	1864	3 年	美国内战
马里兰州乌先令（CMDB）	1780	1783	3 年	严重的通货膨胀
阿富汗多斯图米阿富汗尼（AFAD）	1998	2002	4 年	严重的通货膨胀
阿富汗拉比尼阿富汗尼（AFAR）	1998	2002	4 年	严重的通货膨胀
安哥拉"重新调整的"宽扎（AOR）	1995	1999	4 年	严重的通货膨胀
鞑靼斯坦共和国萨米尔（RUTS）	1992	1996	4 年	成为俄罗斯的一部分
克罗地亚第纳尔（HRD）	1991	1995	4 年	其他战争
刚果扎伊尔（CDZ）	1967	1971	4 年	独立法案
赞比亚英镑（ZMP）	1964	1968	4 年	独立法案
阿尔及利亚新法郎（DZF）	1960	1964	4 年	独立法案
卢旺达乌隆迪法郎（BRIF）	1960	1964	4 年	独立法案
兑换力有限的德国马克	1954	1958	4 年	中断使用
解放后资本德国马克	1954	1958	4 年	中断使用
吉布提非洲法郎（DJC）	1945	1949	4 年	独立法案
印度尼西亚游击队卢比（IDG）	1945	1949	4 年	被 IDN 替代
中国台湾国民党元（TWN）	1945	1949	4 年	中国解放战争
法国法郎（暂行的盟军用货币）（FRP）	1944	1948	4 年	第二次世界大战
缅甸卢比（BUG）	1941	1945	4 年	第二次世界大战
克罗地亚库纳（HRC）	1941	1945	4 年	第二次世界大战
法属中印半岛军用钱币（ICFG）	1941	1945	4 年	第二次世界大战
中国军用港币（HKG）	1941	1945	4 年	第二次世界大战
军用日元（XJPM）	1941	1945	4 年	第二次世界大战
中国南京/CRB 元（CNPN）	1941	1945	4 年	第二次世界大战
新赫布里底群岛法郎（NHF）	1941	1945	4 年	第二次世界大战
大洋洲镑（XOGP）	1941	1945	4 年	第二次世界大战
菲律宾比索（PHJ）	1941	1945	4 年	第二次世界大战
塞尔维亚第纳尔（SRDD）	1941	1945	4 年	第二次世界大战
德国辅助货币（XDEB）	1940	1944	4 年	第二次世界大战
苏维埃布哈拉卢布（BKSR）	1920	1924	4 年	苏联的成立
拉脱维亚卢布（LVB）	1918	1922	4 年	严重的通货膨胀
苏联纸币卢布（RUFS）	1918	1922	4 年	苏联的成立
俄国纸币卢布（RUFS）	1918	1922	4 年	严重的通货膨胀

续前表

货币名称与货币代码	开始时间	结束时间	持续时间	结束的原因
南斯拉夫克朗（YUK）	1918	1922	4 年	第一次世界大战
西班牙埃斯库多（ESE）	1864	1868	4 年	拉丁货币联盟的成立
亚拉巴马州南部邦联美元（CSALD）	1861	1865	4 年	美国内战
阿肯色州南部邦联美元（CSAKD）	1861	1865	4 年	美国内战
佛罗里达州南部邦联美元（CSFLD）	1861	1865	4 年	美国内战
佐治亚州南部邦联美元（CSGAD）	1861	1865	4 年	美国内战
路易斯安那州南部邦联美元（CSLAD）	1861	1865	4 年	美国内战
密西西比州南部邦联美元（CSMSD）	1861	1865	4 年	美国内战
北卡罗来纳州南部邦联美元（CSNCD）	1861	1865	4 年	美国内战
南卡罗来纳州南部联邦美元（CSSCD）	1861	1865	4 年	美国内战
田纳西州南部邦联美元（CSTND）	1861	1865	4 年	美国内战
得克萨斯州南部邦联美元（CSTXD）	1861	1865	4 年	美国内战
塔吉克斯坦卢布（TJR）	1995	2000	5 年	严重的通货膨胀
扎伊尔货币新扎伊尔（ZRN）	1993	1998	5 年	严重的通货膨胀
安哥拉新宽扎（AON）	1990	1995	5 年	严重的通货膨胀
以色列谢克尔（ILL）	1980	1985	5 年	严重的通货膨胀
中国第一套人民币（CNP）	1948	1953	5 年	严重的通货膨胀
罗马尼亚新列伊（RON）	1947	1952	5 年	严重的通货膨胀
印度尼西亚"爪哇"卢比（IDJ）	1945	1950	5 年	独立法案
印度尼西亚"尼卡"盾（IDD）	1945	1950	5 年	独立法案
荷属东印度群岛卢比（IDDR）	1941	1946	5 年	严重的通货膨胀
波兰克拉科夫兹罗提（PLK）	1940	1945	5 年	第二次世界大战
斯洛伐克克朗（SKO）	1940	1945	5 年	第二次世界大战
意属东非里拉（AOIL）	1936	1941	5 年	第二次世界大战
里夫共和国里夫安（MARR）	1921	1926	5 年	其他战争
乌克兰格里夫纳（UAG）	1917	1922	5 年	苏联的成立
西南非洲马克（NAM）	1915	1920	5 年	第一次世界大战
塞尔维亚第纳尔（SRBD）	1913	1918	5 年	第一次世界大战
南非共和国镑（ZAPP）	1905	1910	5 年	转为使用 GBP
希腊银币火凤凰（GRP）	1828	1833	5 年	以面值被 GRS 替代
德涅斯特河沿岸息票卢布（PDK）	1994	2000	6 年	严重的通货膨胀
秘鲁印蒂（PEI）	1985	1991	6 年	严重的通货膨胀
罗得西亚（今津巴布韦）镑（RHP）	1964	1970	6 年	独立法案
越南银圆越南盾（VDD）	1953	1959	6 年	严重的通货膨胀
德意志国家信用现金凭证（XDEK）	1940	1946	6 年	第二次世界大战

续前表

货币名称与货币代码	开始时间	结束时间	持续时间	结束的原因
波希米亚和摩拉维亚克朗（CSM）	1939	1945	6 年	第二次世界大战
军用日元（CNPY）	1939	1945	6 年	第二次世界大战
爱沙尼亚马克（EEM）	1918	1924	6 年	严重的通货膨胀
阜姆港克朗（FIUK）	1918	1924	6 年	严重的通货膨胀
西印度群岛乔伊（GYJ）	1830	1836	6 年	独立法案
法国里弗（指券）（FRL）	1789	1795	6 年	严重的通货膨胀
白俄罗斯新卢布（BYB）	1994	2001	7 年	严重的通货膨胀
俄罗斯联邦卢布（RUR）	1991	1998	7 年	严重的通货膨胀
阿根廷奥斯特拉尔（ARA）	1985	1992	7 年	严重的通货膨胀
赤道几内亚法郎（GQF）	1985	1992	7 年	西非货币联盟的成立
新越南盾（VNN）	1978	1985	7 年	以 10：1 被 VNN 替代
几内亚比塞塔（GQP）	1968	1975	7 年	独立法案
卡塔尔-迪拜里亚尔（XQDR）	1966	1973	7 年	独立法案
冈比亚镑（GMP）	1964	1971	7 年	独立法案
马拉维镑（MWP）	1964	1971	7 年	独立法案
刚果共和国法郎（CDG）	1960	1967	7 年	严重的通货膨胀
越盟银圆越南盾（VDP）	1946	1953	7 年	第一次越南战争
匈牙利克朗（HUK）	1918	1925	7 年	严重的通货膨胀
美国康涅狄格州大陆先令（CCTS）	1776	1783	7 年	严重的通货膨胀
美国特拉华州大陆先令（CDES）	1776	1783	7 年	严重的通货膨胀
美国佐治亚大陆先令（CGAS）	1776	1783	7 年	严重的通货膨胀
美国马里兰州大陆先令（CMDS）	1776	1783	7 年	严重的通货膨胀
美国马萨诸塞州大陆先令（CMAS）	1776	1783	7 年	严重的通货膨胀
美国新罕布什尔州大陆先令（CNHS）	1776	1783	7 年	严重的通货膨胀
美国新泽西州大陆先令（CNJS）	1776	1783	7 年	严重的通货膨胀
美国纽约州大陆先令（CNYS）	1776	1783	7 年	严重的通货膨胀
美国北卡罗来纳州大陆先令（CNCS）	1776	1783	7 年	严重的通货膨胀
美国宾夕法尼亚州大陆先令（CPAS）	1776	1783	7 年	严重的通货膨胀
美国罗得岛州大陆先令（CRHS）	1776	1783	7 年	严重的通货膨胀
美国南卡罗来纳州大陆先令（CSCS）	1776	1783	7 年	严重的通货膨胀
美国弗吉尼亚州大陆先令（CVAS）	1776	1783	7 年	严重的通货膨胀
伊里安卢布（IDIR）	1963	1971	8 年	以 1：12.63 被 IDR 替代
捷克斯洛伐克新克朗（CSC）	1945	1953	8 年	以 5：1 被 CSK 替代

续前表

货币名称与货币代码	开始时间	结束时间	持续时间	结束的原因
用于交易证券的德国马克（DERE）	1931	1939	8 年	第二次世界大战
用于信贷与交易外国人财产的德国马克（DERK）	1931	1939	8 年	第二次世界大战
波兰马克（PLM）	1916	1924	8 年	第一次世界大战
德国国家信贷银行东部马克（DEOM）	1914	1922	8 年	第一次世界大战
德占胶东元（JPY）	1914	1922	8 年	第一次世界大战
奥特曼帝国纸币里拉（XOTL）	1914	1922	8 年	第一次世界大战
蒙特内哥罗帕尔帕（MEP）	1910	1918	8 年	第一次世界大战
中国纸币银两（CNTP）	1853	1861	8 年	严重的通货膨胀
美国新罕布什尔州法定先令（CNHL）	1755	1763	8 年	独立法案
马萨诸塞州中间期限先令（CMAM）	1741	1749	8 年	独立法案
马萨诸塞州新期限先令（CMAN）	1741	1749	8 年	独立法案
利比里亚自由美元（LRDL）	1991	2000	9 年	其他战争
罗得西亚与尼亚萨兰镑（RHFP）	1956	1965	0	独立法案
韩元（KRH）	1953	1962	9 年	以 10∶1 被 KRW 替代
用于贸易的德国马克（DERH）	1939	1948	9 年	第二次世界大战
用于旅行与投资的德国马克（XR-DERM/DERR）	1939	1948	9 年	第二次世界大战
德国国家信用银行现金凭证（XDEK）	1939	1948	9 年	第二次世界大战
中国新疆钱币（CNSY）	1939	1948	9 年	中国解放战争
中国蒙疆（内蒙古银行）元（CNPM）	1936	1945	9 年	第二次世界大战
北京/天津/中国北方/FRB元（CNPP）	1935	1944	9 年	第二次世界大战
斐济旧币（FJO）	1865	1874	9 年	被英国征服
美国康涅狄格州元（CCTD）	1783	1792	9 年	美元的诞生
美国特拉华州元（CDED）	1783	1792	9 年	美元的诞生
美国佐治亚州元（CGAD）	1783	1792	9 年	美元的诞生
美国马里兰州元（CMDD）	1783	1792	9 年	美元的诞生
美国马萨诸塞州元（CMAD）	1783	1792	9 年	美元的诞生
美国新罕布什尔州元（CNHD）	1783	1792	9 年	美元的诞生
美国新泽西州元（CNJD）	1783	1792	9 年	美元的诞生
美国纽约州元（CNYD）	1783	1792	9 年	美元的诞生
美国北卡罗来纳州元（CNCD）	1783	1792	9 年	美元的诞生
美国宾夕法尼亚州元（CPAD）	1783	1792	9 年	美元的诞生
美国罗得岛州元（CRHD）	1783	1792	9 年	美元的诞生
美国南卡罗来纳州元（CSCD）	1783	1792	9 年	美元的诞生
美国弗吉尼亚州元（CVAD）	1783	1792	9 年	美元的诞生

续前表

货币名称与货币代码	开始时间	结束时间	持续时间	结束的原因
罗得西亚元（RHD/ZWC）	1970	1980	10 年	独立法案
法属阿法斯与伊萨法郎（AIF）	1967	1977	10 年	独立法案
保加利亚社会主义列伊（BGM）	1952	1962	10 年	以 10∶1 被 BGL 替代
印度哈吉朝圣卢比（XINP）	1950	1960	10 年	被 INR 替代
索马里索玛罗（SOIS）	1950	1960	10 年	被 SOS 替代
希腊新德拉克马（GRN）	1944	1954	10 年	严重的通货膨胀
英国军队里拉（LYB）	1941	1951	10 年	严重的通货膨胀
奥匈货币联盟盾（XATG）	1957	1967	10 年	拉丁货币联盟的成立
摩尔多瓦达克特（MDD）	1957	1967	10 年	中断使用
得克萨斯州美元（TXSD）	1936	1946	10 年	并入到美联邦
利比里亚美元（LRDJ）	1989	2000	11 年	其他战争
几内亚埃奎勒（GQE）	1975	1986	11 年	西非货币联盟
留尼汪新法郎（REN）	1963	1974	11 年	独立法案
波斯湾卢比（XPGR）	1959	1970	11 年	中断使用
西班牙共和国比塞塔（ESPR）	1931	1942	11 年	第二次世界大战
萨尔州法郎（SAAF）	1919	1930	11 年	第二次世界大战
葡属安哥拉埃斯库多（AOE）	1914	1925	11 年	以 1.25∶1 被 AOA 替代
纽芬兰纸币镑（NFLP）	1854	1865	11 年	被 NFLD 替代
加纳重估值的塞地（GHR）	1967	1979	12 年	被 GHC 替代（没收）
圣皮埃尔非洲新法郎（XCF）	1960	1972	12 年	独立法案
阿尔巴尼亚列克外汇兑换券（ALX）	1953	1965	12 年	外汇兑换券的流通
朝鲜人民圆（KPP）	1947	1959	12 年	严重的通货膨胀
德国军用辅助货币（XDEB）	1936	1948	12 年	第二次世界大战
阿塞拜疆马纳特（AZM）	1993	2006	13 年	严重的通货膨胀
伊拉克"瑞士印"库尔德斯坦第纳尔（IQDS）	1991	2004	13 年	独立法案
阿根廷比索莱伊 18.188（ARL）	1970	1983	13 年	严重的通货膨胀
荷属新几内亚荷兰盾（NNGG）	1950	1963	13 年	独立法案
中国"满洲国"银元（CNMY）	1932	1945	13 年	第二次世界大战
苏维埃切尔文（SUC）	1922	1935	13 年	中断使用
厄瓜多尔比索（ECP）	1871	1884	13 年	被重命名为 ESC
巴拉圭国家纸币比索（PYN）	1857	1870	13 年	被重命名为 PYF

续前表

货币名称与货币代码	开始时间	结束时间	持续时间	结束的原因
美国新罕布什尔州殖民地先令（CNHC）	1763	1776	13 年	美国独立战争
美国罗得岛州殖民地先令（CRHC）	1763	1776	13 年	美国独立战争
安哥拉宽扎（AOK）	1977	1991	14 年	严重的通货膨胀（间接性的）
几内亚西里（GNS）	1972	1986	14 年	被 GNF 替代（贬值 92.47%）
索马里先令（SOS）	1960	1974	14 年	于 1974 年重命名
尼日利亚英镑（NGP）	1959	1973	14 年	独立法案
几内亚法郎（GNI）	1958	1972	14 年	独立法案
苏维埃新卢布（SUN）	1947	1961	14 年	以 10∶1 被 SUR 替代
委内瑞拉货币委内瑞拉诺（VEV）	1873	1887	14 年	以 1∶5 被 VEB 替代
南德联合盾（XDSG）	1857	1871	14 年	被 DEP 替代
土库曼斯坦马纳特（TMM）	1993	2009	15 年	严重的通货膨胀
苏丹第纳尔（SDD）	1992	2007	15 年	严重的通货膨胀
斯洛文尼亚 1 拉尔（SIT）	1991	2006	15 年	欧元的诞生
智利埃斯库多（CLE）	1960	1975	15 年	严重的通货膨胀
法属安的列斯群岛法郎（XNF）	1960	1975	15 年	独立法案
缅甸卢比（BUR）	1937	1952	15 年	被重命名为 BUK
东非卢布（XEAR）	1905	1920	15 年	第一次世界大战
克里特德拉克马（GKD）	1898	1913	15 年	第一次世界大战
哥伦比亚金比索（COG）	1871	1886	15 年	严重的通货膨胀
阿根廷硬比索（ARF）	1860	1875	15 年	被 ARG 替代
美国康涅狄格州新期限先令（CCTN）	1740	1755	15 年	独立法案
斯洛伐克克朗（SKK）	1992	2008	16 年	欧元的诞生
帝汶埃斯库多（TPE）	1959	1975	16 年	独立法案
英属加勒比地区（东部集团）元（XBCD）	1951	1967	16 年	独立法案
印度尼西亚新卢比（IDN）	1949	1965	16 年	严重的通货膨胀
圣皮埃尔非洲法郎（XCFG）	1943	1959	16 年	严重的通货膨胀
南罗得西亚货币局镑（RHSP）	1940	1956	16 年	按面值被 RHFP 替代
沙特主权里亚尔（SAS）	1936	1952	16 年	被 SAR 替代
爱沙尼亚克鲁恩（EEN）	1924	1940	16 年	第二次世界大战
但泽盾（DZGG）	1923	1939	16 年	第二次世界大战

续前表

货币名称与货币代码	开始时间	结束时间	持续时间	结束的原因
德国地产抵押马克（DEN）	1923	1939	16 年	第二次世界大战
沙特阿拉伯里亚尔（SAA）	1916	1932	16 年	沙特阿拉伯王国的成立
意属索马里兰卢比（SOIR）	1909	1925	16 年	被 XITL 替代
保加利亚银列弗（BGS）	1904	1920	16 年	第一次世界大战
亚速群岛米尔雷斯（APM）	1895	1911	16 年	严重的通货膨胀
美国纸币美元（USP）	1862	1878	16 年	中断使用
朝鲜外国钱币（KPX）	1978	1995	17 年	中断使用
中国苏维埃元（CNSD）	1931	1948	17 年	中国解放战争
中国汉口钱币（CNDH）	1914	1931	17 年	第二次世界大战
中国黑龙江吊（CNHT）	1914	1931	17 年	第二次世界大战
中国甘肃钱币（CNDK）	1914	1931	17 年	第二次世界大战
中国吉林钱币（CNKT）	1914	1931	17 年	第二次世界大战
中国广东钱币（CNDG）	1914	1931	17 年	第二次世界大战
中国满洲钱币（CNDM）	1914	1931	17 年	第二次世界大战
中国北京钱币（CNDB）	1914	1931	17 年	第二次世界大战
中国上海钱币（CNDA）	1914	1931	17 年	第二次世界大战
中国山东钱币（CNDS）	1914	1931	17 年	第二次世界大战
中国四川钱币（CNDZ）	1914	1931	17 年	第二次世界大战
德占胶东钱币（KCHD）	1897	1914	17 年	第一次世界大战
波多黎各比索（PRS）	1881	1898	17 年	改为使用元
西班牙里尔/比索杜罗（ESR）	1847	1864	17 年	以面值被 ESE 替代
美国大陆美元（USC）	1775	1792	17 年	美元的诞生
乌拉圭新比索（UYP/UYN）	1975	1993	18 年	严重的通货膨胀
安哥拉埃斯库多（AOS）	1958	1976	18 年	严重的通货膨胀
吉布提法郎（DJA）	1949	1967	18 年	独立法案
中国关金圆（CNU）	1930	1948	18 年	中国解放战争
意大利里拉（XITL）	1925	1943	18 年	第二次世界大战
拉脱维亚拉特（LVA）	1922	1940	18 年	第二次世界大战
立陶宛立特（LTB）	1922	1940	18 年	第二次世界大战
瑞典国家银圆（SEM）	1855	1873	18 年	斯堪的纳维亚半岛货币联盟
中国美元外汇兑换券（CNX）	1979	1998	19 年	外汇兑换券的流通
刚果非洲法郎（COF）	1973	1992	19 年	独立法案
加蓬非洲法郎（GAF）	1973	1992	19 年	独立法案

续前表

货币名称与货币代码	开始时间	结束时间	持续时间	结束的原因
巴西新克鲁赛罗（BRB）	1967	1986	19 年	严重的通货膨胀
越南新越南盾（VDN/VNC）	1959	1978	19 年	越南统一
阿尔巴尼亚列克（ALK）	1946	1965	19 年	以 10：1 被 ALL 替代
哥伦比亚纸币比索（COB）	1886	1905	19 年	严重的通货膨胀
北德泰勒（XDET）	1838	1857	19 年	奥匈货币联盟
南德盾（XDEG）	1838	1857	19 年	奥匈货币联盟
（法国）图尔城纸币里弗尔（FRT）	1701	1720	19 年	严重的通货膨胀
几内亚比绍共和国比索（GWP）	1976	1996	20 年	西非货币联盟的成立
卢森堡可自由兑换法郎（LUC）	1970	1990	20 年	欧元的诞生
保加利亚列弗外汇兑换券（BGX）	1966	1986	20 年	外汇兑换券的流通
柬埔寨旧瑞尔（KHO）	1955	1975	20 年	中断使用
南越南共和国盾（VNR）	1955	1975	20 年	严重的通货膨胀
利比亚镑（LYP）	1951	1971	20 年	独立法案
比利时贝尔加（BEB）	1925	1945	20 年	第二次世界大战
马达加斯加法郎（MGG）	1925	1945	20 年	第二次世界大战
捷克斯洛伐克战前克朗（CSO）	1919	1939	20 年	第二次世界大战
比利时金融法郎（LUL）	1970	1991	21 年	欧元的诞生
乌干达先令（UGS/UGW）	1966	1987	21 年	严重的通货膨胀
加纳英镑（GHP）	1958	1979	21 年	独立法案
老挝旧基普（LAO）	1955	1976	21 年	以 20：1 被 LAL 替代
阿尔巴尼亚弗兰加（ALF）	1925	1946	21 年	与南斯拉夫成立货币联盟
匈牙利帕戈（HUP）	1925	1946	21 年	严重的通货膨胀
俄罗斯金卢布（RUER）	1897	1918	21 年	俄国内战
尼加拉瓜银比索（NIP）	1881	1912	21 年	以 12.5：1 被 NIG 替代
美国康涅狄格州殖民地先令（CCTC）	1755	1776	21 年	美国独立战争
美国新罕布什尔州新期限先令（CNHN）	1742	1763	21 年	独立法案
扎伊尔货币扎伊尔（ZRZ）	1971	1993	22 年	严重的通货膨胀
马里法郎（MLF/MAF）	1962	1984	22 年	独立法案
玻利维亚比索（BOP）	1963	1986	23 年	严重的通货膨胀
巴勒斯坦镑（PSP）	1927	1950	23 年	独立法案

续前表

货币名称与货币代码	开始时间	结束时间	持续时间	结束的原因
苏维埃金卢布（SUG）	1924	1947	23 年	以 10：1 被 SUN 替代
唐努图瓦阿克沙（TVAA）	1921	1944	23 年	第二次世界大战
莫桑比克英镑（MZL）	1919	1942	23 年	第二次世界大战
南斯拉夫塞尔维亚第纳尔（YUS）	1918	1941	23 年	第二次世界大战
卢森堡泰勒（LUT）	1848	1871	23 年	被 LUM 替代
南斯拉夫硬第纳尔（YUD）	1966	1990	24 年	严重的通货膨胀
德国国家马克（DER）	1924	1948	24 年	第二次世界大战
奥地利旧先令（ATO）	1923	1947	24 年	第二次世界大战
中国新疆银两（CNST）	1923	1947	24 年	第二次世界大战
中国云南元（CNYY）	1912	1936	24 年	第二次世界大战
巴西米尔雷斯（BRM）	1822	1846	24 年	严重的通货膨胀
南也门第纳尔（YDD）	1965	1990	25 年	也门的统一
马来半岛元（MYAD）	1938	1963	25 年	独立法案
奥匈盾（ATG）	1867	1892	25 年	以 1：2 被 ATK 替代
瑞典银行纸币（SEO）	1830	1855	25 年	被 SEM 替代
奥匈克朗（ATK）	1892	1918	26 年	第一次世界大战
德属东非卢比（DOAR）	1890	1917	27 年	第一次世界大战
美国马萨诸塞州殖民地先令（CMAC）	1749	1776	27 年	美国独立战争
加纳新塞地（GHC）	1979	2007	28 年	严重的通货膨胀
黎巴嫩—叙利亚镑（XLSP）	1920	1948	28 年	第二次世界大战
桑给巴尔岛卢比（ZZR）	1908	1936	28 年	以 1：1.5 被 XE-AS 替代
美国马里兰州殖民地新先令（CMDN）	1748	1776	28 年	美国独立战争
北卡罗来纳州新期限先令（CNCN）	1748	1776	28 年	美国独立战争
南卡罗来纳州殖民地先令（CSCC）	1748	1776	28 年	美国独立战争
关子钞（宋朝的最先发行使用的票据）	1131	1159	28 年	严重的通货膨胀
中国西藏唐卡金币（TBT）	1912	1941	29 年	被 TBR 替代
苏维埃硬卢布（SUR）	1961	1991	30 年	苏联的解体
波兰美元外汇兑换券（PLX）	1960	1990	30 年	外汇兑换券的流通
马达加斯加与科摩罗群岛非洲法郎（XMCF）	1945	1975	30 年	独立法案
英属西印度群岛元（XBWD）	1935	1965	30 年	独立法案

续前表

货币名称与货币代码	开始时间	结束时间	持续时间	结束的原因
海地银古德（HTS）	1814	1844	30 年	严重的通货膨胀（间接的）
美国新泽西州殖民地先令（CNJC）	1746	1776	30 年	美国独立战争
埃塞俄比亚元（ETD）	1945	1976	30 年	独立法案
圭亚那英属西印度群岛元（XBWD）	1935	1966	31 年	独立法案
美国罗得岛州新期限先令（CRHN）	1740	1771	31 年	独立法案
罗得岛州先令（CRHP）	1709	1740	31 年	独立法案
经济互助委员会可转让卢布（XTR）	1960	1992	32 年	苏联的瓦解
以色列镑（ILP）	1948	1980	32 年	独立法案
安哥拉货币安哥拉尔（AOA）	1926	1958	32 年	与葡属殖民地建立货币联盟
喀麦隆马克（CMDM）	1884	1916	32 年	第一次世界大战
法属中印半岛商业银元（ICFC）	1863	1895	32 年	中断使用
突尼斯法郎（TNF）	1858	1891	33 年	严重的通货膨胀
索马里先令（SOS）	1960	1994	34 年	严重的通货膨胀
马尔代夫岛卢布（MVP/MVQ）	1947	1981	34 年	独立法案
莫桑比克米尔雷斯（MZR）	1877	1911	34 年	严重的通货膨胀
哥伦比亚金比索（COE）	1837	1871	34 年	中断使用
韩元（KROY）	1910	1945	35 年	第二次世界大战
法属新赫布里底群岛法国法郎（NHF）	1945	1981	36 年	独立法案
蒙古帝国初次发行的货币（忽必烈汗宝钞）	1236	1272	36 年	严重的通货膨胀
保加利亚列弗大银币（BGL/BGK）	1962	1999	37 年	严重的通货膨胀
缅甸元（BUK）	1952	1989	37 年	独立法案
奥特曼帝国银圆（XOTP）	1844	1881	37 年	被 XOTL 替代
巴西荷兰盾（BRG）	1624	1661	37 年	被葡萄牙征服
蒙古帝国第二次发行的货币（至元通行宝钞）	1272	1309	37 年	严重的通货膨胀
吉布提芽月法郎（DJG）	1907	1945	38 年	第二次世界大战
荷属东印度群岛盾（NIDJ）	1905	1943	38 年	第二次世界大战
埃塞俄比亚银币塔拉里（ETT）	1893	1931	38 年	第二次世界大战
拉丁联盟法郎（XULF）	1889	1927	38 年	拉丁货币联盟的成立
拉丁联盟里拉（XULL）	1889	1927	38 年	拉丁货币联盟的成立
海地银圆古德（HTT）	1776	1814	38 年	被 HTS 替代
芬兰新马克（FIM）	1963	2002	39 年	欧元的诞生

续前表

货币名称与货币代码	开始时间	结束时间	持续时间	结束的原因
中国西藏银卢比（TBR）	1912	1951	39 年	西藏和平解放
里亚尔哈桑尼（MAH）	1881	1920	39 年	被 MARR 替代
北卡罗来纳州先令（CNCP）	1709	1748	39 年	独立法案
法国法郎（FRF）	1962	2002	40 年	欧元的诞生
捷克斯洛伐克硬克朗（CSK）	1953	1993	40 年	被重命名为 CZK
巴拉圭纸币比索（PYP）	1903	1943	40 年	第二次世界大战
马达加斯加法郎（MGF）	1963	2004	41 年	独立法案
苏丹镑（SDP）	1957	1998	41 年	其他战争
南非镑（ZAP）	1920	1961	41 年	独立法案
奥特曼帝国金里拉（XOTG）	1881	1922	41 年	第一次世界大战
菲律宾硬比索（PHF）	1857	1898	41 年	独立法案
佐治亚州殖民地先令（CGAC）	1735	1776	41 年	美国独立战争
东德马克（DDM）	1948	1990	42 年	苏联解体
伊朗金币（价值一万第纳尔）（IRT）	1890	1932	42 年	被 IRR 替代
秘鲁比索（PEP）	1821	1863	42 年	以面值被 PES 替代
马里兰州先令（CMDP）	1709	1751	42 年	独立法案
波兰兹罗提大银币（PLZ）	1950	1994	44 年	严重的通货膨胀
丹吉尔法郎（MATF）	1912	1956	44 年	独立法案
保加利亚列弗兹拉托（BGZ）	1880	1924	44 年	中断使用
圣多美与普林西比米尔雷斯（STM）	1869	1913	44 年	以面值被 STE 替代
法国殖民地纸币里弗（XFCL）	1776	1820	44 年	被 FRG 替代
巴西克鲁赛罗（BRZ）	1942	1987	45 年	严重的通货膨胀
汤加王国英镑（TOS）	1921	1966	45 年	独立法案
芬兰马克（FIN）	1917	1962	45 年	严重的通货膨胀
塞尔维亚第纳尔（SRBD）	1873	1918	45 年	第一次世界大战
佛得角米尔雷斯（CVM）	1869	1914	45 年	严重的通货膨胀
马萨诸塞州旧期限先令（CMAP）	1704	1749	45 年	独立法案
南卡罗来纳州先令（CSCP）	1703	1748	45 年	独立法案
东非先令（XEAS）	1921	1967	46 年	独立法案
帝汶帕塔卡（TPP）	1912	1958	46 年	以面值被 TPE 替代
法属西非法郎（XAOF）	1895	1941	46 年	第二次世界大战
阿富汗卡布里卢比（AFR）	1881	1927	46 年	以 1.1∶1 被 AFA 替代
夏威夷美元（HWD）	1847	1893	46 年	被 USD 替代

续前表

货币名称与货币代码	开始时间	结束时间	持续时间	结束的原因
阿根廷国家比索（XARP）	1816	1862	46 年	严重的通货膨胀
康涅狄格州旧期限先令（CCTO）	1709	1755	46 年	独立法案
新喀里多尼亚太平洋法郎（NCF）	1945	1992	47 年	独立法案
卢森堡马克（LUM）	1871	1918	47 年	第一次世界大战
海地纸币古德（HTP）	1826	1873	47 年	严重的通货膨胀（间接的）
希腊德拉克马（GRD）	1954	2002	48 年	欧元的诞生
旧韩元（KRO）	1905	1953	48 年	严重的通货膨胀
哥斯达黎加比索（CRP）	1848	1896	48 年	被重命名为 CRC
南斯拉夫联邦第纳尔（YUF）	1945	1995	50 年	严重的通货膨胀
北德联合泰勒（XDNT）	1857	1907	50 年	中断使用
巴西雷斯（BRD）	1771	1822	51 年	严重的通货膨胀
斐济英镑（FJP）	1917	1969	52 年	独立法案
特立尼达和多巴哥美元（TTO）	1899	1951	52 年	独立法案
斯堪的纳维亚半岛货币联盟克朗（XSMK）	1872	1924	52 年	斯堪的纳维亚半岛货币联盟的成立
巴拉圭硬比索（PYF）	1871	1923	52 年	中断使用
美属西萨摩亚群岛镑（WSP）	1914	1967	53 年	独立法案
英属西非英镑	1913	1966	53 年	独立法案
德国马克（DEP）	1871	1924	53 年	严重的通货膨胀
意大利国家里拉（XITA）	1813	1866	53 年	拉丁货币联盟的成立
特拉华州殖民地先令（CDEC）	1723	1776	53 年	美国独立战争
德国马克（DEM）	1948	2002	54 年	欧元的诞生
马耳他镑（MTP）	1914	1968	54 年	独立法案
中国台湾元（TWY）	1895	1949	54 年	中国解放战争
阿根廷金比索（ARG）	1875	1929	54 年	以 1∶0.44 被 ARM 替代
纸币里克斯达勒（SER）	1776	1830	54 年	被 SEO 替代
新罕布什尔州旧期限先令（CNHP）	1709	1763	54 年	独立法案
唐朝"飞钱"	约 806	约 860	约 54 年	被政府压制
奥地利（新）先令（ATS）	1947	2002	55 年	欧元的诞生
百慕大镑（BMP）	1914	1970	56 年	独立法案
英属北婆罗洲元（BNBD）	1885	1941	56 年	第二次世界大战
澳大利亚镑（AUP）	1909	1966	57 年	独立法案
法属大洋洲（塔希提岛）法郎	1888	1945	57 年	第二次世界大战

续前表

货币名称与货币代码	开始时间	结束时间	持续时间	结束的原因
东印度银元（XEIR）	1808	1865	57 年	中断使用
蒙古帝国第三批发行的钱币（察合台汗宝钞）	1310	1367	57 年	严重的通货膨胀
莫桑比克埃斯库多（MZE）	1922	1980	58 年	独立法案
中国元（重庆钱币/上海钱币）	1890	1948	58 年	中国解放战争
黑山克朗（MEK）	1852	1910	58 年	以面值被 MEP 替代
拉丁联盟德拉克马（XULD）	1868	1927	59 年	拉丁货币联盟的成立
拉丁联盟比塞塔（XULP）	1868	1927	59 年	拉丁货币联盟的成立
新西兰镑（NZP）	1907	1967	60 年	独立法案
丹麦国家银行达勒（DKR）	1813	1873	60 年	斯堪的纳维亚半岛货币联盟的成立
格陵兰银行纸币（GLR）	1813	1873	60 年	斯堪的纳维亚半岛货币联盟的成立
多米尼加共和国银比索（DOS）	1844	1905	61 年	以 5∶1 转为使用美国美元
法国芽月法郎/普安卡雷法郎（FRG）	1803	1864	61 年	拉丁货币联盟的成立
冰岛旧克朗（ISJ）	1918	1980	62 年	严重的通货膨胀
葡属几内亚埃斯库多（GWE）	1914	1976	62 年	独立法案
拉丁联盟法郎（XULF）	1865	1927	62 年	拉丁货币联盟的成立
拉丁美洲里拉（XULL）	1865	1927	62 年	拉丁货币联盟的成立
马萨诸塞湾先令（CMAB）	1642	1704	62 年	独立法案
"飞钱"（宋代的票券）	约 960	1023	约 63 年	严重的通货膨胀
苏里南盾（SRG）	1940	2003	63 年	严重的通货膨胀
安道尔比塞塔（ADP）	1936	1999	63 年	欧元的使用
圣多美和普林西比埃斯库多（STE）	1914	1977	63 年	独立法案
牙买加镑（JMP）	1905	1969	64 年	独立法案
新泽西先令（CNJP）	1682	1746	64 年	独立法案
丹麦西印度群岛标准达勒（DWIR）	1784	1849	65 年	被 DWIF 替代
毛里求斯元（MUD）	1810	1876	66 年	被 MUR 替代

续前表

货币名称与货币代码	开始时间	结束时间	持续时间	结束的原因
新喀里多尼亚芽月法郎（NCG）	1874	1941	67 年	第二次世界大战
纽约州先令（CNYP）	1709	1776	67 年	美国独立战争
宾夕法尼亚州元（CPAP）	1709	1776	67 年	美国独立战争
弗吉尼亚州先令（CVAP）	1709	1776	67 年	美国独立战争
委内瑞拉玻利瓦尔（VEB）	1940	2008	68 年	严重的通货膨胀
丹麦西印度群岛银行纸币（DWID）	1849	1917	68 年	第一次世界大战
卢森堡盾（LUG）	1848	1918	70 年	第一次世界大战
东印度公司元（XEID）	1788	1858	70 年	中断使用
葡萄牙银行账户计算单位康托（PTC）	1931	2002	71 年	欧元的诞生
阿根廷国家法定货币比索（ARM）	1899	1970	71 年	严重的通货膨胀
萨尔瓦多比索（SVP）	1847	1919	72 年	按面值被 SVC 替代
梵蒂冈城里拉（VAL）	1929	2002	73 年	欧元的诞生
保加利亚列瓦（BGO）	1879	1952	73 年	严重的通货膨胀
阿富汗货币阿富汗尼（AFA）	1927	2002	75 年	严重的通货膨胀
比利时属刚果法郎（CBEF）	1885	1960	75 年	独立法案
沙皇俄国纸币卢布（RUEP）	1843	1918	75 年	俄国内战
沙皇俄国纸币卢布（RUEA）	1768	1843	75 年	以 3.5∶1 被 RUES 替代
尼加拉瓜科多巴（NIG）	1912	1988	76 年	严重的通货膨胀
葡萄牙米尔雷斯（约等于 1 000 雷斯）（PTM）	1835	1911	76 年	严重的通货膨胀
马德拉岛米尔雷斯（约等于 1 000 雷斯）（IPM）	1834	1910	76 年	被 PTE 替代
泰国泰铢（THT）	1851	1928	76 年	被 THB 替代
摩洛哥法郎（MAF）	1881	1959	78 年	严重的通货膨胀
葡属印度卢比（INPR）	1881	1959	78 年	被印度征服
危地马拉比索（GTP）	1847	1925	78 年	被 GTQ 替代
洪都拉斯比索（HNP）	1847	1926	79 年	被 HNL 替代
爱尔兰英镑（IEP）	1922	2002	80 年	欧元的诞生
英属洪都拉斯元（BZH）	1894	1974	80 年	独立法案
罗马尼亚银列伊（ROS）	1867	1947	80 年	严重的通货膨胀
荷兰国家法定货币圆（NLX）	1690	1770	80 年	被 XEIR 替代
殖民地先令（XCCS）	1694	1776	82 年	美国独立战争
大明通行宝钞	1368	1450	82 年	严重的通货膨胀（至少发行了六次）

续前表

货币名称与货币代码	开始时间	结束时间	持续时间	结束的原因
土耳其里拉（TRL）	1922	2005	83 年	严重的通货膨胀
法属印度卢比（INFR）	1871	1954	83 年	领土让给了印度
沙捞越元（SWKD）	1863	1946	83 年	第二次世界大战
德国国家公约泰勒（XDCT）	1753	1838	85 年	德累斯顿公约的签订
纽芬兰加拿大元（NFLD）	1865	1952	87 年	加入加拿大
卢森堡纸币法郎（LUF）	1914	2002	88 年	欧元的诞生
海峡殖民地钱币（STSD）	1857	1946	89 年	第二次世界大战
四川纸币（16 家发行局）	1024	1114	90 年	严重的通货膨胀
葡萄牙埃斯库多（PTE）	1911	2002	91 年	严重的通货膨胀
英镑（CAP）	1766	1858	92 年	独立法案
法属中印半岛皮阿斯特（ICFP）	1862	1955	93 年	独立法案
海德拉巴德西卡卢比（INRH）	1858	1951	93 年	被 INR 替代
留尼汪岛芽月法郎（REG）	1851	1944	93 年	第二次世界大战
格陵兰克朗（GLK）	1873	1967	94 年	中断使用
葡属几内亚米尔雷斯（约等于 1 000 雷斯）（GWM）	1879	1974	95 年	独立法案
中国台湾银两/元（TWT）	1800	1895	95 年	被日本侵占
巴哈马镑（BSP）	1869	1966	97 年	独立法案
奥地利—匈牙利公约盾（XATC）	1759	1857	98 年	奥匈货币联盟的成立
玻利维亚货币玻利维亚诺（BOL）	1863	1962	99 年	严重的通货膨胀
沙皇俄国帝国纸币卢布（RUEP）	1818	1917	99 年	俄国内战
丹麦通货 Rigsdaler（DKC）	1713	1813	100 年	以 5：1 被 DKR 替代
便钱会子（宋朝）	1159	1263	104 年	严重的通货膨胀
锡兰（今斯里兰卡）卢比（LNR）	1872	1978	106 年	独立法案
阿尔及利亚芽月法郎（DZG）	1851	1959	108 年	严重的通货膨胀
智利比索（CLC）	1851	1959	108 年	严重的通货膨胀
法属圭亚那法郎（GUF）	1851	1959	108 年	独立法案
瓜德罗普法郎（GPF）	1851	1959	108 年	独立法案
马提尼克法郎（MQF）	1851	1959	108 年	独立法案
蒙古第一次发行的货币	1260	1368	108 年	严重的通货膨胀
希腊银德拉克马（GRS）	1833	1944	111 年	第二次世界大战
纸币达勒（SEP）	1665	1776	111 年	被 SER 替代
乌拉圭硬比索（UYF）	1862	1975	113 年	严重的通货膨胀
葡萄牙货币雷亚尔（PTR）	1797	1911	114 年	严重的通货膨胀

续前表

货币名称与货币代码	开始时间	结束时间	持续时间	结束的原因
厄瓜多尔货币苏克雷（ECS）	1884	2000	116 年	改为使用元
荷属东印度群岛荷兰盾（IDDG）	1828	1945	117 年	第二次世界大战
意大利里拉（ITL）	1882	2002	120 年	欧元的诞生
秘鲁货币新索尔（PEH）	1864	1985	121 年	严重的通货膨胀
西班牙货币比塞塔（ESP）	1874	2002	128 年	欧元的诞生
奥地利纸币盾（ATP）	1753	1892	139 年	以 1：2 被 ATK 替代
比利时法郎（BEF）	1835	2002	167 年	欧元的诞生
墨西哥银比索（MXP）	1822	1992	170 年	严重的通货膨胀
荷兰盾（NLG）	1814	2002	188 年	欧元的诞生

资料来源：http://dollardaze.org/blog/?page_id=0001。

THE BIG RESET

2000 年	
摩根大通	20 万美元　　6 月 6 日 因摩根大通的行为违反了美国证券交易委员会限价委托显示规则，而且未能建立、保持与实施成文的监督程序，由此产生的罚款。
2001 年	
美国银行	3 560 万美元　　7 月 28 日 因被投诉，该银行在履行其被委托人与国家及市政债券支付代理职责的同时，滥用其资金，由此产生的罚款。
摩根大通	100 万美元　　9 月 25 日 因证券监管机构声称，摩根大通在实施其债券事务转让代理的职能的过程中，违反了记录与报告的各项规定，由此产生的罚款。
美国银行	2 200 万美元　　10 月 6 日 因要处理四个法律控诉，称该银行骗取了数千位个人银行业者的加班费，由此产生的赔款。
高盛集团	100 万美元　　11 月 27 日 因其未能监督一位被指控执行欺诈交易的执行官［这个罚款是针对高盛集团的附属公司斯利凯公司（Spear, Leeds & Kellogg）的］。
2002 年	
富国银行	150 万美元　　2 月 21 日 因受到证券监管机构指责，该银行未能很好地监管一位以不正当方式将客户的资金在多个共同基金内掉换的代理商，由此产生的罚款。
摩根大通	1.25 亿美元　　4 月 1 日 为了解决一项涉及 2 亿美元的铜交易，而据住友集团表示，该交易是未被授权的，由此产生的罚款。
富国银行	4 200 万美元　　4 月 17 日 因被指控早在 20 世纪 20 年代便对信贷账户收取过多的管理费而进行的赔偿。
花旗集团	2.15 亿美元　　9 月 19 日 掠夺贷款索赔。
花旗集团	500 万美元　　9 月 23 日 因发表具有误导性的研究报告而产生的罚款。
美国银行	4.9 亿美元　　10 月 2 日 因发布陈述有误的财务报告而产生的罚款。

续前表

高盛集团	165 万美元　　12 月 3 日 因违反电子邮件记录的要求而产生的罚款。
花旗集团	165 万美元　　12 月 3 日 因违反电子邮件记录的要求而产生的罚款。
花旗集团	4 亿美元　　12 月 20 日 因 10 家银行（包括摩根大通）被指控利用有偏向的研究欺骗投资者，而此罚款是解决这些指控的一部分赔偿金。10 家银行的总赔偿金为 14 亿美元。最终的解决方案是，银行应将投资业务与研究相分离，而且要禁止对首次公开发行的股票进行任何的分配。
高盛集团	1.1 亿美元　　12 月 20 日 用于救援的罚款、用于独立研究的资金以及用于投资者培训的资金。
摩根大通	8 000 万美元　　12 月 20 日 用于救援的罚款、用于独立研究的资金以及用于投资者培训的资金。
2003 年	
摩根大通	600 万美元　　2 月 20 日 与首次公开发行的股票相关的利润共享与关联交易而产生的罚款。
高盛集团	45 万美元　　7 月 22 日 因美国证券交易委员会指控称，高盛集团的员工帮助一个客户进行投机交易而产生的罚款（该罚款是针对高盛集团附属公司凯利斯公司的）。
花旗集团	1.10 亿美元　　7 月 28 日 因被指控存在与安然公司相关的不法行为而产生的罚款。
摩根大通	1.35 亿美元　　7 月 28 日 因被指控存在与安然公司相关的不法行为而产生的罚款。
花旗集团	1 900 万美元　　7 月 28 日 因与 Dynergy 公司交易产生的罚款。
花旗集团	1 250 万美元　　7 月 28 日 保证以后不再违反规定所产生的罚款。
摩根大通	1 250 万美元　　7 月 28 日 保证之后不再违反规定所承受的罚款。
高盛集团	930 万美元　　9 月 4 日 以不正当手段对美国国库券与期货进行交易所产生的罚款。
摩根大通	2 500 万美元　　10 月 1 日 因被指控进行非法首次公开发行股票的分配而产生的罚款。

续前表

花旗集团	100 万美元　　10 月 29 日 因未能正当地监管其交易活动而产生的罚款。
2004 年	
高盛集团	4 550 万美元　　2 月 17 日 因被指控违反纽约证券交易所的规定而产生的罚款。
美国银行	1 000 万美元　　3 月 10 日 因未能立即制作出与一次监管调查相关的文件而产生的罚款。
美国银行	3.75 亿美元　　3 月 15 日 因被指控允许某些国家基金类的共同基金进行快速交易而产生的罚款。
美国银行	6.75 亿美元　　3 月 16 日 因进行共同基金的非法交易（交易方为由美国银行收购的波士顿银行）而产生的罚款。
花旗集团	26.5 亿美元　　3 月 10 日 因 WorldCom 债券公司的集体诉讼案而承受的罚款。
花旗集团	7 000 万美元　　5 月 27 日 因在 2000—2001 年以不正当手段实行借贷而承受的罚款。
高盛集团	200 万美元　　7 月 1 日 因美国证券交易委员会的一次行政诉讼而产生的罚款。
美国银行	6 900 万美元　　7 月 3 日 因该银行作为债券发行担保人而被安然公司的投资人控诉所产生的罚款。
花旗集团	27 万美元　　7 月 12 日 管理型期货销售的订单赔款。
花旗集团	25 万美元　　7 月 19 日 因在 20 个仲裁案件中未能承担起应该承担的义务而产生的罚款。
花旗银行	500 万美元　　7 月 28 日 因违反记录与监管相关规定而产生的罚款。
高盛集团	500 万美元　　7 月 28 日 因违反记录与监管相关规定而产生的罚款。
富国银行	670 万美元　　8 月 23 日 因被控诉该银行将客户的金融信息非法出售给电话营销人员而产生的赔款。

续前表

花旗集团、 摩根银行、 大通银行与 美国银行	共 1.11 亿美元　　10 月 1 日 亚拉巴马州退休金管理当局就 WorldCom 股票与债券的崩盘所导致 的损失发起控诉而产生的赔款。
花旗集团	25 万美元　　10 月 25 日 因发布非正当销售报告而产生的罚款。

2005 年	
高盛集团	4 000 万美元　　1 月 26 日 因被控试图让客户在股票首次发行后认购股票，以实现在股票开始 交易后能够支持股价，由此产生的罚款。
摩根大通	210 万美元　　2 月 14 日 因未能记录电子邮件与其他电子交流信息，以及因其给调查人员提 供不完全记录而产生的罚款。
花旗集团	7 500 万美元　　3 月 3 日 因该公司在电信巨头 Global Crossing 倒闭的过程中发挥的作用而被 投资人指控所产生的赔款。
美国银行	4.605 亿美元　　3 月 4 日 对在 WorldCom 于 2012 年破产之前购买该公司股票与债券的投资 者进行的赔偿。
摩根大通	20 亿美元　　3 月 16 日 因投资人投诉该银行在 WorldCom 公司的债券被售出前未能对其金 融状况进行充足的调查，由此产生的赔款。
花旗集团	625 万美元　　3 月 23 日 因违反与共同基金销售规程相关的适用性与监管规定而承受的罚 款，这是全美证券交易商协会（NASD）进行的罚款。
摩根大通	1.2 亿美元　　3 月 23 日 为解决股东就 1998 年收购一家芝加哥银行（第一银行，它是摩根 大通的下属公司）提起的诉讼而产生的赔款。
摩根大通	15 万美元　　6 月 9 日 违反按规定应遵守的锁定协议，销售禁售债券所产生的罚款。
高盛集团	12.5 万美元　　6 月 9 日 违反按规定应遵守的锁定协议，销售禁售债券所产生的罚款。
花旗集团	20 亿美元　　6 月 10 日 因投资人发起的集体诉讼所产生的赔偿，原因是这些投资人声称， 花旗集团帮助濒临破产的安然公司隐瞒了数十亿美元的债务。

续前表

摩根大通	22亿美元　　6月14日 摩根大通同意向安然的投资人支付22亿美元，因这些投资人控告摩根大通参与了导致安然公司破产的财务丑闻。	
美国银行	150万美元　　6月16日 因联邦监管者指控美国银行未能保存电子邮件信息，这违反了记录的规定，由此而产生的罚款。	
富国银行	3 400万美元　　8月11日 因被控诉收取了不正当的信用卡操作费而产生的赔款。	
摩根大通	3.5亿美元　　8月16日 因被控诉其在导致安然公司倒闭的欺诈行为中发挥的作用而产生的赔款。	
摩根大通	10万美元　　9月20日 因在市政债券发行中未能发表官方声明而产生的罚款。	
富国银行	300万美元　　12月19日 因违反适用性与监管规定而产生的罚款。	
2006年		
摩根大通	4.25亿美元　　4月20日 有集体诉讼声称，在20世纪90年代的市场繁荣期间，许多银行通过首次公开发行的股票向投资人骗取了数亿美元，由此产生的罚款。罚款被用于支付其份额的赔偿。	
高盛集团、花旗集团、贝尔斯登、雷曼兄弟、美林证券、摩根大通与摩根士丹利	共计1 300万美元　　6月1日 因有控诉声称，它们在2 000亿美元的拍卖率债券市场上偏向于一些客户，从而产生的赔款。	
花旗集团	77.5万美元　　7月17日 因在其研究报告中的目标价、评级与其他信息披露不充足而产生的罚款。	
花旗集团	110万美元　　8月10日 因未能阻止代理商发表虚假信息而产生的罚款。	
美国银行	750万美元　　9月27日 因一起洗钱案而产生的赔款。	

续前表

富国银行	1 280 万美元　　10 月 6 日 因集体诉讼称富国银行以不正当手段剥夺了一些员工的加班费而产生的赔款。
花旗集团	85 万美元　　10 月 16 日 因违反监管、记录、电话营销与其他规定而被全美证券交易商协会处以的罚款。
摩根大通	220 万美元　　11 月 22 日 因其下属公司第一银行在数百位员工的长期病假上实行了不公正待遇而产生的罚款。
花旗集团、美国银行、摩根大通、美国瓦乔维亚银行（Wachovia）与其他 35 家银行	共计 2.55 亿美元　　12 月 9 日 处理与艾德尔菲亚传播公司（Adelphia Communications，破产的电报电视公司）投资人的控诉案所产生的赔款。每家银行的赔款是保密的。
花旗集团、摩根大通与其他被告方	共计 450 万美元　　12 月 28 日 偿付与五年前毁灭安然公司的欺诈行为相关的任何债务所产生的赔款。
2007 年	
美国银行	55 万美元　　1 月 16 日 因违反所谓的"确定报价"规定而由纽约证交所监管部实行的罚款。
高盛集团	60 万美元　　1 月 16 日 因违反所谓的"确定报价"规定而由纽约证交所监管部实行的罚款。
美国银行	300 万美元　　1 月 29 日 因未能实行与高风险账户相关联的反洗钱规定而产生的罚款。
高盛集团	200 万美元　　3 月 14 日 因"无担保"卖空案件而产生的罚款。
美国银行	2 600 万美元　　3 月 15 日 因该银行的证券部门被指控发布多家公司的欺诈性的研究报告，而且未能阻止泄露的报告被用于非正常交易，由此产生的罚款。
富国银行	680 万美元　　4 月 26 日 因集体诉讼称，该银行以不正当手段发放次级抵押贷款而产生的罚款。

续前表

花旗集团	1 500 万美元　　6 月 6 日 因指控与南贝尔公司（BellSouth Corp.）的退休讲座与会议中传播具有误导性的文件且信息披露不充分而产生的罚款，这是由全美证券交易商协会进行的罚款。
富国银行	25 万美元　　6 月 28 日 因在一份研究报告中未能披露一个事实，即一位分析师在她推荐的公司任职，由此产生的罚款。
摩根大通	50 万美元　　12 月 13 日 因未披露了为了获得一些市政债券发行权而向咨询师行贿的事实而产生的罚款。
2008 年	
高盛集团	1 150 万美元　　2 月 5 日 安然债券案的清偿赔款。
花旗集团	16.6 亿美元　　3 月 25 日 同意向安然公司的债权人支付 16.6 亿美元的赔款，这些人都是在 2001 年能源交易商破产时遭受损失的。
花旗集团	3 300 万美元　　4 月 4 日 因性别歧视案件而产生的罚款。
花旗集团	1 亿美元　　8 月 8 日 因被控诉误导投资者购买拍卖利率证券而产生的赔款。
摩根大通	2 500 万美元　　8 月 14 日 因被控诉误导投资者购买拍卖利率证券而产生的赔款。
高盛集团	2 250 万美元　　8 月 21 日 因告知投资者拍卖利率债务与现金一样具有安全性与流动性而被国家监管者处以的罚款。
花旗集团	1 800 万美元　　8 月 26 日 因被指控该集团以不正当方式提取信用卡客户账户中的资金而产生的赔款。
花旗集团	30 万美元　　12 月 13 日 因未能监管向客户的股票交易与期权交易收取的佣金而产生的赔款。

2009 年	
高盛集团	500 万美元　　3 月 4 日 因被美国证券交易委员会指控，高盛集团以不正当手段从无数次的交易中剥夺客户的利润，从而有计划地骗取他们数百万美元的资产，由此产生的赔款。
花旗集团	200 万美元　　3 月 17 日 因交易范围被报违规而产生的罚款。
摩根大通、高盛集团、摩根士丹利、瑞士瑞信银行（Credit Suisse）、雷曼兄弟、美国国际集团与其他机构	共计 5.86 亿美元　　4 月 1 日 因被起诉在 20 世纪 90 年代在首次公开发行股票的定价上的欺诈行为而产生的罚款。
花旗集团	172 万美元　　4 月 15 日 因被控诉误导客户，并让客户认为他们购买的拍卖利率证券与现金一样具有流动性而产生的赔偿。
高盛集团	6 000 万美元　　6 月 11 日 这是国家对次级贷款进行调查而产生的罚款的一部分。
富国集团	4 000 万美元　　7 月 9 日 因被控诉，该银行的员工在金融危机时期就某些证券的价值与安全性误导投资者，从而产生的罚款。
美国银行	3 300 万美元　　8 月 3 日 因误导投资者，使得他们在美国银行收购美林证券时以红利的方式向美林证券的执行官们支付了数十亿美元，由此产生的罚款。
花旗集团	42.5 万美元　　9 月 22 日 因在 Vonage 公司股票首次公开发行上监管不当而产生的罚款。
摩根大通、贝尔斯登、摩根士丹利、瑞士瑞信银行	共计 1 亿美元　　10 月 1 日 因被控诉它们导致了费城的一家抵押贷款服务商的破产而产生的罚款。
花旗集团	60 万美元　　10 月 12 日 因未能监督与税收相关联的股票交易而产生的罚款。
摩根大通	66.4 万美元　　10 月 24 日 因被控诉该集团误导客户并让客户认为他们购买的拍卖利率的证券与现金一样具有流动性而产生的清偿赔偿。

续前表

摩根大通	7 500 万美元　　11 月 3 日 公司以非法手段向杰斐逊县的行政长官的朋友们付款，从而以售出债券与衍生品交易的方式在该县获得了有着巨额利润的业务，由此产生的罚款。
富国银行	190 万美元　　11 月 18 日 以不当的方式向投资者保证拍卖利率证券是现金、存款证书或货币市场基金的一种具有安全性与流动性的替代物，从而误导了投资者，由此产生的罚款。
2010 年	
富国银行	1.6 亿美元　　3 月 17 日 富国银行的下属公司瓦霍维亚银行因被起诉在墨西哥为毒品交易洗钱，从而同意支付的罚款。
花旗集团	65 万美元　　4 月 6 日 因直接贷款方案存在缺陷而产生的罚款。
花旗集团	150 万美元　　5 月 26 日 对挪用墓地信贷基金里数百万美元的精心计划监管不力而产生的罚款。
摩根大通	4 860 万美元　　6 月 3 日 因未能将客户的资金与该公司的资金相分离而被英国的金融监管机构处以的罚款。
高盛集团	5.5 亿美元　　7 月 15 日 因在一种合成抵押债务契约（Abacus 2007-AC1）的披露性文件中，对事实进行了很大程度的错误陈述与省略，从而受到的由美国证券交易委员会开出的罚款。
花旗集团	7 500 万美元　　7 月 29 日 因民事控诉声称，花旗集团误导投资者申请风险极高的抵押贷款而使其蒙受损失，由此产生的赔款。
美国银行	1.08 亿美元　　8 月 2 日 联邦政府指控该公司对那些拼命为房屋贷款奔波的客户收取了过高的费用，被美国银行收购的美国国家金融服务公司同意支付 1.08 亿美元对此进行赔偿。
美国银行	6 亿美元　　8 月 3 日 因要处理股东自次贷危机以来最大的支出诉讼案，被美国银行收购的美国国家金融服务公司同意支付 6 亿美元对此进行赔偿。

续前表

富国银行	2.03 亿美元　　8 月 9 日 该银行操控了借记卡交易，并在用户不知情的情况下利用透支费用增加了银行的收入，由此所产生的罚款。
美国银行	1.5 亿美元　　9 月 1 日 因与收购美林证券有关的原因，由美国证券交易委员会对美国银行处以的罚款。
高盛集团	2 700 万美元　　9 月 8 日 因未能披露美国证券交易委员会对合成抵押债务契约的审查，而被英国证券监管机构处以的罚款。
美国银行、花旗银行、摩根大通、富国银行与其他 20 多家银行	共计 1.75 亿美元　　10 月 22 日 为解决法定信托诉讼案所承受的罚款，该案件为破产的 Adelphia 通信公司提出的索赔案。
高盛集团	65 万美元　　9 月 9 日 因未能披露富国银行的公告而产生的罚款。
富国银行	1 亿美元　　11 月 20 日 因富国银行以不公平手段将瓦霍维亚银行从花旗集团的手中夺走，而向花旗集团支付的赔款。
美国银行	1.37 亿美元　　12 月 7 日 因美国证券交易委员会以及州级与联邦机构的指控而产生的罚款，因其参与了市政证券市场的竞标操控，这些罚款是持续进行的联邦调查的部分罚款。
2011 年	
美国银行	4.1 亿美元　　5 月 23 日 因涉及与多家银行相关的对借记卡收取过多透支费的诉讼案，由此产生的罚款。这笔赔款是美国银行所支付的份额。
美国银行	2 000 万美元　　5 月 26 日 因联邦政府控告，它们（美国国家金融服务公司）错误地终止了军队服役人员对其房屋的赎回权（在美国银行收购美国国家金融服务公司之前便终止了大多数的回赎权），由此产生的赔款。
富国银行	1 120 万美元　　4 月 4 日 因售出某些抵押担保证券，且该银行知道这些证券的价值远低于其面值，由此产生的罚款。
高盛集团	1 000 万美元　　6 月 9 日 同意支付 1 000 万美元的罚款，并停止与股票分析员以及交易员进行秘密会议，以此来解决马萨诸塞州首席证券监管员的一次调查。

续前表

摩根大通	1.536 亿美元　　6 月 20 日 联邦政府提出民事控诉，称其在 2007 年复杂的抵押证券交易中误导了投资者，当时房地产价格正开始出现大滑坡，由此产生的赔款。
美国银行	85 亿美元　　6 月 28 日 因投资者对其购买的抵押证券提出了控诉而产生的赔款。
摩根大通	2.11 亿美元　　7 月 6 日 因被控诉该集团通过操控许多市政债券再投资的竞投过程而欺骗了美国 31 个州的政府，由此产生的罚款。
富国银行	1.25 亿美元　　7 月 7 日 因处理针对抵押房贷转付证券的销售提起的诉讼案而产生的罚款。
富国银行	8 500 万美元　　7 月 20 日 因民事诉讼称，该银行在房屋市场繁荣时期假造贷款文件，并迫使贷款人以更高的利率申请次级抵押贷款。
富国银行	5.9 亿美元　　8 月 5 日 因有控诉称，由富国银行收购的瓦霍维亚银行对 2006—2008 年间的证券销售披露了具有误导性的信息，由此产生的赔款。
花旗集团	50 万美元　　8 月 9 日 因未能监管一位挪用客户资金的销售助理而产生的罚款。
摩根大通	8 830 万美元　　8 月 24 日 因就一系列涉及古巴、伊朗与苏丹的交易而向美国财政部支付的罚款。
花旗集团	77 万美元　　10 月 3 日 因未能对涉及其一位前员工的庞氏骗局进行报告而被香港监管机构处以的罚款。
花旗集团	2.85 亿美元　　10 月 18 日 因美国证券交易委员会指控称，投资者受花旗集团欺骗，购买了与房地产有关的有毒债务，而银行也相信这些债务会出现问题，由此而产生的赔款。
富国银行	3 700 万美元　　11 月 7 日 因被指控对州政府与地方政府的业务的竞标进行操控而产生的罚款。
富国银行	30 万美元　　11 月 22 日 因在房地产投资信托基金（REIT）的发行过程中使用具有误导性的营销材料而产生的罚款。

续前表

富国银行	7 500 万美元　　12 月 2 日 因股东集体控诉称，瓦霍维亚银行歪曲了该银行 2006—2008 年间的抵押贷款的质量，由此产生的赔款。
美国银行	3.15 亿美元　　12 月 6 日 因投资者控诉称，该银行对在其下属公司美林证券销售的抵押贷款投资进行了误导，由此而产生的赔款。
富国银行	1.48 亿美元　　12 月 7 日 有控诉称，瓦霍维亚银行（现为富国银行的附属公司）通过对市政债券市场的竞标的操控而获取了数百万美元的利润，由此产生的罚款。
高盛集团	1 000 万美元　　12 月 14 日 因在亚瑟·纳德尔（Arthur Nadel）的庞氏骗局中操纵了对冲基金交易而被处以的罚款。
富国银行	200 万美元　　12 月 15 日 因其以不当的方式将反向可转换产品销售给年老的客户，并且未能提供单位投资信托（UIT）销售的转效点。
美国银行	3.35 亿美元　　12 月 20 日 因有指控称，其下属公司美国国家金融服务公司在房地产市场繁荣期对黑人借款者与西班牙裔借款者实施了种族歧视，由此而产生的赔款。
2012 年	
高盛集团	100 万美元　　1 月 11 日 因一群计算机技术人员提出控诉称，作为承包商，该银行未能为他们的工作支付加班费，由此产生的清偿赔款。
花旗集团	72.5 万美元　　1 月 18 日 因该集团的研究分析员在研究报告与公开场合中未能披露利益的冲突，由此产生的罚款。
富国银行	7 500 万美元　　1 月 27 日 因富国银行收购的瓦霍维亚银行由于抵押贷款问题受到集体诉讼，由此产生的罚款。
摩根大通	1.1 亿美元　　2 月 6 日 因客户指控该公司收取过多的透支费用而产生的罚款。
花旗集团、美国银行、富国银行、摩根大通与联合汽车金融公司（Ally Financial，其前身是通用汽车金融服务公司）	250 亿美元　　2 月 6 日 为了终止对滥用止赎权的全国范围内调查（由房屋市场泡沫破灭所引发的）而向政府支付的罚款。

续前表

美国银行	1.64 亿美元　　2 月 9 日 美国货币监理署对该银行处以的民事罚款，这些罚款与已经全面停止的不安全与不合理的抵押服务与止赎规程相关联，包括因在 2011 年 4 月未能服从美国货币监理署签发的法令而产生的罚款。	
摩根大通	1.13 亿美元　　2 月 9 日 美国货币监理署对该银行实行的民事罚款，这些罚款与已经全面停止的不安全与不合理的抵押服务与止赎规程相关联，包括因在 2011 年 4 月未能服从美国货币监理署签发的法令而产生的罚款。	
富国银行	8 300 万美元　　2 月 9 日 美国货币监理署对该银行实行的民事罚款，这些罚款与已经全面停止的不安全与不合理的抵押服务与止赎规程相关联，包括因在 2011 年 4 月未能服从美国货币监理署签发的法令而产生的罚款。	
花旗集团	3 400 万美元　　2 月 9 日 美国货币监理署对该银行实行的民事罚款，这些罚款与已经全面停止的不安全与不合理的抵押服务与止赎规程相关联，包括因在 2011 年 4 月未能服从美国货币监理署签发的法令而产生的罚款。	
花旗集团	1.58 亿美元　　2 月 15 日 因美国民事诉讼称，该集团欺骗政府对其抵押部门的数千个危险房屋贷款进行担保，由此产生的民事赔偿。	
摩根大通	4 500 万美元　　3 月 13 日 因有控诉称，该公司在抵押再融资的过程中对退伍军人进行了各种隐性收费，由此产生的罚款。	
高盛集团	700 万美元　　3 月 13 日 因美国商品期货交易委员会控诉，该集团未能严密监管交易账户中的交易活动，从而产生的罚款。	
花旗集团	124.8 万美元　　3 月 13 日 因被控诉，该集团在企业与机构的债券交易上存在过度的升价与降价行为，以及违反相关的监管规定，从而产生的罚款。注意：此次的罚款金额为 60 万美元，剩下的 64.8 万美元是以赔偿金形式支付给其客户的。	
摩根大通	2 000 万美元　　4 月 4 日 因美国商品期货交易委员会控诉，该银行以非法手段动用了客户的保本基金，从而产生的民事罚款。	

续前表

高盛集团	2 200 万美元　　4 月 12 日 因未能监督股票研究分析师与交易商以及客户的交流，以及未能监控发布研究信息之前的交易来发现与阻止可能由研究分析师进行的信息违约行为，从而由美国证券交易委员会处以的罚款。
富国集团	274.1 万美元　　5 月 1 日 因在不具有合理的监管的情况下销售杠杆化与交易型开放式指数基金，以及在推荐这些证券时缺乏合理的格局而产生的罚款。注意：罚款金额为 210 万美元，剩余的 64.1 万美元是作为赔偿金支付给其客户的。
花旗集团	214.6 万美元　　5 月 1 日 因在不具有合理的监管的情况下销售杠杆化与交易型开放式指数基金，以及在推荐这些证券时缺乏合理的格局而产生的罚款。注意：罚款金额为 200 万美元，剩余的 14.6 万美元是作为赔偿金支付给其客户的。
花旗集团	350 万美元　　5 月 22 日 因提供与次级证券化相关联的不确切的性能数据而产生的罚款。
美国银行	280 万美元　　6 月 21 日 美国银行的美林证券财富管理部门因在 8 年的时间里向其客户多收费而被处以罚款。
高盛集团	3 000 万美元　　6 月 28 日 因处理由数百万美元的合同违约与欺诈诉讼而产生的法律纠纷而产生的赔款。
富国银行	1.75 亿美元　　7 月 12 日 因该银行被控诉其独立经纪人在房屋市场繁荣期对黑人与西班牙裔借款人存有偏见而产生的赔款。
美国银行	3.75 亿美元　　7 月 17 日 因债券保险公司 Syncora Guarantee 在 2008 年危机期间就有毒抵押贷款担保的证券提出的诉讼而产生的赔款。该公司表示，它们被欺骗对抵押贷款担保的证券进行了承保，而且对这些抵押贷款的状况的陈述也存在错误。
摩根大通	1 亿美元　　7 月 24 日 因信用卡客户提出诉讼，声称摩根大通以不正当手段增加了他们的最低支付额从而产生了更高的手续费，从而产生的罚款。
高盛集团	2 600 万美元　　7 月 31 日 因在一次抵押贷款担保的证券发行过程中受到投资者发起的诉讼而产生的罚款，原因是该银行在发行的过程中未能恪尽职责。

续前表

富国银行	658 万美元　　8 月 14 日 因民事诉讼声称，富国银行在金融危机期间将其抵押贷款担保的证券销售给市政当局与非营利组织，而未能完全披露其风险，从而产生的赔款。
花旗集团	5.9 亿美元　　8 月 29 日 因股东控诉，称花旗银行在金融危机爆发之前未能完全披露该银行涉及的有毒抵押贷款产品，从而产生的赔款。
花旗集团	52.5 万美元　　9 月 21 日 因在小麦期货合同中超过投机头寸限制而被美国商品期货交易委员会处以的罚款。
高盛集团	1 200 万美元　　9 月 27 日 因被指控，高盛集团的一位前银行业者参与了美国马萨诸塞州一位政治家的游说活动，同时又试图在该州获取生意，由此产生的罚款。
摩根大通	60 万美元　　9 月 27 日 因违反棉花期货投机头寸限制而产生的罚款。
美国银行	24.3 亿美元　　9 月 28 日 因在金融危机高峰期涉及与收购美林证券相关的集体诉讼而产生的赔款。美国银行被指控对美林证券的状况提供错误与具有误导性的陈述。美林证券在 2008 年末市场动荡的时期出现了巨额的损失，这是公众所不了解的。
高盛集团	675 万美元　　10 月 8 日 因被指控以不正当手段标记了交易订单，而这些订单可以让有些交易商在其他交易商之前执行自己的订单，由此产生的赔款。
花旗集团	200 万美元　　10 月 26 日 因将 Facebook 首次公开募股的绝密信息透露给一个受欢迎的技术博客而产生的罚款。执行这项工作的员工已被解雇。
摩根大通	4.17 亿美元　　11 月 16 日 因将有问题抵押贷款证券打包销售给投资者而被美国证券交易委员会处以的罚款。
高盛集团	150 万美元　　12 月 7 日 因被指控，该集团未能监督其交易商，以及该集团允许一位期货交易员挪用了数十亿美元并导致了 1.18 亿美元的损失，由此产生的赔款。

续前表

花旗集团	127.9 万美元　　12 月 27 日 以不公正手段从市政与州债券发行的收益中追偿了该集团支付给加利福尼亚公共债券协会的费用，由此产生的罚款。注：罚款为 88.8 万美元，剩余的 39.1 万美元是以赔偿金形式支付给其客户的。
高盛集团	68.4 万美元　　12 月 27 日 以不公正手段从市政与州债券发行的收益中追偿了该集团支付给加利福尼亚公共债券协会的费用，由此产生的罚款。注：罚款为 56.8 万美元，剩余的 11.6 万美元是以赔偿金形式支付给其客户的。
摩根大通	63.2 万美元　　12 月 27 日 以不公正手段从市政与州债券发行的收益中追偿了该集团支付给加利福尼亚公共债券协会的费用，由此产生的罚款。注：罚款为 46.5 万美元，剩余的 16.7 万美元是以赔偿金形式支付给其客户的。
2013 年	
美国银行	103 亿美元　　1 月 7 日 因在房地产市场泡沫期销售给政府担保的抵押贷款投资者的房屋贷款存在问题而向房利美支付的赔款。美国银行将以现金向房利美支付 35.5 亿美元，还将用 67.5 亿美元购买可能导致损失的 3 万份问题抵押贷款。
美国银行	29 亿美元　　1 月 9 日 因抵押贷款服务与操作的规程上存在问题、不正当收费、错误地拒绝对房贷的修改以及自动签名丑闻而产生的赔款（自动签名是指，指派银行员工快速地批准大量的止赎权，他们的工作只是大致看一下堆积如山的文件，确定所有这些文件是否已按顺序放好）。
富国银行	19.7 亿美元　　1 月 9 日 因抵押贷款服务与操作的规程上存在问题、不正当收费、错误地拒绝对房贷的修改以及自动签名丑闻而产生的赔款。
摩根大通	19.5 亿美元　　1 月 7 日 因抵押贷款服务与操作的规程上存在问题、不正当收费、错误地拒绝对房贷的修改以及自动签名丑闻而产生的赔款。
花旗集团	7.94 亿美元　　1 月 7 日 因抵押贷款服务与操作的规程上存在问题、不正当收费、错误地拒绝对房贷的修改以及自动签名丑闻而产生的赔款。
高盛集团	3.3 亿美元　　1 月 7 日 因抵押贷款服务与操作的规程上存在问题、不正当收费、错误地拒绝对房贷的修改以及自动签名丑闻而产生的赔款。

续前表

高盛集团	3.3亿美元　　1月16日 一次联邦政府审查后声称，该集团以不正当方式扣押了贷款人的房产，从而产生的罚款。
花旗集团	7.3亿美元　　3月19日 该集团因被指控在金融危机期间在其经营状况上误导了债务投资者而产生的赔款。
摩根大通	5.46亿美元　　3月20日 因解决全球曼氏（MF Global）金融纠纷所产生的赔款。
美国银行	100万美元　　4月16日 有民事诉讼称，该银行的美林证券在涉及不可转换优先证券时未能为其客户以最好的执行价格交易，以及未能正当地监督交易过程，由此产生的罚款。
美国银行	5亿美元　　4月17日 因投资者声称，该银行的下属公司美国国家金融服务公司误导他们购买了危险性的抵押贷款债务，从而产生的赔款。
摩根大通	450万美元　　5月23日 因其未能保存最新的客户记录以及缺乏风险与合规控制而被英国市场监管者处以的罚款。
花旗银行	罚款金额未知　　5月28日 因一家联邦政府机构指控称，花旗集团误导房利美与房地美购买了价值35亿美元的抵押贷款担保的证券，由此产生的罚款。据美国联邦住房金融局表示，罚款是"令人满意的"，但却不肯透露具体的罚款金额。
美国银行	3 200万美元　　9月30日 该银行因被指控给客户拨打骚扰性的收债电话，从而产生的罚款。
花旗银行	3 000万美元　　10月3日 因该银行的一位分析师以不正当方式将保密的研究报告通过一位苹果运营商发送给了一些大客户，由此产生的罚款。
摩根大通	1亿美元　　10月16日 该银行承认自身的"不考虑后果的"行为导致了60亿美元的交易损失，从而向美国商品期货交易委员会支付的罚款。
富国银行	3.35亿美元　　11月6日 因该银行误导投资者购买了银行的抵押贷款债券，从而产生的索赔。

续前表

美国银行	8.64 亿美元　　11 月 9 日 因该银行下属单位美国国家金融服务公司以欺骗性手段售出了有缺陷的抵押契据，由此产生的罚款。
摩根大通	130 亿美元　　11 月 19 日 因对其抵押贷款担保的有价证券的调查而产生的罚款。
美国银行	4.04 亿美元　　12 月 2 日 为解决所有住房抵押贷款重购协议以及与 2000—2009 年售出的贷款相关的索赔，包括向房地美支付的赔款。
摩根大通	1.08 亿美元　　12 月 4 日 因操控欧洲与日本的基准利率而产生的罚款。
花旗银行	9 500 万美元　　12 月 4 日 因操控欧洲与日本的基准利率而产生的罚款。
美国银行	1.318 亿美元　　12 月 12 日 该银行因被指控在其配置与售出的抵押贷款担保的有价证券上误导投资者，从而产生的罚款。
花旗银行	75 万美元　　12 月 13 日 因违反流动性报告规则而产生的罚款。
美国银行	3 900 万美元　　12 月 27 日 因女性经纪人提出，协议让她们在华尔街受到偏见，在由此导致的性别歧视诉讼案中败诉，从而产生的赔款。
富国银行	5.41 亿美元　　12 月 30 日 因向房利美售出有缺陷的抵押契据而产生的索赔。
2014 年	
摩根大通	26 亿美元　　1 月 7 日 因有人声称该银行未能将伯纳德·麦道夫（Bernard Madoff）的可疑行为通知给美国的权力机构，从而产生的罚款。
摩根大通	145 万美元　　2 月 4 日 因处理性别歧视案产生的赔款，该案提出该银行的女性抵押贷款银行业者处于"性别敌对工作环境"中。
花旗银行	1.1 亿美元　　2 月 6 日 因房屋所有者被强制收取了昂贵的房产保险费，从而产生的罚款。
花旗银行	110 万美元　　3 月 18 日 因在 5 只首次上市的股票上市之前以非法手段卖空，以及违反关系监管规定，从而产生的罚款。

续前表

美国银行	93 亿美元　　3 月 26 日 因该银行被指控将有问题的抵押贷款债券售给了房利美与房地美，从而产生的赔款。
摩根大通	290 万美元　　3 月 31 日 因未能正确登记全国的销售助理，以及未能保证从客户处获取订单的人的记录可被识别，从而产生的罚款。
高盛集团	5.14 亿美元　　4 月 2 日 因运营卡特尔而被欧盟反托拉斯监管者处以的罚款。这家电缆卡特尔已经运营了达 10 年之久（高盛集团通过其私募股权基金购买的一家意大利电缆公司）。
花旗集团	11 亿美元　　4 月 7 日 因抵押贷款担保的有价证券重购问题而向投资者给予的赔偿。
美国银行	7.27 亿美元　　4 月 9 日 因有人声称该银行在推销其信用卡时误导客户，该信用卡承诺保护客户不受身份盗窃与失业问题的烦扰。
摩根大通	2.8 亿美元　　5 月 5 日 因误导投资者购买了价值数十亿的抵押贷款担保的有价证券而产生的赔款。
富国银行	6.25 亿美元 因该银行以不正当手段将一种高风险证券贷款计划谎称为安全的，而向一群机构投资者给予的赔偿。
高盛集团	100 万美元　　6 月 4 日 因未能将该集团与其客户进行的交易的完整与准确的信息提供给监管者，由此产生的罚款。
高盛集团	6 700 万美元　　6 月 12 日 因被控诉在金融危机爆发之前，通过压制杠杆收购热潮的一些最大的交易来欺骗投资者，从而产生的索赔。
高盛集团	80 万美元　　7 月 1 日 未能制定出设计合理的书面政策与规范，来阻止全国市场体系（NMS）股票的保护性报价出现最优价格交易，因为这些最优价格交易是在其专门的交易系统（SIGMAX）中进行的，从而产生的罚款。
花旗集团	70 亿美元　　7 月 14 日 因联邦政府对该银行在金融危机爆发之前售出的抵押贷款证券实行了调查，从而产生的罚款。

续前表

美国银行	166 亿美元　　8 月 20 日 美国监管部门实行的针对抵押贷款证券的深入审查，原因是这些出售给投资者的抵押贷款担保的证券从一定程度上导致了金融危机，由此产生的罚款。

注 释

第一章

[1] R. A. Radford in "The Economic Organization of a Prisoner of War Camp"中的第189～145页对此进行了详细的描述，其著作于1945年由Economica出版社出版。

[2] http://www. bbc. co. uk/news/business-17203132.

[3] 一枚钱币的固有价值是由生产这枚钱币所需的金属的价值所决定的。参照：http://www. investorwords. com/2587/intrinsic_value. html。

[4] 面值是指显示在钱币上的价值。

[5] http://www. tulane. edu/~august/handouts/601cprin. htm.

[6] "The Crisis of the Third Century (234—284 A. D.)"，参照：http://en. wikipedia. org/wiki/Decline_of_the_Roman_Empire. 与 http://en. wikipedia. org/wiki/Crisis_of_ the_Third_Century。

[7] B. Bartlett, "How Excessive Government Killed Ancient Roma", in: *The Cato Journal*, year 14, no. 12, 1994.

[8] Antony Sutton, *The War on Gold*.

[9] R. Kool, "A Thirteenth Century Hoard of Gold Florins From the Medieval Harbour of Acre", in: The Numismatic Chronicle 166, 2006.

[10] 金本位制，参照：http://economics. about. com/cs/money/a/gold_standard. htm。

[11] 很多战争的资金来源都是不兑现纸币，一定程度上，这种纸币让那些战争中的国家的货币体系处于压力之下。第一次世界大战、越南战争与伊拉克-阿富汗战争都是很好的例子。

[12] 世界上最古老的银行意大利西雅那银行集团（Monte dei Paschi di Siena，成立于1472年）在本次信贷危机发生后已陷入严重的困境达数年之久。

[13] 换取抵押物，就像一些旧的贷款。

[14] G. Davies, *A History of Money*, p. 49 - 54.

[15] Marco Polo, *Il Milione* (2001).

[16] http://www. allempires. com/article/index. php?q=The_Mongol_Empire.

[17] Gordon Tullock，*Polictical Economist*（1957）.

[18] http://www. historyworld. net/wrldhis/plaintexthistories. asp?paragraphid=kbb.

[19] 美国银行家们将他们的中央银行命名为"美联储"。和他们一样，Law 知道能激起人们信心的名称能在一定程度上决定一家银行的成功。

[20] Antony Sutton，*The War on Gold*.

[21] 量化宽松将在接下来的部分得到详细解释。

[22] Richard M. Ebeling，"The Great French Inflation"，in：*The Freeman*，year 57，nr. 6，2007.

[23] 但因为法国政府被迫要不停地印制纸币，这样才够负担第一次世界大战的开支；1914 年，政府宣布，法国法郎不再与黄金挂钩。

[24] http://www. gpo. gov/fdsys/pkg/GPO-FCiC/pdf/GPO-FCiC. pdf.

[25] http://en. wikipedia. org/wiki/Quantitative_easing#cite_note-39.

[26] http://www. itv. com/news/2012-05-11/hester-quantitative-easing-funds-bigger-budget-deficit/.

[27] http://economix. blogs. nytimes. com/2012/01/31/how-the-fed-presidents-assets-stack-up/?_r=0.

[28] http://www. moneynews. com/StreetTalk/fed-fisher-inflation-qe3/2012/09/23/id/457266.

[29] Thomas Noble，*Western Civilization Beyond Boundaries*，p. 826－829.

[30] Ferguson，*When Money Dies*（2010）.

[31] http://www. investorsinsight. com/blogs/john_mauldins_outside_the_box/archive/2008/06/09/fooling-with-inflation. aspx.

[32] http://www. gata. org/files/CheuvreuxGoldReport. pdf.

[33] www. shadowstats. com 的创建者，参照：http://rationalwiki. org/wiki/Shadow_Government_Statistics。

[34] 2012 年，在阿姆斯特丹同性恋游行期间，荷兰中央银行的职员在一架跷跷板周围跳舞，而跷跷板上则放着用很大的字母拼成的"稳定"（stability）。

[35] Ron Paul，*End the Fed*（2009）.

第二章

[1] 在荷兰历史上的第一张纸币上，印着一句承诺，即银行将"对十个金荷兰盾的持有人"支付黄

金。之后，这句承诺被改为"对十个（银）荷兰盾的持有人"，接着被改为了"给持有人"，而最后则被改为了"合法的支付方式"。

[2] 自 20 世纪 80 年代以来，黄金的价格是由在期货市场上卖出"纸黄金"决定的。根据伦敦金银市场协会的一个研究，（纸黄金）的交易总量是实际黄金年产量的好几百倍（LBMA gold turnover survey Q1 2011, The Alchemist）。

[3] http://www.jamesrobertson.com/book/historyofmoney.pdf.

[4] 据说，罗斯柴尔德家族的财富之后出现了下滑，因为成百上千的家族后代要瓜分这些财富。现在，罗斯柴尔德家族的银行业务与投资量比 19 世纪的时候要少得多。

[5] "Wissel"（卫斯尔）的意思是兑换，因此卫斯尔银行就意味着"兑换银行"。

[6] Stephen Quinn and William Roberds, "An Economic Explanation of the Early Bank of Amsterdam, Debasement, Bills of Exchange and the Emergence of the First Central Bank", *Working Paper Series 2006 - 13*, Federal Reserve Bank of Atlanta.

[7] 过去人们通常使用两种方式来衡量金币与银币的价值，其一，将钱币圆周的金属刮落；其二，把多个钱币置入一个布袋里摇晃，接着再收集脱落的金属屑。

[8] 完整的股东列表请查看：http://www.bankofengland.co.uk/about/Documents/pdfs/bankstock_transcript.pdf。

[9] 这是以大骗子 Charles Ponzi（1882——1949 年）的名字命名的，他发明了一个体系，在这个体系中，所有给予老客户的回报都来自于新客户的投资款。

[10] Carmen Reinhart and Kenneth Rogoff, *This Time is Different：Eight Centures of Finance Folly*（*2009*）．http://scholar.harvard.edu/files/this_time_is_different_short.pdf.

[11] http://www.investopedia.com/stock-analysis/2012/bill-gross-says-to-buy-hard-assets-gsg-gld-gltr-rwo0614.aspx.

[12] http://www.opensecrets.org/lobby/.

http://www.publicintegrity.org/2010/05/21/2670/five-lobbyists-each-member-congress-financial-reforms.

[13] James C. Baker, *The Bank for International Settlemeats*.

[14] 著名的历史学家 Carroll Quigley 在其著作中 *Tragedy and Hope* 谈到了这个方面（1966 年，第 278 页）："金融资本主义强国有着影响深远的目标，就是通过那些有能力主导每个国家的政治制度以及

世界范围的经济的私人机构创造一个世界金融控制体系。"

[15] 这项新的方案在 59 年的时间里（在 1988 年结束），将更多的偿付款减少到 1 120 亿德国金马克，1929 年这相当于 80 亿美元（2013 年则相当于 1 090 亿美元）。

[16] 19 世纪 30 年代，巴塞尔的国际结算银行成立的其中一位幕后人物是 Halma Schacht，纳粹德国的央行行长。

[17] http：//www. bis. org/about/history. htm.

[18] www. bis. org/about/headquart-en. pdf.

第三章

[1] http：//en. wikipedia. org/wiki/History_of_central_banking_in_the_United_States.

[2] Eustace Mullins, *The Secrets of the Federal Reserve*, p. 9 & p. 12. http://archive. org/details/TheSecretsOf TheFederalReserve.

[3] http：//nl. wikipedia. org/wiki/Eustace_Mullins.

[4] 以参议员 Nelson Aldrich 的名字命名，他是俱乐部中仅有的非银行业者。由于 Aldrich 是参议员，所以计划以他的名字来命名不至于引起公众的怀疑。

[5] 二者都是有权力的银行家，而且在欧洲颇有人脉。Strong 是位于纽约的美国信孚银行的副总裁，也是之后掌控英格兰银行的 Rothschilds 的朋友。Warburg 是来自德国的移民，他与德国的银行业保持着良好的关系。他同样也是库恩雷波银行的合伙人。

[6] Murry N. Rothbard, *The Case Against the Fed*, p. 126，参照：http://www. lewrockwell. com/1970/01/murray-n-rothbard/the-case-against-the-fed/.

[7] http：//www. federalreserve. gov/aboutthefed/section5. htm.

[8] http：//www. ny. frb. org/aboutthefed/fedpoint/fed22. html.

[9] Frederic S. Mishkin, *The Economics of Money*, *Banking and Financial Markets*. 2006，p. 314.

[10] 1925 年，美国持有所有黄金存量的 45%（Official Monetary and Financial Institutions Forum, Gold，the renminbi and the multi reserve currency system，2013.）。

[11] http：//www. safehaven. com/article/14339/why-did-the-us-government-confiscate-gold-in-1933-and-can-it-happen-again-part-3.

[12] 在文章 "The Bretton Woods Sequel Will Flop 中"，英格兰银行的高级官员表示，布雷顿森林

体系是英国在第二次世界大战之后遭受的最大打击。Gideon Rachman，The Financial Times，11 Nov 2008. http：//www. relooney. info/0_New_3860. pdf.

[13] Costabile L. (2010)，"The International Circuit of Key Currencies and the Global Crisis：Is there Scope for Reform?" PERI Working paper series，number 220，4 - 10.

[14] https：//www. cia. gov/library/center-for-the-study-of-intelligence/csi-publications/csi-studies/studies/vol51no3/legacy-of-ashes-the-history-of-cia. html.

[15] Jacques Rueff 用比喻的说法描述了美国在货币体系中享有的特权地位。The Monetary Sin of the West，Mac Millan，1972.

[16] http：//www. youtube. com/watch?v＝EjRLsAzW6e4.

[17] http：//marketupdate. nl/nieuws/economie/valutacrisis/dr-zijlstras-final-settlement-gold-as-the-monetary-cosmos-sun/.

http：//www. coinweek. com/commentary/opinion/former central-banker-confirms-us-government-gold-price-suppression-efforts/.

[18] http：//www. youtube. com/watch?v＝iRzr1QU6K1o.

[19] http：//www. thepeopleshistory. net/2013/06/understanding-petrodollar-means. html.

[20] The hidden hand of American hegemony：Petrodollar recycling and international markets，David E. Spiro (1999).

[21] http：//en. wikipedia. org/wiki/Petrodollar_recycling.

[22] http：//www. rferl. org/content/article/1095057. html.

[23] http：//en. wikipedia. org/wiki/Iranian_Oil_Bourse.

[24] http：//www. informationclearinghouse. info/article11894. htm.

[25] http：//www. zerohedge. com/news/2013-05-20/guest-post-coming-collapse-petrodollar-system.

http：//www. zerohedge. com/news/2013-05-20/guest-post-coming-collapse-petrodollar-system.

[26] http：//www. theguardian. com/world/2007/sep/16/iraq. iraqtimeline.

[27] http：//www. amazon. com/John-Perkins/e/B000APETSY.

[28] Articles of Agreement，Article IV，Section 2 (b)："a member may not determine the value of its currency in terms of gold". https：//www. imf. org/external/np/leg/sem/2004/cdmf1/eng/gianvi. pdf.

[29] http：//www. bloomberg. com/news/2011-11-28/secret-fed-loans-undisclosed-to-congress-gave-

banks-13-billion-in-income. html.

［30］说明一下这笔资金的巨大程度，16 万亿美元相当于美国在 2012 年所欠的外债。

［31］http：//www. ronpaul. com/misc/congress/legislation/111th-congress-2009-10/audit-the-federal-reserve-hr-1207/.

［32］http：//www. bloomberg. com/news/2011-11-28/secret-fed-loans-undisclosed-to-congress-gave-banks-13-billion-in-income. html.

［33］http://neweconomicperspectives. org/2013/08/mueller-i-crippled-fbi-effort-v-white-collar-crime-my-successor-will-make-it-worse. html.

［34］美林证券的资产租赁与金融组的前主管 James A. Brown，因欺诈与妨碍司法，以及在发电驳船交易中共谋与欺诈而被宣布有罪，他最终被判入狱三年零十个月。他还要在法院监控下生活一年时间，并支付 84 万美元的罚款。美林证券投资银行业务部的前全球主管 Daniel Bayly 被判入狱两年零六个月、半年的监控生活以及同样为 84 万美元的罚款。http://www. chron. com/business/enron/article/Former-Merrill-Lynch-executives-get-less-prison-1948896. php.

［35］http：//www. washingtonpost. com/blogs/wonkblog/wp/2013/09/12/this-is-a-complete-list-of-wall-street-ceos-prosecuted-for-their-role-in-the-financial-crisis/.

［36］http：//www. zerohedge. com/news/2014-11-06/bank-america-finds-it-did-some-more-crime-q3-revises-previously-released-earnings-lo.

第四章

［1］Joseph Schumpeter in *Capitalism*，*Socialism and Democracy*（New York：Harper & Row，1950）.

［2］http://www. zerohedge. com/news/2014-11-21/deutsche-bank-people-are-talking-about-helicopter-money-and-debt-cancellation-being.

［3］这是参考花旗集团首席执行官 Chunk Prince 在接受《金融时报》采访时所说的话。当被问到私募股权收购的增长能否持续下去时，他说道："从流动性的方面来考虑，当音乐停止了，事情就会变得复杂。但只要音乐没有停止，你就必须站起来跳起舞。我们仍在跳舞。"

［4］http://www. fdic. gov/bank/individual/failed/banklist. html.

［5］http://www. economist. com/node/13782942.

［6］http://www. theguardian. com/business/2008/sep/07/freddiemacfanniemae.

［7］http://www. dailywealth. com/506/aig-collapse-global-bank-run.

［8］http://viableopposition. blogspot. com/2013/07/the-worlds-central-banks-living-on. html.

［9］Sourse："＄29,000,000,000,000：A Detailed Look at the Fed's Ball-out by Funding Facility and Recipient" by James Felkerson.

［10］http://www. economonitor. com/lrwray/2011/12/09/bernanke's-obfuscation-continues-the-fed's-29-trillion-bail-out-of-wall-street/挂thash. 2VbAsJpo. dpuf.

［11］http://www. whitehouse. gov/omb/budget/Historicals.

［12］http://www. whitehouse. gov/omb/budget/Historicals.

［13］http://www. tradingeconomics. com/japan/government-budget.

［14］http://www. economist. com/news/finance-and-economics/21577080-shinzo-abes-government-looks-likely-disappoint-fiscal-consolidation-dont.

［15］http://stats. oecd. org/Index. aspx?DatasetCode＝SNA_TABLE12.

［16］日本人持有政府债务的93％。相比之下，美国国债的一半都由外国持有。

［17］四分之一的日本银行以日本政府债券作为存款，而且几乎50％的银行资产都被投资于政府债券。http://www. bloomberg. com/news/2012-06-05/japan-s-unsustainable-deficit-financing-model. html♯disqus_thread.

［18］http://www. economist. com/news/finance-and-economics/21577080-shinzo-abes-government-looks-likely-disappoint-fiscal-consolidation-dont.

［19］http://www. bloomberg. com/news/2012-06-04/japan-s-debt-sustains-a-deflationary-depression. html.

［20］2012年，纵观全球主权债务总量，日本占有其中三分之一，美国占23％，而欧洲占32％。

［21］http://www. imes. boj. or. jp/english/publication/edps/2002/02-E-03. pdf.

［22］http://www. imes. boj. or. jp/english/publication/mes/2001/me19-1-4. pdf.

［23］不包括潜在后果的毁灭性损失，最初估计仅有国内生产总值的4％。http://www. bloomberg. com/news/2012-06-03/strong-yen-belies-a-worrisome-japanese-economy. html.

［24］http://www. bloomberg. com/news/2012-06-03/strong-yen-belies-a-worrisome-japanese-economy. html.

［25］http：//www. bloomberg. com/news/2012-06-03/strong-yen-belies-a-worrisome-japanese-econo-my. html.

［26］www. bloomberg. com/news/print/2013-08-01/ex-soros-adviser-fujimaki-says-tax-delay-fed-may-pop-jgb-bubble. html.

［27］http：//www. zerohedge. com/news/2014-11-17/japan-goes-full-helicopter-ben-prints-free-gift-cards-spark-consumption.

［28］http：//www. reuters. com/article/2009/06/01/usa-china-idUSPEK14475620090601.

［29］http：//seekingalpha. com/article/140796-multiple-warning-shots-from-china.

［30］http：//www. google. com/hostednews/afp/article/ALeqM5i4estR-SYeFBIII9ke zxnP4jgoGZQ? hl＝en.

［31］Transition Economics：Two Decades On，by Gerard Turley，Peter J. Luke.

［32］然而，有些人表示，他们仍通过在伦敦与/或布鲁塞尔的中间商/银行进行投资。

［33］Censky，Annalyn（3 November 2010）. "QE2，Fed pulls the trigger". CNN money. com. Re-trieved 10 August 2011.

［34］http：//www. nasdaq. com/article/qe3-launched-the-ever-decreasing-effects-of-monetary-stimulus-cm174677.

［35］http：//www. federalreserve. gov/newsevents/press/monetary/2012-1212a. htm.

［36］http：//www. zerohedge. com/news/2013-09-25/china-beige-book-exposes-government-lies-con-ventional-wisdom-economic-expansion-chin.

［37］http：//www. gfmag. com/component/content/article/119-economic-data/12374-international-re-serves-by-countryhtml. html＃axzz2gBaaCTuf.

［38］http：//www. cnbc. com/id/100966830.

［39］http：//www. cnbc. com/id/100840536.

［40］http：//www. moneymorning. com. au/20130626/chinas-growth-story-ends-with-a-whimper. html.

［41］http：//www. businessweek. com/ar ticles/2013-04-25/regulating-chinas-shadow-banking-system-isnt-easy.

［42］http：//www. zerohedge. com/article/moodys-issues-stern-warning-chinas-pyramid-bank-recapital-ization-scheme-has-cic-entered-fund.

［43］http：//www. scmp. com/business/banking-finance/article/1139307/fitch-warns-over-chinas-local-government-debt.

［44］http：//www. economist. com/node/2338716.

［45］http：//www. ibtimes. com/chinas-local-government-debt-crisis-though-heavily-leveraged-linked-shadow-banks-provincial-1442176.

［46］http：//www. bloomberg. com/news/2014-10-17/china-s-pboc-to-inject-up-to-32-7-billion-into-banks-wsj-says. html.

［47］http：//www. ft. com/intl/cms/s/002a1978-7629-11e4-9761-00144-feabdc0，Authorised ＝ false. html?_i_location ＝ http％3A％2F％2Fwww. ft. com％2Fcms％2Fs％2F0％2F002a1978-7629-11e4-9761-00144feabdc0. html％3Fsiteedition％3Duk&-siteedition＝uk&-_i_referer＝#axzz3KcFrpRQj.

［48］实际上这是 2009—2013 年投资总额的一半。

［49］数据包括超过 1 万个非银行放贷机构与地方政府的负债，以及一些国有企业的债务。投资者相信，中央政府会间接担保这些债务，尽管从法律的角度来讲，中国政府没有义务承兑所有这些债务。

［50］http：//www. cnbc. com/id/100966830.

［51］http：//www. omfif. org/media/in-the-press/2013/gold-the-renminbi-and-the-multi-currency-reserve-system/.

［52］The History of China's Internal Loan Issues，1980.

［53］New Monetary System of China，1936.

［54］China's Wartime Finance and Inflation：1937—1945.

［55］*The Archives of Gold*，2010，Statement of Dr Wu Sing-yung.

［56］Richard M. Ebeling，*The Great Chinese Inflation*.

［57］http：//therealasset. co. uk/nationalist-china-gold/.

［58］https：//mninews. marketnews. com/index. php/bbk-thiele-current-ecb-government-bond-buys-violate-treaty?q＝content/bbk-thiele-current-ecb-government-bond-buys-violate-treaty.

［59］http：//www. bbc. co. uk/news/business-16538773.

［60］http：//www. zerohedge. com/news/2014-11-18/my-helicopters-are-ready-you-will-all-be-trillionaires-mario-draghi-ecb.

［61］http：//www. bloomberg. com/news/2014-11-18/dutch-had-back-up-plan-to-reintroduce-guilderdijsselbloem-says. html.

［62］http://online. wsj. com/article/SB10001424127887323689604 5782-21470075341686. html.

［63］瑞士为了加入国际货币基金组织而在 1992 年放弃了金本位制。国际货币基金组织禁止任何国家以黄金为其货币做担保。

［64］这种现象经常被称为"大到救不了"：它是从"大而不倒"衍生出来的，后者所说的是一家银行因为其规模的庞大而对国家经济起着至关重要的作用，因此必须被拯救。2009 年，荷兰政府发现，荷兰商业银行（ING）的规模远远超过了政府拯救的能力。荷兰商业银行 1. 3 万亿欧元的总欠款是荷兰国内生产总值规模的两倍。

［65］http://www. zerohedge. com/news/2013-08-25/three-years-after-warning-currency-war-brazil-goes-all.

［66］"以邻为壑政策是指一个国家为了达到增加国内的经济福利的目的，而牺牲其他国家的福利的政策。"以邻为壑政策的典型方式是，一个国家为了增加国内产量与就业率而贬值其货币，但这样做的同时也把产量与就业问题转移到了其他国家。这曾在 20 世纪 30 年代发生过，当时整个世界都面临着经济萧条，各个国家通过货币贬值的手段来提高各自的产量与就业率，这种政策能够通过减少对进口的需求以及增加对出口的需求而提高国内的产量。然而，这将让其他国家的经济状况变得更为恶化，从而会导致其他国家也采用货币贬值的政策，各个国家就这样陷入到一连串的竞争性货币贬值中……对 20 世纪 30 年代以邻为壑政策的解决方法可以在布雷顿森林体系支持下制定的国际政策协调方案中找到。http://world-economics. org/40-beggar-thy-neighbor-policies. html.

［67］http://emlab. berkeley. edu/~eichengr/curr_war_JPM_2013. pdf.

［68］http://rt. com/business/news/currency-war-ulyukaev-japan-104/.

［69］http://www. marketwatch. com/story/bernanke-qe-is-an-enhance-thy-neighbor-policy-2013-03-25/print?guid=67E7F1BE-955E-11E2-9D5E-002128040CF6.

［70］不难发现，那个时期希腊的债务总量只占到国内生产总值的 70％（波士顿咨询集团，2012 年）。

［71］*The Real Effect of Debt*, Bank for International Settlements (BIS), August 2011; Cecchetti, Moharty & Zampolli, Sept 2011.

［72］详见 Towers Watson 的研究报告（2011 年 2 月），发布于基金新闻台（Fondsnieuws）。

［73］http://www. theguardian. com/business/economics-blog/2013/nov/20/reinhart-rogoff-latest-paper-harvard-financial-repression.

[74] http://www. forbes. com/sites/billfrezza/2013/10/15/the-international-monetary-fund-lays-the-groundwork-for-global-wealth-confisation/.

[75] http://scholar. harvard. edu/files/this_time_is_different_short. pdf.

[76] http://www. publicdebt. treas. gov/history/1800. htm.

[77] Charles P. Kindleberger 所著的 *The History of Financial Crisis* 是关于这个主题的一本有趣的书。

[78] http://scholar. harvard. edu/files/this_time_is_different_short. pdf.

[79] http://www. economist. com/blogs/dailychart/2011/06/sovereign-defaults-and-gdp.

[80] 根据 Zerohedge.com 的内容，20 世纪 40 年代，经济学家 Abba Lerner 就"发挥作用的金融活动"与不兑现纸币的作用提出过自己的观点。而近来，现代货币理论学家反驳了 Lerner 的观点。

[81] http://www. zerohedge. com/contributed/2013-10-12/fed-could-simply-cancel-2-trillion-government-debt.

[82] Paul 在 2011 年提出了一项法案，这项法案本可以致使美联储所持有的 1.6 万亿的国债被取消。http://thehill. com/blogs/floor-action/house/174953-rep-paul-introduces-bill-to-cancel-public-debt-held-by-the-fed.

[83] http://blogs. ft. com/gavyndavies/2012/10/14/will-central-banks-cancel-government-debt/? Authorised=false.

[84] http://www. newyorker. com/online/blogs/johncassidy/2013/04/the-rogoff-and-reinhart-controversy-a-summing-up. html.

[85] http://www. voxeu. org/article/debt-and-growth-revisited.

[86] 在英国，公共债务占国内生产总值的比例在 1948 达到了 240% 左右的高点。

[87] http://www. imf. org/external/pubs/ft/survey/so/2008/new031208a. htm.

[88] http://www. bankofcanada. ca/2011/12/speeches/growth-in-the-age-of-deleveraging/.

第五章

[1] 瑞士前银行业者 Ferdinand Lips 写过一本关于这个主题的书，书名为 *Gold Wars*，这不是巧合。他的书建立在美国知名研究员 Antony Sutton 的先驱作品 *War on Gold* 的研究基础之上，Sutton 的作品是

在 1976 年出版的。

［2］https：//www. google. nl/?gws_rd＝cr&ei＝4e4zUrOGE4m-10wX-t3YDIDQ#q＝'in#$ation＋expectations'.

［3］吉普森的悖论与金本位制，参照：http://www. gata. org/files/gibson. pdf。

［4］https：//www2. blackrock. com/webcore/litService/search/getDocument. seam? venue＝PUB_IND&source＝GLOBAL&contentId＝1111125006.

［5］http：//www. zerohedge. com/news/2013-03-24/another-gold-shortage-abn-halt-physical-gold-delivery.

［6］Business Week，27 February 1937.

［7］Emergency Law on Financial Movement Article 26（25 May 1978）.

［8］http：//www. gata. org/node/8327.

［9］http：//www. zerohedge. com/article/cia-chimes-gold-control-highlights-historical-gold-foreign-holdings-shortfunding.

［10］http://fraser. stlouisfed. org/docs/historical/martin/23_06_19610405. pdf.

［11］Ferdinand Lips，*Gold Wars*（2002）.

［12］Ferdinand Lips，*Gold Wars*（2002）.

［13］英国在 1960—1971 年间损失了 1 800 吨黄金，而且其黄金持有量从 1960 年的近 2 500 吨减少到 2013 年底的仅 310 公吨。

［14］这份协议是由当时负责黄金交易的 Charles A. Coombs 在其自传中揭露的。

［15］http：//www. zerohedge. com/article/declassified-state-dept-data-highlights-global-high-level-arrangement-remain-masters-gold.

［16］http：//www. dailymail. co. uk/news/article-1161642/As-France-rejoins-NATO-humorous-reminder-missed-them. html.

［17］最初，国际货币基金组织是以一个固定的黄金量来定义纸黄金的，之后变为等于 1 美元，而且按照各成员国在国际货币基金组织内的配额比例，于 1970—1971 年间向成员国分配了 93 亿的纸黄金。之后，国际货币基金组织将纸黄金重新定义为美元、英镑、日元以及最终组成欧元区的各国的货币的加权平均值，而且在 1979—1981 年间再次向成员国分配了 214 亿的纸黄金。然而，纸黄金很快便成为了主要用于记录国际货币基金组织账目的单位。纸黄金能够以基于加权的一篮子国际货币的汇率兑换成借款

人要求的任意货币。一般而言，国际货币基金组织会将纸黄金借给那些使用纸黄金表示资金单位的国家。

［18］http：//www. imf. org/external/np/exr/facts/gold. htm.

［19］http：//www. imf. org/external/np/sec/pr/2009/pr09310. htm.

［20］http：//www. imf. org/external/np/sec/pr/2012/pr1256. htm.

［21］http：//www. imf. org/external/np/exr/facts/gold. htm.

［22］http：//arch09. goldtent. net/2009/04/03/find-the-imf-goldstolen-from-nearby-castle-sorry/.

［23］http：//theostrichhead. typepad. com/index/2010/04/imf-gold-holdings-why-mine-the-stuff-when-your-accountants-can-create-it. html.

［24］http：//www. imf. org/external/np/sta/bop/pdf/resteg11. pdf.

［25］RESTEG 代表了储备资产技术专家组，这是国际货币基金组织的资产负债表统计委员会。

［26］其结果是，据研究黄金储备量重复记录问题的专家们估计，事实上，官方的 3 万吨黄金总储备量中有一半已经由各国央行借走或售出了。

［27］http：//www. centralbanking. com/central-banking/news/1407346/imf-admits-double-counting-gold.

［28］http：//www. federalreserve. gov/releases/h41/current/.

［29］http：//www. coinweek. com/bullion-report/fed-releases-document-proving-it-has-lied-about-gold-swaps-and-gold-price-manipulation/.

［30］如果黄金要重新进行升值，那么这些黄金券同样也要升值。

［31］http：//www. globalresearch. ca/us-gold-reserve-audit-show/5326810.

［32］http：//www. nyse. com/pdfs/cwrs7109. pdf.

［33］http：//www. globalresearch. ca/us-gold-reserve-audit-show/5326810.

［34］http：//money. cnn. com/2011/06/24/news/economy/ron_paul_gold_audit/.

［35］出于安全的原因，不允许来访者进入金库内。仅有的例外则是由国会成员与新闻媒体在 1974 年 9 月 23 日进行的调查。

［36］钨几乎与黄金是一样的重量。

［37］http：//fofoa. blogspot. nl/2009/11/is-dollar-good-as-tungsten. htm.

［38］http：//www. federalreserve. gov/monetarypolicy/files/FOMC1993 0518meeting. pdf.

［39］美国国会记录。

〔40〕20世纪90年代末，媒体的很多报道称复杂的银行网络可能出现崩溃，因为计算机系统在日期编程上大多数使用二进制，而不是四进制。许多人担心银行系统会崩溃，因为计算机的时钟将转为1900年而不是2000年。

〔41〕http：//www. imf. org/external/np/exr/facts/gold. htm.

〔42〕自那之后，美国就一直支持着布朗先生的政治生涯，特别是在他于2007年竞选首相期间。2010年的媒体报道指出，抛售黄金的决议是Brown（财政部）做出的，但英格兰银行不赞成这种做法（零对冲基金）。

〔43〕The Telegraph, November 27th, 2012.

〔44〕http://www. zerohedge. com/article/did-gordon-brown-sell-uks-gold-keep-aig-and-rothschild-solvent-more-disclosures-how-ny-fed-m.

〔45〕http：//www. rba. gov. au/publications/annual-reports/rba/2003/pdf/2003-report. pdf.

[46] William R. White，Basel 2005.

〔47〕http：//www. gata. org/files/BarrickConfessionMotionToDismiss. pdf.

〔48〕http：//www. gata. org/files/BarrickConfessionMotionToDismiss. pdf.

〔49〕Jim Rickards，Currency Wars（2011）.

〔50〕根据分析师Grant Williams的研究，两天袭击（在这两天的期货市场规模的标准衍生行动）概率是十亿分之一。

〔51〕http：//www. seasonal-charts. com/intraday_metalle_gold. html.

〔52〕非农就业数据是指由美国劳动局每月提供的统计数据，这个数据会显示政府与农业产业之外的就业情况的变化。

〔53〕http：//www. cftc. gov/index. htm，"确保期货市场与期权市场的整合"。

〔54〕http://www. bloomberg. com/news/2010-10-26/silver-market-faced-fraudulent-efforts-to-control-price-chilton-says. html.

〔55〕http://wsf. typepad. com/wall-street-forecaster/2011/11/cftc-statement-regarding-enforcement-investigation-of-the-silver-markets. html.

〔56〕http：//www. cftc. gov/PressRoom/PressReleases/silvermarketstatement.

〔57〕http：//www. scribd. com/doc/65207178/11-09-12-final-Consolidated-Class-Action-Complaint.

〔58〕http://seekingalpha. com/article/234051-cftc-investigates-jpmorgan-hsbc-silver-market-manipulation-may-have-kept-prices-down.

〔59〕 http：//online. wsj. com/article/SB10001424127887324077045783-58381575462340. html ＃
printMode.

〔60〕 http：//www. bloomberg. com/news/2014-11-12/banks-to-pay-3-3-billion-in-fx-manipulation-
probe. html.

〔61〕 http：//www. bloomberg. com/news/2014-11-12/finma-s-ubs-foreign-exchange-settlement-in-
cludes-precious-metals. html.

〔62〕 http：//www. bloomberg. com/news/2013-08-05/fed-should-reverse-commodity-trading-policy-cftc-
s-chilton-says. html.

〔63〕 http：//www. cnbc. com/id/100937811/print.

〔64〕 http：//www. huffingtonpost. com/nathan-lewis/wheres-the-gold_b_216896. html.

〔65〕 http：//www. bloomberg. com/news/2013-10-18/jpmorgan-selling-chase-manhattan-plaza-in-nyc-
to-china-s-fosun. html.

〔66〕 http：//sufiy. blogspot. co. uk/2013/07/jpm-gold-vault-chronicles-eligible-gold. html.

〔67〕 http：//www. zerohedge. com/news/2013-03-02/why-jpmorgans-gold-vault-largest-world-loca-
ted-next-new-york-fed.

〔68〕 http：//www. zerohedge. com/news/2013-07-26/jpmorgan-exit-physical-commodity-business.

〔69〕 http：//www. mineweb. com/mineweb/content/en/mineweb-political-economy?oid＝101525＆sn
＝Detail.

〔70〕 http：//www. sprott. com/media/105296/not-free-not-fair. pdf.

〔71〕 http：//www. gata. org/files/CheuvreuxGoldReport. pdf.

〔72〕 http：//www. gata. org/node/5568/.

〔73〕 http：//uk. reuters. com/article/2007/06/12/morganstanley-suit-idUKN1228014520070612.

第六章

〔1〕 为了重新获得稳定，1925 年采用了金本位制的一种变体。1931 年 9 月 21 日，这一变体又被
废弃。

〔2〕 注意，Nixon 在那天的电视讲话中说道："我们将尽全力采用必要的改革来实现急需的新国际货

币体系。"

[3] http://www.bloomberg.com/apps/news?pid=newsarchive&sid=aeFVNYQpByU4.

[4] 储备积累与国际货币稳定,2010 年 4 月 13 日发布,参照:http://www.imf.org/external/np/pp/eng/2010/041310.pdf。

[5] Reserve Accumulation and International Monetary Stability,13. 4. 2010.

[6] 货币与金融机构官方论坛是由两位《金融时报》的记者于 2008 年创立的,他们希望各国的央行行长与金融业的从业者都能通过这个论坛见面与交流。

[7] http://www.omfif.org/media/in-the-press/2013/gold-the-renminbi-and-the-multi-currency-reserve-system/.

[8] 除了在 1998 年实行债务违约的俄罗斯。

[9] http://www.jcaschipper.nl/the-zijlstra-notes/.

[10] http://www.telegraph.co.uk/finance/personalfinance/investing/gold/8117300/Bring-back-the-gold-standard-says-World-Bank-chief.html.

[11] http://www.forbes.com/forbes/2011/0606/opinions-steve-forbes-fact-comment-gop-prez-wanna-bes.html.

[12] Mundell 在 Pimm Fox 主持的彭博电视栏目《谈古论今》中支持金本位制。

[13] http://www.forbes.com/sites/ralphbenko/2011/06/13/the-emerging-new-monetarism-gold-convertibility-to-save-the-euro.

[14] 联合国大会主席的专家论国际货币与金融体系改革,参照:http://www.un.org/ga/president/63/letters/recommendationExperts2003-09.pdf。

[15] http://en.wikipedia.org/wiki/International_Monetary_Fund.

[16] http://www.forbes.com/sites/ralphbenko/2012/10/01/signs-of-the-gold-standard-emerging-in-china/.

[17] http://kingworldnews.com/kingworldnews/KWN_DailyWeb/Entries/2013/6/13_Hathaway-Gold_To_Shock_World_With_Rapid_$1,000_Advance.html.

[18] http://www.tocqueville.com/insights/lets-get-physical.

[19] http://koosjansen.blogspot.nl/2013/09/building-strong-economic-and-financial.html.

[20] 在电视上,有商业广告指导中国人如何更容易地购买金银,参照:http://rare-panda-coins.

blogspot. nl/2009/09/chinese-tv-promotes-gold-and-silver. html。

［21］http：//www. chinagoldintl. com/corporate/mission_statement/.

［22］中国黄金集团公司占有40％的股份。

［23］http：//www. chinagoldintl. com/investors/presentations/（幻灯片7，2013年9月的公司介绍会）。

［24］http://goldnews. bullionvault. com/china_gold_10000_120120092.

［25］一个荷兰黄金博客的一份研究表明，西方国家的统计数据对中国的黄金总需求量低估了至少200吨。

［26］2005—2012年间，黄金总需求大约在4 000吨，而黄金的年产量则仅仅达到2 800吨。这个缺口必须由零售贵金属以及官方（西方国家）的黄金储备来填补。

［27］http：//www. zerohedge. com/news/wikileaks-discloses-reasons-behind-chinas-shadow-gold-buying-spree.

［28］http://therealasset. co. uk/china-rush-gold/.

［29］http://news. xinhuanet. com/english/indepth/2013-10/13/c_1327 94246. htm.

［30］http://money. cnn. com/2013/10/17/news/economy/debt-ceiling-deal-china/index. html.

［31］http：//www. politico. com/magazine/story/2014/11/its-time-for-a-new-opening-to-china-112656. html#ixzz3JR780M3D.

［32］http://russia-insider. com/en/export/1327.

［33］http：//www. reuters. com/article/2011/08/01/us-russia-putin-usa-idUS-TRE77052R20110801.

［34］http：//www. bloomberg. com/apps/news?pid＝newsar-chive&sid＝aeFVNYQpByU4.

［35］http：//www. reuters. com/article/2011/08/01/us-russia-putin-usa-idUS-TRE77052R20110801.

［36］据黄金反托拉斯行动委员会表示，2002—2013年间，它与中国投资公司（一家中国主权财富基金）共举行过三次会议。

［37］美国、欧盟国家与中国总共占据了全世界国内生产总值的60％。

［38］http：//www. silverdoctors. com/tag/gold-revaluation/.

［39］在他的著作 *Currency Wars* 中，参照：http：//www. itulip. com/forums/archive/index. php/t-23752. html。

［40］http：//www. moneynews. com/Ed-Moy/gold-central-bank-audit-dollar/2014/06/13/id/576839/.

［41］http：//blogs. telegraph. co. uk/finance/ambroseevans-pritchard/100022332/a-new-gold-standard-is-being-born/.

［42］Carmen M. Reinhart and M. Belen Sbancia.

［43］http：//www. bloomberg. com/news/2013-04-24/central-banks-load-up-on-equities-as-low-rates-kill-bond-yields. html.

［44］http://kingworldnews. com/kingworldnews/KWN_DailyWeb/Entries/2014/11/15_David_Stockman_On_Monetary_Breakdown_%26_Skyrocketing_Gold. html.

［45］https：//www. imf. org/external/pubs/ft/fandd/2009/03/boughton. htm. .

［46］http：//www. bloomberg. com/news/2012-10-23/king-says-boe-stands-ready-to-add-stimulus-should-recovery-fade. html.

［47］http：//www. examiner. com/article/finance-experts-call-for-a-new-global-financial-order-at-beijing-conference.

［48］中国国际金融论坛委员会由成思危先生担任主席；Paul Volcker 担任荣誉主席；Han Seung-soo、Jean-Claude Trichet 和 Kevin Rudd 担任联合主席。中国国际金融论坛"是一个独立、非营利与非政府国际组织，也是定期举行金融与经济领域高层对话与学术研究的平台"。这个论坛是在 2003 年建立的，其成员来自于中国、美国与欧盟国家，以及像联合国这样的国际组织与大量的金融机构。

［49］http：//www. brettonwoods. org/publication/remarks-by-paul-a-volcker-at-the-bretton-woods-committee-annual-meeting-2014.

［50］http：//globaleconomicanalysis. blogspot. com/2014/05/former-bundesbank-vice-president. html#ldjHYwcdkYSeQ4mW. 99.

［51］http：//www. ingoldwetrust. ch/interview-jim-rickards-on-the-death-of-money.

［52］https：//www. youtube. com/watch?v=uYtdxpLr9Rw&feature=player_embedded&app=desktop.

［53］http：//tocqueville. com/insights/lets-get-physical.

［54］http：//www. zerohedge. com/news/2014-06-24/norway-sovereign-wealth-fund-unveils-new-strategy-buy-5-every-european-stock.

结　语

［1］ http：//www. infiniteunknown. net/2011/12/13/obama-administration-was-prepared-to-call-a-bank-holiday-in-2009-video/.

［2］ 美国前副总统 Dick Cheney 在 1995—2000 年间曾担任哈里伯顿公司的首席执行官。

［3］ http：//articles. marketwatch. com/2006-01-24/news/30897064_1_kbr-national-emergency-home-land-security-contract. 解释这些拘留所的运作方式的长达 326 页的手册可以在互联网上找到。

［4］ http：//rt. com/usa/news/psyop-activists-internment-resettlement-526/.

［5］ http：//www. politico. com/magazine/story/2014/11/its-time-for-a-new-opening-to-china-112656. html♯ixzz3JR7EMAOS.

参考文献

Ahamed, Liaquat, *Lords of finance: The bankers who broke the world*. The Penguin Press, 2009.

Allen, Gary, *None Dare Call it Conspiracy*. Concord Press, 1972.

Angell, Marcia M.D., *The Truth About the Drug Companies: How They Deceive Us and What To Do About It*. Random House, 2005.

Baker, James C., *The Bank for International Settlements: Evolution and Evaluation*. Quorum Books, 2002.

Bartlett, Bruce, *Impostor: How George W. Bush Bankrupted America and Betrayed the Reagan Legacy*. Doubleday, 2006.

Batra, Ravi, *De Grote Wereldcrisis van 1990*. Omega Boek, 1988.

Batra, Ravi, *Greenspan's Fraud: How Two Decades of His Policies Have Undermined the Global Economy*. Palgrave MacMillan, 2005.

Batra, Ravi, *The Crash of the Millennium: Surviving the Coming Inflationary Depression*. Harmony Books, 1999.

Ben-Menasche, Ari, *Profits of War: Inside the Secret US-Israeli Arms Network*. Sheridan Square Press, 1992.

Bernstein, Peter L., *Against the Gods: The Remarkable Story of Risk*. John Wiley & Sons, 1998.

Bernstein, Peter L., *The Power of Gold: The History of an Obsession*. John Wiley & Sons, 2000.

Blackburn, Simon, *Politeia van Plato*. Mets & Schilt, 2008.

Bonner, Bill & Adison Wiggin, *Empire of Debt*. John Wiley & Sons, 2006.

Bonner, Bill & Adison Wiggin, *Financial Reckoning Day: Surviving the Soft Depression of the 21st Century*. John Wiley & Sons, 2003.

Brenner, Reuven & Gabrielle A. Brenner, *Gambling and Speculation: A Theory, a History, and a Future of Some Human Decisions*. Cambridge University Press, 1990.

Bresciani-Turroni, Costantino, *The Economics of Inflation*. M. Kelley Publishers,

1931.

Brzezinski, Zbigniew, *The Grand Chessboard: American Primacy and its Geostrategic Imperatives*. Basic Books, 1997.

Carmack, Patrick S. J., *The Money Masters*. Still Productions, 1996.

Carlin, Peter & James Sinclair, *A Pocketbook of Gold*. P. Carlin, 2010.

Chancellor, Edward, *Devil Take the Hindmost: A History of Financial Speculation*. Plume, 2000.

Chernow, Ron, *The House of Morgan: An American Banking Dynasty and the Rise of Modern Finance*. Simon & Schuster, 1990.

Colbert, David, *Eyewitness to Wall Street: Four Hundred Years of Dreamers, Schemers, Buts and Booms*. Broadway Books, 2001.

Coleman, John, *Conspirator's Hierarchy: The Story of the Committee of 300*. America West Publishers, 1992.

Coleman, John, *Diplomacy by Deception*. Bridger House Publishers, 1993.

Coleman, John, *One World Order, Socialist Dictatorship*. Bridger House Publishers, 1998.

Coombs, Charles A., *The Arena of International Finance*. Wiley & Sons, 1976.

Cramer, James J., *Confessions of a Street Addict*. Simon & Schuster, 2002.

Dall, Curtis B., *F.D.R.: My Exploited Father-In-Law*. Christian Crusade Publications, 1967.

Davidson, James Dale & Lord William Rees-Mogg, *The Great Reckoning: Protect Yourself in the Coming Depression*. Touchstone, 1993.

Davies, G., *A History of Money: From Ancient Times to the Present Day*. University of Wales Press, 1994.

De Grand Pre, Donn, *The Viper's Venom*. Grand Pre Books, 2002.

Duncan, Richard, *The Dollar Crisis*. John Wiley & Sons, 2005.

Ebeling, Richard M., *The Austrian Theory of the Trade Cycle, and other essays*. Mises Institute, 1996.

Engdahl, William, *A Century of War: Anglo-American Oil Politics and the New World Order*. Pluto Press, 2004.

Engdahl, William, *God of Money: Wall Street and the Death of the American Century*. Edition Engdahl, 2009.

Epperson, A. Ralph, *The New World Order*. Publius Press, 2005.

Faber, Marc, *Tomorrow's Gold: Asia's Age of Discovery*. CLSA Books, 2002.

Fentrop, Paul, *Ondernemingen en hun aandeelhouders sinds de VOC*. Prometheus, 2002.

Ferguson, Niall, *The Ascent of Money*. The Penguin Press, 2008.

Fraser, Steve, *Wall Street: A Cultural History*. Faber and Faber, 2005.

Friedman, Milton & Anna J. Schwartz, *A Monetary History of the United States, 1867-1960*. Princeton University Press, 1971.

Fukuyama, Francis, *Trust*. Free Press Paperbacks, 1995.

Galbraith, John Kenneth, *A Short History of Financial Euphoria*. Penguin Books, 1994.

Galbraith, John Kenneth, *The Great Crash, 1929*. Houghton Mifflin Company, 1997.

Gavin, Francis J., Gold, *Dollars & Power*. The University of North Carolina Press, 2004.

Gelsi, Steve, *How America Made a Fortune and Lost Its Shirt*. Alpha, 2002.

Gertz, Bill, *The China Threat: How the People's Republic Targets America*. Regnery Publishing, 2000.

Gough, Leo, *Asia Meltdown: The End of the Miracle?* Capstone Publishing Limited, 1998.

Grant, James, *The Trouble with Prosperity: A Contrarian's Tale of Boom, Bust and Speculation*. Times Business, 1996.

Greider, William, *The Secrets of the Temple: How the Federal Reserve Runs the Country*. Touchstone Books, 1987.

Griffin, Edward G., *The Creature from Jekyll Island: A Second Look at the Federal Reserve*. American Media, 2002.

Hayes, Declan, *Japan's Big Bang: The Deregulation and Revitalization of the Japanese Economy*. Tuttle Publishing, 2000.

Hourani, Albert, *A History of the Arab Peoples*. Faber and Faber, 2005.

Hudson, Michael, *Super Imperialism: The Origins and Fundamentals of US World Dominance*. Pluto Press, 2003.

Hulbert, Mark, *The Untold Story of American banks, Oil Interests, The Shah's Money, Debts and the Astounding Connections Between Them*. Richardson & Snyder, 1982.

Huntington, Samuel P., *The Clash of Civilizations and the Remaking of World Order*. Touchstone Books, 1998.

Jensen, Derrick, *Endgame*. Seven Stories Press, 2006.

Johnson, Chalmers, *The Sorrows of Empire*. Henry Holt and Company, 2004.

Jones, Alan B., *How the World Really Works*. ABJ Press, 1996.

Kagan, Robert & William Kristol, *Present Dangers. Crisis and Opportunity in American Foreign and Defense Policy*. Encounter Books, 2000.

Kelley, Kitty, *The Family: The Real Story of the Bush Dynasty*. Doubleday, 2004.

Kennedy, Paul, *Preparing for the Twenty-First Century*. Vintage Books, 1994.

Kennedy, Paul, *The Rise and Fall of the Great Powers*. Vintage Books, 1989.

Kindleberger, Charles P., Manias, *Panics and Crashes: A History of Financial Crises*. John Wiley & Sons, 1996.

Kindleberger, Charles P., *The World in Depression, 1929-1939*. University of California Press, 1986.

Klare, Michael T., *Blood and Oil: The Dangers and Consequences of America's Growing Dependency on Imported Oil*. Henry Holt and Company, 2004.

Kotlikoff, Laurence J. & Scott Burns, *The Coming Generational Storm: What You Need to Know about America's Future*. The MIT Press, 2004.

Krugman, Paul, *The Return of Depression Economics*. W.W. Norton & Company, 1999.

Kurzwell, Ray, *The Singularity is Near*. Viking Penguin, 2005.

Leeb, Stephen, *The Oil Factor*. Warner Business Books, 2004.

Lefèvre, Edwin, *Reminiscences of a Stock Operator*. John Wiley & Sons, 1994.

Leggett, Jeremy, *The Empty Tank: Oil, Gas, Hot Air and the Coming Global Financial Catastrophe*. Random House, 2005.

Levitt, Arthur & Paula Dwyer, *Take on the Street: What Wall Street and Corporate America Don't Want You to Know*. Pantheon Books, 2002.

Lewis, Michael, *Boomerang: Travels in the New Third World*. W.W. Norton & Company, 2011.

Lietaer, Bernard A., *Mysterium Geld: Emotionale Bedeutung und Wirkungsweise eines Tabus*. Riemann Verlag, 2000.

Lips, Ferdinand, *Gold Wars: The Battle Against Sound Money as Seen From a Swiss Perspective*. FAME (Foundation for the Advancement of Monetary Education), 2002.

Lorenz, Chris, *If you're so smart, why aren't you rich?* Universiteit markt & management. Uitgeverij Boom, 2008.

Lowenstein, Roger, *When Genius Failed: The Rise and Fall of Long-Term Capital Management*. Random House, 2000.

Lynch, Peter & John Rothschild, *One Up on Wall Street: How to Use What You Already Know to Make Money in the Market*. Fireside, 2000.

Mackay, Charles & Joseph de la Vega, *Extraordinary Popular Delusions and the Madness of Crowds*. John Wiley & Sons, 1996.

Maier, Nicholas W., *Trading With the Enemy: Seduction and Betrayal on Jim Cramer's Wall Street*. Harper Business, 2002.

Mallaby, Sebastian, *More money than God*. The Penguin Press, 2010.

Maloney, Michael, *Guide to Investing in Gold & Silver*. Business Plus, 2008.

Mauldin, John, *Bull's Eye Investing: Targeting Real Returns in a Smoke and Mirrors Market*. John Wiley & Sons, 2004.

Mauldin, John & Jonathan Tepper, *Endgame*. John Wiley & Sons, 2010.

Martenson, Chris, *The Crash Course*. John Wiley & Sons, 2011.

McDonough, William & Michael Braungart, *Cradle to Cradle: Remaking the Way We Make Things*. North Point Press, 2002.

McFadden, Louis T., *Collective speeches of Congressman Louis T. McFadden*. Omni Publications, 1970.

McKillop, Andrew, et al., *The Final Energy Crisis*. Pluto Press, 2005.

Mecking, Eric, *Deflatie in aantocht: De historische achtergronden van de krediet-crisis en de komende grote depressie*. Mets & Schilt, 2005/2008.

Meltzer, Allan H., *A History of the Federal Reserve*, Volume 2, Book 2, 1970-1986. University of Chicago Press, 2010.

Middelkoop, Willem, *Als de dollar valt: Wat bankiers en politici u niet vertellen over geld en de kredietcrisis*. Nieuw Amsterdam, 2007.

Middelkoop, Willem, *Overleef de kredietcrisis*. Nieuw Amsterdam, 2009.

Mishkin, Frederic S., *The Economics of Money, Banking and Financial Markets*, Pearson Education Limited, 2006.

Morley, John, *The Life Of William Ewart Gladstone*, Cambridge University Press, 1903.

Morris, Charles R., *The Trillion Dollar Meltdown: Easy Money, High Rollers and the Great Credit Crash*. Public Affairs, 2008.

Mullins, Eustace, *The Secrets of the Federal Reserve*. Red Planet Books, 1993.

Naisbitt, John & Patricia Aburdene, *Megatrends 2000*. Pan Books, 1990.

Noble, Thomas F. X., Barry Strauss, Duane J. Osheim, Kristen B. Neuschel, Elinor A. Accampo, David D. Roberts en William B. Cohen, *Western Civilization Beyond Bounderies*. Wadsworth, 2008.

Orlov, Dmitry, *Reinventing collapse*. New Society Publishers, 2011.
Otte, Max, *Der Crash kommt: Die neue Weltwirtschaftskrise und wie Sie sich darauf vorbereiten*, Ullstein, 2008.

Palast, Greg, *The Best Democracy Money Can Buy: The Truth about Corporate Cons, Globalization and High-Finance Fraudsters*. Penguin Books, 2003.
Partnoy, Frank, *Infectious Greed: How Deceit and Risk Corrupted the Financial Markets*. Profile Books, 2003.
Partnoy, Frank, *Fiasco: The Inside Story of a Wall Street Trader*. Penguin Books, 1999.
Paul, Ron, *End the Fed*. Grand Central Publishing, 2009.
Perkins, John, *Confessions of an Economic Hitman*. Berret-Koehler Publishers, 2004.
Perloff, James, *The Shadows of Power: The Council on Foreign Relations and the American Decline*. Western Islands, 2005.
Peterson, Peter G., *Running on Empty*. Farrar, Straus and Giroux, 2004.
Pick, Franz, *1975-1976 Pick's Currency Yearbook*. Pick Pub. Corp., 1975.
Polo, Marco, *Il Milione*, Polak & van Gennep, 2001.
Prechter, Robert R., *At the Crest of the Tidal Wave: A Forecast for the Great Bear Market*. John Wiley & Sons, 2001.
Prechter, Robert R. *Conquer the Crash: You Can Survive and Prosper in a Deflationary Depression*. John Wiley & Sons, 2009.

Quigley, Caroll, *The Anglo-American Establishment*. GSG & Associates, 1981.
Quigley, Caroll, *Tragedy and Hope: A History of the World in Our Time*. Macmillan, 1966.

Rand, Ayn, *Atlas in staking*. Uitgeverij Boekenmaker, 2007.
Rand, Ayn, *Capitalism: The Unknown Ideal*. Signet, 1967.
Reinhart, Carmen M. and Kenneth Rogoff, *This Time is Different: Eight Centuries of Financial Folly*. Princeton University Press, 2009
Rickards, James, *Currency Wars: The Making of the Next Global Crisis*. Penguin Group Inc, 2011.
Rifkin, Jeremy, *The Age of Access: The New Culture of Hypercapitalism, Where All*

of Life is a Paid-for Experience. Tarcher/Putnam Books, 2000.

Roberts, Paul, *The End of Oil: On the Edge of a Perilous New World.* First Mariner Books, 2005.

Rogers, Jim, *Adventure Capitalist.* Random House, 2003.

Rogers, Jim, *Hot Commodities.* Random House, 2004.

Rosoff, Stephen M., Henry N. Pontell & Robert H. Tillman, *Looting America: Greed, Corruption, Villains and Victims.* Pearson Education, 2003.

Rothbard, Murray N., *The Case Against the Fed.* Ludwig von Mises Institute, 1994.

Rothbard, Murray N., *The Mysteries of Banking.* Richardson & Snyder, 1983.

Rothchild, John, *The Bear Book: Survive and Profit in Ferocious Markets.* John Wiley & Sons, 1998.

Rueff, Jacques, *The Monetary Sin of the West.* The Macmillan Company, 1972.

Ruppert, Michael C., *Crossing the Rubicon: The Decline of the American Empire at the End of the Age of Oil.* New Society Publishers, 2004.

Russel, Dick & Jesse Ventura, *63 Documents the Government Doesn't Want you to Read.* Skyhorse Publishing, 2011.

Schechter, Danny, Plunder. *Investigating our Economic Calamity and the Subprime Scandal.* Cosimo Books, 2008.

Schulte, Thorsten, *Silber das bessere Gold.* Kopp Verlag, 2010.

Shiller, Robert J., *Irrational Exuberance.* Princeton University Press, 2000.

Shilling, Gary A., *Deflation: How to Survive and Thrive in the Coming Wave of Deflation.* McGraw-Hill, 1999.

Simmons, Matthew R., *Twilight in the Desert: The Coming Saudi Oil Shock and the World Economy.* John Wiley & Sons, 2005.

Stiglitz, Joseph E., *Globalization and Its Discontents.* W. W. Norton & Company, 2003.

Surowiecki, James, *The Wisdom of Crowds: Why the Many are Smarter than the Few.* Little Brown, 2004.

Sutton, Antony C., *America's Secret Establishment: An Introduction to the Order of Skull & Bones.* Trine Day, 2002.

Sutton, Antony C., *The War on Gold.* '76 Press, 1977.

Sutton, Antony C., *Wall Street and the Bolshevik Revolution.* Buccaneer Books, 1974.

Sutton, Antony C., *Wall Street and the Rise of Hitler.* GSG & Associates, 2002.

Sutton, Antony C. et al., *Flashing Out Skull & Bones.* Millegan, Kris, *Investigations into America's Most Powerful Secret Society.* Trine Day, 2003.

Taleb, Nassim Nicholas, *Fooled by Randomness: The Hidden Role of Chance in Life and in the Markets*. Random House, 2005.

Taylor, James & Warren Shaw, *The Penguin Dictionary of the Third Reich*. Penguin Books, 1997.

Thoren, Theodore R. & Richard F. Warner, *The Truth in Money Book*, Truth In Money, 1984.

Thurow, Lester C., *The Future of Capitalism: How Today's Economic Forces Shape Tomorrow's World*. Penguin Books, 1996.

Treaster, Joseph B., *Paul Volcker: The Making of a Financial Legend*. John Wiley & Sons, 2004.

Warner, Oliver, *English Maritime Writing: Hakluyt to Cook*. Unwin Brothers Limited, 1958.

Weiss, Martin D., *Crash Profits: Make Money When Stocks Sink and Soar!*, John Wiley & Sons, 2003.

Weiss, Martin D., *The Ultimate Depression Survival Guide: Protect your Savings, Boost your Income and Grow Wealthy Even in the Worst of Times*. John Wiley & Sons, 2009.

Weiss, Martin D., *The Ultimate Safe Money Guide: How Everyone 50 and Over Can Protect, Save and Grow Their Money*. John Wiley & Sons, 2002.

Weldon, Gregory T., *Gold Trading Boot Camp: How to Master the Basics and Become a Successful Commodities Investor*. John Wiley & Sons, 2007.

Widdig, Bernd, *Culture and inflation in Weimar Germany*. The University of California Press, 2001.

Yergin, Daniel, *The Prize: The Epic Quest for Oil, Money & Power*. Free Press, 1992.

Zijlstra, Jelle, *Per slot van rekening*. Contact, 1992.

编后记

2007 年开始的金融危机对全球经济、金融秩序的影响至今无法散去。有人说，是房地产泡沫的破裂导致了这次危机；有人说，是金融衍生品的过度使用造成了这次危机；还有人说，是针对金融机构以及金融交易的监管漏洞引发了这次危机。但是，本书的作者，给出了一个完全不同的答案——是我们赖以建立金融秩序的货币体系本身导致了这次金融危机，并且如果在未来一段时间，针对货币体系的根本性改革（作者称之为"大洗牌"）没有到来，我们的世界仍将陷于沉重的负债泥潭中无法自拔，过高的债务杠杆就像是绞索一样，只会越勒越紧，直到将我们的经济体系彻底击垮。不得不说，作者的这一论点的确给了我耳目一新的感觉。也让我在本书的编辑过程中，增添了许多思考的乐趣。

一提到钱，大多数人脑海中首先呈现的是一张一张的钞票，也就是我们日常生活中每天都在使用的纸币。毫无疑问，纸币的确是钱，或者说它是一种最为常见的钱的表现形式。但这样想的人也许忽略了一个事实：那就是纸币本身并没有价值，只不过印制钞票的政府赋予了它价值。纸币所承载的是一种信用，也就是说，你我都相信，我们手里的那张纸能够被用来买东西。信用是无形的，看不见也摸不到，然而，的确正是这种看似虚无的东西构成了我们现今全球货币体系的基础。那么，这个看不见的基础牢固吗？作者给出了否定的答案。这种体系不但并不牢固，甚至还有崩溃的危险。要明白危险从何而来，我们先要回顾一下人类使用货币的历史。

稍有历史常识的人都了解，在人类文明的早期阶段，我们的祖先曾经使用过诸如贝壳、黄金、白银这类比较珍惜的物品充当货币，它们让我们摆脱了以物易物的繁杂，也促进了人类社会的进步。从那时起，贵金属凭借着其本身与生俱来的特质，始终是承载价值的重要载体。后来，在中世纪时，意大利的金匠为商人保管金币，出具一种凭条，从而使这种凭条变成了有金币作为价值保证的"纸币"，将这些"纸币"借贷出去，便可以在不动用金币的情况下获得利息，显然，这便是金本位制的雏形。随着经济的发展，贸易活动变得愈发活跃，人类社会对于资本的需求变得愈发迫切，数量有限的贵金属已经无法满足借贷行为的需要，它的地位逐渐被纸币所取代。虽然，直到第二次世界大战之后，围绕美元建立起的布雷顿森林体系下，黄金仍然具有支撑纸币价值的功能。但是，随着1971年美元对黄金贬值，这种贵金属似乎退出了货币制度的中心舞台。于是，我们建立起了现今这种以纸币为基础的全球货币体系。

为什么黄金会被纸币所取代？道理很简单，金本位制的消失，让纸币摆脱了黄金的"桎梏"，让货币的发行者可以近乎毫无限制地印制新的纸币，从而为金融市场的信贷创造提供"弹药"。其结果是，政府可以通过发放债券承担更高的财政赤字，民众则可以获得更多的信用贷款购买房屋与汽车，看上去，更为宽松的信贷环境似乎可以让每一个人都获得好处。然而，事实是，随着信贷泡沫被越吹越大，信用已经被严重透支，一旦整个社会的信用链条上的某个环节出现问题，连锁反应会拖垮整个信用体系，导致类似于2007年的信贷危机。由此可见，毫无节制地印制货币危害极大，这恰恰是现今全球货币体系的致命缺陷所在。

要解决现今的全球货币体系存在问题，就必须重新审视黄金在稳定货币价值方面不可小觑的作用，依靠它来限制毫无节制的货币创造，停止无休止的信用膨胀与债务积累。但是，这样的做法会受到来自美元的阻力。从本书的第三章和第四章的内容中，我们可以得到这样一个结论，即：自从1971年美元与黄金脱钩以来，美国就在不遗余力地使用各种方法打压金价，以此来维持美元作为国际储备货币的优势地位。然而，随着新兴市场国家崛起，世界经济格局出现了变化，美元的地位已经不再牢固，而黄金的"归来"似乎也只是时间问题。

在这样的背景下，我们的确需要一次彻底的"大洗牌"，从根本上帮助国际金融体系跳出负债增长的恶性循环。这一过程中，美元"一家独大"的地位必将受到挑战，由包括美元、欧元、人民币等币种在内的多币种储备货币体系将被建立起来。而黄金作为避险工具，可以很好地为该体系构建一种平衡。正是出于这个原因，我们必须重新重视黄金这一古老的价值承载物。在这里必须指出，重新重视黄金的价值并不是一种倒退，完全回到金本位制虽然并不现实，但是这并不妨碍我们找到一种新的模式，使纸币与黄金形成新的平衡，这也许正是作者头脑中"大洗牌"的精髓所在。

崔　毅

2014 年获奖书目

《页岩革命：新能源亿万富豪背后的惊人故事》

2014 年百道网中国好书榜、新浪好书榜推荐。

《福布斯》年度好书，从美国页岩亿万富豪创业史透视一场深刻的新能源革命。

《经济运行的逻辑》

2014 年百道网中国好书榜、新浪好书榜、《第一财经日报》金融阅读榜、《新京报》书香榜等推荐。

资本市场最具影响力的宏观经济学家高善文研究思路大起底，中国经济的另类分析框架。

《互联网金融手册》

2014 年百道网中国好书榜、《新京报》书香榜、教育部"中国高校出版社书榜"推荐。

中国互联网金融理论奠基人谢平最新力作，互联网金融理论和实践集大成之作，互联网金融浪潮下不得不读之书。

《中国影子银行监管研究》

2014 年《第一财经日报》金融投资阅读榜推荐。

银监会副主席阎庆民最新力作，对"影子银行"问题最权威的研究之一，欲了解中国影子银行问题不得不读之书。

《富国的逻辑》

2014 年《第一财经日报》金融投资阅读榜推荐。

法律专家独特视角揭示价值观与金融权力之间的隐秘逻辑。

《如果巴西下雨，就买星巴克股票》

2014 年《第一财经日报》金融投资阅读榜推荐。

读懂财经新闻、把握股市逻辑的最佳读物，投资大师吉姆·罗杰斯倾力推荐。

《最有效的投资》

2014 年《第一财经日报》金融投资阅读榜推荐。

畅销多年的投资经典，简单有效的低风险投资技巧，每周一小时，战胜专业投资者。

财智精品阅读

01《经济运行的逻辑》(精装)
作者：高善文

资本市场最具影响力的宏观经济学家研究思路大起底，中国经济的另类分析框架。

02《互联网金融手册》(精装)
作者：谢平 邹传伟 刘海二

中国互联网金融理论奠基人最新力作，互联网金融理论和实践集大成之作，互联网金融浪潮下不得不读之书。

03《中国影子银行监管研究》(精装)
作者：阎庆民 李建华

银监会副主席阎庆民最新力作，对"影子银行"问题最权威的研究之一，了解中国影子银行问题不得不读。

04《经济指标解读》(珍藏版)
作者：伯纳德·鲍莫尔

投资者和职业经理人读懂经济数据必备，洞悉未来经济趋势和投资机会，对每一个经济指标的解读精妙、透彻。

05《如果巴西下雨，就买星巴克股票》
作者：彼得·纳瓦罗

读懂财经新闻、把握股市逻辑的最佳读物，投资大师吉姆·罗杰斯倾力推荐。

06《最有效的投资》
作者：阿兰·赫尔

畅销多年的投资经典，简单有效的低风险投资技巧，每周一小时，战胜专业投资者。

07《读懂经济指标 洞悉投资机会》
作者：埃维莉娜·M·泰纳

价值极高的投资和商业决策参考书，理解经济运行必备。

08 《股市奇才不一样的技术分析》

作者：沃尔特·迪默

华尔街股市奇才半个世纪市场智慧的高度浓缩。

09 《金融创新力》

作者：富兰克林·艾伦 格伦·雅戈

沃顿商学院顶级专家作品，理解和运用金融创新的精髓。

10 《笑傲股市之成功故事》

作者：艾米·史密斯

讲述真实案例，帮助中小投资者学会实践投资宗师威廉·欧奈尔50年投资心得。

11 《供应链金融》

作者：宋华

融专业性、可读性、思想性与实践性为一体的供应链金融权威作品。

12 《大洗牌：全球金融秩序最终角力》

作者：米卫凌

解读全球金融秩序最终角力，欧洲金融家眼中的世界金融战争。本书被译成十几种语言，引发全球热议。

商界精品阅读

01《毁灭优秀公司的七宗罪》

作者：杰格迪什·N·谢斯

探寻优秀公司衰落的七大败因，菲利普·科特勒等管理大师鼎力推荐。

02《反向思考战胜经济周期》

作者：彼得·纳瓦罗

第一本专注于经济周期战略和策略管理的指导书，加州大学最受欢迎的 MBA 教授用商战故事讲述不一样的商业思维。

新声精品阅读

01《4G 革命》

作者：斯科特·斯奈德

一场比互联网影响可能更大的无线技术革命已经来临，提供最具价值的 4G 时代商业建议。

02《页岩革命：新能源亿万富豪背后的惊人故事》

作者：格雷戈里·祖克曼

《福布斯》年度好书，从美国页岩亿万富豪创业史透视一场深刻的新能源革命。

图书在版编目（CIP）数据

大洗牌：全球金融秩序最后角力/（荷）米卫凌（Middelkoop，W.）著；白涛译.
—北京：中国人民大学出版社，2015.5
　　ISBN 978-7-300-20976-0

Ⅰ. ①大… Ⅱ. ①米…②白… Ⅲ. ①国际金融-研究 Ⅳ. ①F831

中国版本图书馆 CIP 数据核字（2015）第 051312 号

大洗牌：全球金融秩序最后角力

[荷] 米卫凌（Willem Middelkoop）　　著

白涛　译

Daxipai

出版发行	中国人民大学出版社			
社　　址	北京中关村大街 31 号		**邮政编码**	100080
电　　话	010 - 62511242（总编室）		010 - 62511770（质管部）	
	010 - 82501766（邮购部）		010 - 62514148（门市部）	
	010 - 62515195（发行公司）		010 - 62515275（盗版举报）	
网　　址	http://www.crup.com.cn			
	http://www.ttrnet.com（人大教研网）			
经　　销	新华书店			
印　　刷	北京中印联印务有限公司			
规　　格	180 mm×250 mm　16 开本		**版　　次**	2015 年 5 月第 1 版
印　　张	19		**印　　次**	2015 年 5 月第 1 次印刷
字　　数	222 000		**定　　价**	49.00 元